产品经理

全项目实操详解

詹　曦　李德升◎著

清华大学出版社
北京

内 容 简 介

  随着信息技术与互联网技术的发展，产品的研究、市场销售、客户管理等都发生了深刻的变化，也对产品经理提出了更高的素质要求。产品经理不仅要掌握用户分析、需求分析、市场分析、竞品分析等方法，更要熟悉流程设计、原型设计、交互设计等工具模型。本书从上述多个方面入手，全面介绍产品经理在移动互联环境中应具备的基本知识，并利用案例与实操展示，为产品经理的入门与深入学习提供内容支持。

图书在版编目（CIP）数据

产品经理全项目实操详解 / 詹曦，李德升著. —北京：清华大学出版社，2020.8
ISBN 978-7-302-54484-5

Ⅰ.①产⋯　Ⅱ.①詹⋯②李⋯　Ⅲ.①互联网络—应用—企业管理—产品管理
Ⅳ.① F273.2-39

中国版本图书馆 CIP 数据核字（2019）第 265871 号

责任编辑：杜春杰
封面设计：刘　超
版式设计：文森时代
责任校对：马军令
责任印制：宋　林

出版发行：清华大学出版社
   网　　　址：http://www.tup.com.cn，http://www.wqbook.com
   地　　　址：北京清华大学学研大厦 A 座　　邮　　编：100084
   社 总 机：010-62770175　　　　　　　邮　　购：010-62786544
   投稿与读者服务：010-62776969，c-service@tup.tsinghua.edu.cn
   质量反馈：010-62772015，zhiliang@tup.tsinghua.edu.cn
印 装 者：三河市吉祥印务有限公司
经　　销：全国新华书店
开　　本：170mm×240mm　　印　　张：17.25　　字　　数：446 千字
版　　次：2020 年 8 月第 1 版　　　　　　印　　次：2020 年 8 月第 1 次印刷
定　　价：56.00 元

产品编号：082996-01

随着互联网技术与媒体融合的发展，以信息内容生产、加工、存储、发布为主要流程的内容产业逐步兴起，IT从业人员、互联网公司员工、图书情报工作者、编辑、记者、自媒体从业者的界限也越来越模糊。与此同时，一个新的职业——互联网产品经理产生并快速发展起来，这个职业的从业人员也主要来自前述的各种职业从业群体。为了满足社会对互联网产品经理的需求，高等教育和社会培训等机构都发挥各自长处，着力培养了大批相关人才。

在目前高等学校教育中，产品经理课程一般设置于研究生培养方案中。国内高校，如北京大学、清华大学、南开大学、武汉大学等，在工商管理、新闻传播等学科开设此类课程。由于研究生生源背景不一，很多人对"产品经理"一词都未曾听闻，因此，课程内容往往要从基础理论与概念开始。同时，相对于多数研究生课程的"研究性"，本课程又明显注重实践，上机操作与案例推演将会是课程的重要部分。

社会培训课程有别于高校课程之处在于其更加突出实践性、职业性。但同样，接受培训的学员来自各个行业，很多人从零基础做起，因此，课程也要有一个由浅入深的过程。为了让学员将新知识与原有知识体系融会贯通，需要大量案例分析来明辨源流，需要大量上机操作来模拟现实。

以上情况即本书写作的行业背景，也是本书得以付梓的"需求分析"。本书的两位作者分别来自高校与社会培训机构，李德升为北京印刷学院新闻出版学院副院长，主管研究生教学工作；詹曦 2005 年进入互联网行业，在北京从事产品经理工作近十五年，拥有超过十年的产品总监、副总裁管理经验。基于课程设置过程中的探讨，两位作者将各自的教学经历进行了交流，并且在互相授课的实践中逐步探索，形成了本书的雏形。在近年来的教学实践过程中，本书基本内容得以逐步丰富、完善。

首先，本书将产品经理概念与互联网的影响等内容作为起始，为跨行业或者零基础者进行知识导入。因为很多研究生来自中文、外语、历史等传统学科，很多社会培训者来自传统工业或服务业领域，让他们了解产品经理的基本职责与重要作用，有助于加深其职业认知与专业自信。

其次，本书将用户分析与需求分析作为重点内容予以剖析、分解、阐述。对于非技术出身的学员或在校生，是一种循序渐进的学习过程，同时，也将用户中心、需求先导的思想充分贯彻。在此基础上，对商业需求文档、市场需求文档、竞品分析文档等的写作规范进行详细讲解，可提升学员分析与写作能力。

再次，本书注重实操技能培养，从案例剖析讲起，将流程设计图、原型设计、交互设计等技术贯穿于项目案例之中。本书涉及的项目案例一般都来自于作者亲历项目和业界真实项目，可以让学习者有模拟现实的感觉。

最后，本书是一本全项目、全流程、手册式的论著，既有基本概念的详细阐释，也有覆盖全流程的框架描述；既有基本理论的铺陈，也有最新技术的实操；既有一般问题的解决方案，也有核心问题的全面分析。

总体来说，本书写作上深入浅出，既照顾到初学者如何拾级而上，也考虑到从业者如何重塑体系。本书第一章至第五章由李德升编写，第六章至第十章由詹曦编写，第十一章由景蓁涧编写，第十二章由闫永长编写，后面两位著者是北京印刷学院研究生。本书作为教材在编写过程中参考、引用了诸多专家成果与音视频网络资源，未能一一注明，敬请谅解。本书内容适合互联网从业人员，在校研究生及管理类、信息类、传播类学科的本科生学习。当然，由于作者知识结构局限，书中难免有疏漏与不足之处，请诸位专家与读者不吝指出，以便再版时修订、完善。希望本书能给您的学习带来乐趣！

编　者

2020 年 7 月 30 日

目 录

第1章

产品经理
要做的工作有哪些，
怎么才能做好

1.1 产品经理概述

最新数据（见图 1-1～图 1-3）对比显示，互联网公司三个重要岗位——产品经理、UI 设计人员和前端开发人员中，无论从薪水平均数还是以工作经验年限去横向对比，产品经理的薪水都普遍高于其他两个岗位。

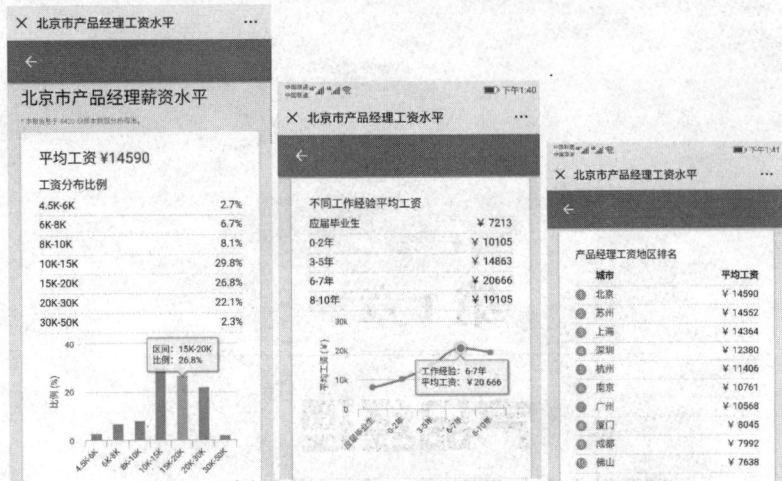

图 1-1　2018 年北京市产品经理平均薪水等数据
（图片来源：微信截屏）

当下在国家"大众创业，万众创新"政策推动下涌现了大量创业型互联网公司，也创造了大量岗位，这其中就包括产品经理这一岗位。

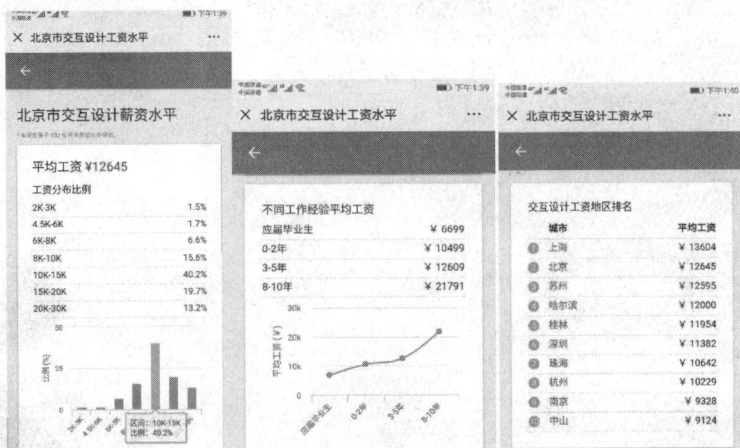

图 1-2　2018 年北京市交互设计人员平均薪水等数据
（图片来源：微信截屏）

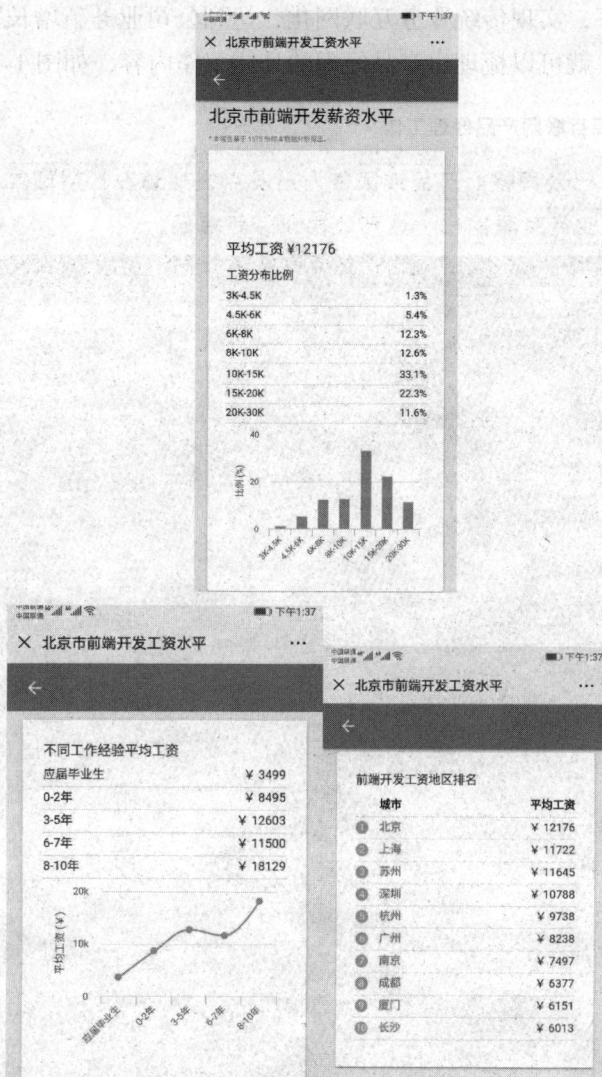

图 1-3　2018 年北京市前端开发人员平均薪水等数据
（图片来源：微信截屏）

1.2　梳理产品经理要做的工作和项目

产品经理到底做什么工作，需要掌握哪些知识技能？这是所有计划转行的朋友面临的第一个问题。

我们用一句话解释就是"以自己公司核心产品或服务为出发点去规划设计网

站或 App、小程序，实现传统业务互联网化，达到公司业务新增长"。我们继续深入拆解这句话，就可以梳理出产品经理的具体工作内容，如图 1-4 所示。

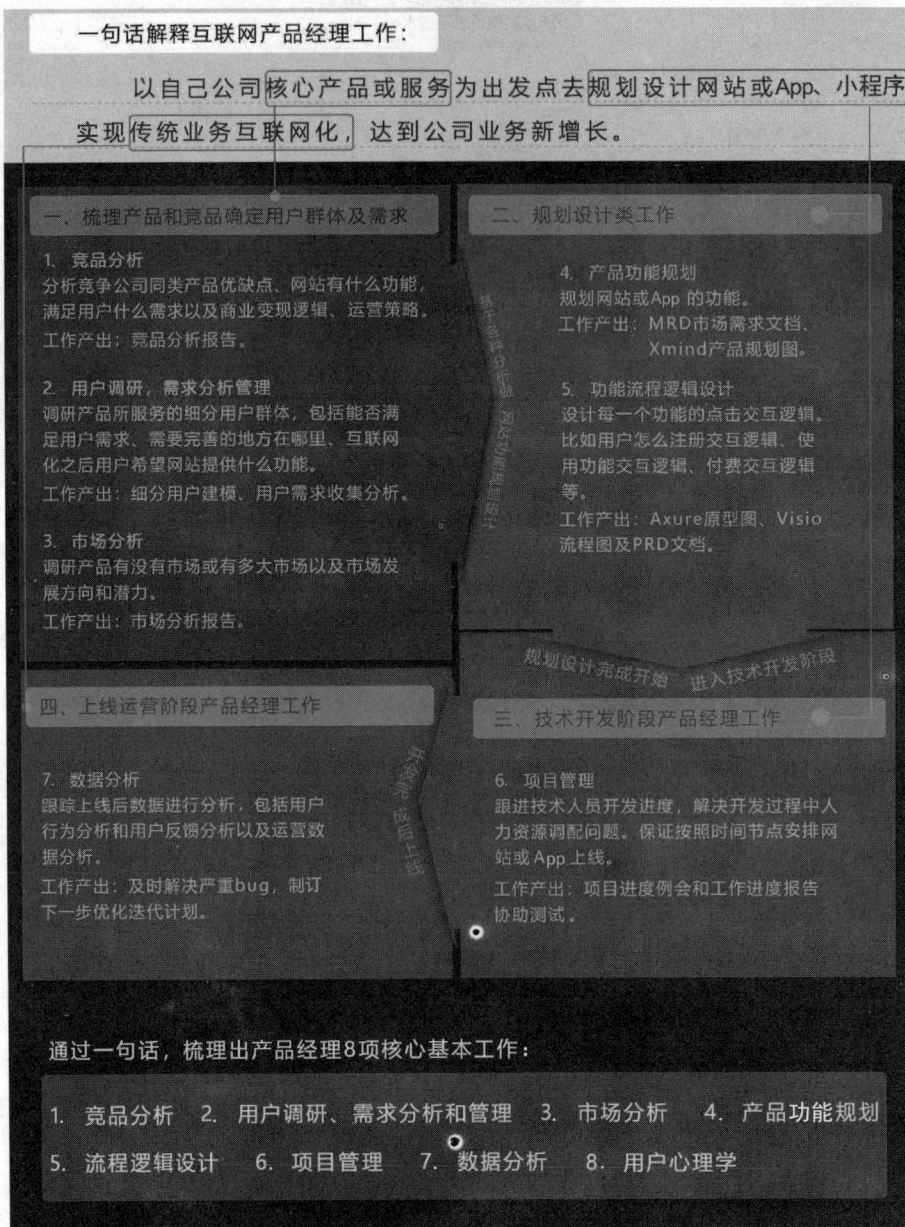

图 1-4　产品经理的具体工作内容

我们再解读一下招聘网站对互联网公司产品经理的工作要求，看看是否超出图 1-4 中的范围。图 1-5 是拉勾网招聘产品经理助理的要求。

产品经理助理 / 8K-10K

职位诱惑：

弹性工作，六险一金

职位描述：

岗位职责：

1. 协助产品经理完成需求调研及分析，参与产品设计；
2. 撰写PRD文档，输出原型图、流程图等；
3. 跟进产品项目开发、测试等相关工作，与其他部门同事进行项目对接，推进产品项目顺利上线；
4. 参与产品上线前的功能及流程验收测试，对产品质量负责；
5. 产品上线后观察数据及用户反馈，并提出优化意见；
6. 完成产品经理布置的其他项目相关工作

岗位要求：

1. 全日制本科毕业，1年左右互联网相关工作或实习经验；
2. 具备良好的文档撰写能力，熟练使用Axure、Xmind、Visio等常用办公软件；
3. 具有优秀的沟通能力、逻辑思维和责任心，以及强大的自我驱动意识，能承担较大的工作压力；
4. 具有较强的适应能力和学习能力，能够快速融入项目；
5. 良好的产品嗅觉及体验设计敏感度，对产品设计有自己的见解，喜欢体验新鲜产品

图 1-5　拉勾网招聘产品助理的要求

（图片来源：拉勾网）

如图 1-5 "岗位职责"所示。

第 1 条对应的工作类型包括"需求收集和分析""竞品分析"。

第 2 条对应的工作类型包括"PRD 产品需求文档撰写""原型设计、流程图绘制"。

第 3 条对应的工作类型包括"项目协调和管理"。

第 4 条对应的工作类型包括"产品测试"。

第 5 条对应的工作类型包括"需求收集分析""数据分析"。

以上是产品经理助理需要做的工作，继续往下看互联网公司对产品经理的工作要求。

如图 1-6 "职责描述"所示。

第 1 条贯穿了工作流程。

第 2 条对应的工作类型包括"需求调研分析""产品规划""原型设计、流程图绘制"。

第 3 条对应的工作类型包括"项目管理"。

第 4 条对应的工作类型包括"需求收集分析""数据分析""用户体验设计"。

第 5、第 6 条对应的工作类型包括"PRD 产品需求文档撰写""项目管理"。

以上这些是产品经理需要做的工作。

至此我们可以确定无论是产品助理还是产品经理或产品总监，他们在工作中

的业务都包含在图 1-7 所示的 9 项中。

产品经理 / 10K-20K

职位描述：

你会负责：
1. 产品从业务调研、需求分析到实现过程、产品发布的整个流程；
2. 新产品的创新和预研，完成新产品的用户需求定义、产品功能/UI/交互的设计；
3. 制订项目开发计划并跟踪进度，确保项目如期完成；
4. 收集市场反馈与用户行为及需求，提升用户体验；
5. 撰写详细的产品需求文档及原型设计文档，跟踪产品研发进度；
6. 把控产品推进进度、协调突发问题与质量管理工作。

希望你是：
1. 本科及以上学历，3年以上产品经理类工作经验，参与过女性相关产品设计，熟悉女性游戏玩家心态和用户习惯；
2. 热爱互联网，熟悉社交网络营销产品（微博微信等），至少负责过1个以上互联网产品的设计和管理，社区和游戏相关经验经验优先；
3. 熟练使用UML建模工具，原型设计工具Axrue，MS Office、Visio、MindManger等办公软件；
4. 较强的逻辑思维、换位思考能力，能准确把握需求，规划产品；
5. 具有较强的书面表达能力和口头沟通能力，能够与客户、开发人员顺畅交流，并独立完成各种文档的编写；
6. 良好的学习能力、团队合作精神、分析判断能力、沟通协调能力，能适应无线互联网的工作压力。

图 1-6 拉勾网招聘产品经理的要求
（图片来源：拉勾网）

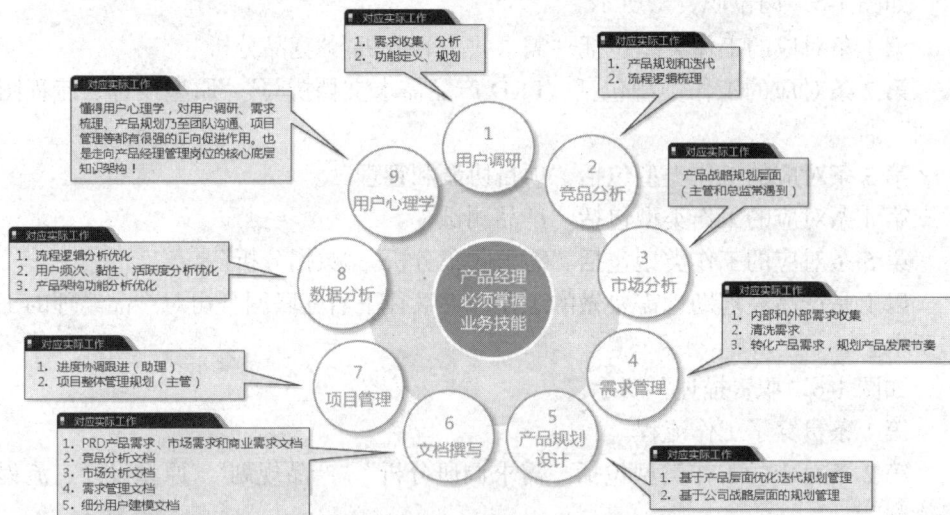

图 1-7 产品经理工作技能总结

（1）用户调研。用户调研类工作包含细分用户建模、用户需求收集、分析和需求定位、可用性测试、调查问卷等一系列和用户相关的调研工作。

（2）竞品分析。在实际场景中分为宏观层面的产品规划、商业打法分析，微观层面的功能架构梳理和流程逻辑分析。分析报告要根据上级分派竞品分析任务时所强调的侧重点去写。

（3）市场分析。这部分分析报告一般由主管或总监级别人员书写。工作场景是为了向总部要项目、要资源或者寻找投资，做市场分析报告时用到，这个报告常会合并在商业需求文档（BRD）中。

（4）需求管理。产品经理面临的需求分为外部用户需求和由公司技术、运营、市场、客服、老板等传递过来的内部需求。各种需求的满足需要有套完善的管理方法，把需求进行拆分、分析、评级，这就是需求管理的工作。

（5）产品规划设计。产品规划设计指在通过各种需求调研和分析后，结合自己公司技术和资金等优势，整体评估和规划手中负责的互联网产品。大到可以对整个公司层面的产品进行规划，这个一般由CEO或产品总监去做，小到对一个功能或模块的规划。

（6）文档撰写。产品经理三大文档包括商业需求文档（BRD）、市场需求文档（MRD）和产品需求文档（PRD），除了这些还有竞品分析文档、市场分析文档、需求管理文档、细分用户建模文档，所以产品经理的文档撰写能力是必备的业务能力之一。其中最重要的是产品需求文档的撰写。

（7）项目管理。在项目开发阶段，产品经理的工作也相应进入项目跟进协调或管理阶段。这个节点产品经理更多的是在做跟进，协调各种资源，保证产品在规划的时间节点内顺利上线。

（8）数据分析。数据分析从大的方面讲关系到产品优化迭代，从小的方面讲关系到流程逻辑的优化和设计。数据分析工作包含数据埋点，漏斗模型，用户反馈的获取、收集、分析等各种具体工作。

（9）用户心理学。用户心理学是产品经理除了通常业务能力之外需要掌握的最重要的内容。不懂用户心理学怎么能从用户内心深处挖掘出他们的核心诉求？怎么能揣摩准确并以用户视角去做规划和设计？怎么确定所设计流程逻辑就是用户喜欢和愿意使用的？

在工作中我们经常听到很多产品经理说"别人都是这么设计的""生活中我就是这样，所以我觉得用户也是这样的"等这类最不该出现在产品经理口中的话语。

如果产品经理一味地用"我认为、我觉得、别人都是这样的、谁谁谁是这样设计"这些说辞和团队成员沟通项目，侧面证明他没有自己的设计思想，也说明他不是一个合格的产品经理。我们讲项目、讲逻辑，一定要以数据为支撑，以用户场景为出发点。要讲清楚产品为哪些细分用户群体解决了什么他们不能解决的问题，要讲清楚你的设计思想和产品发展迭代规划路线。只有做到"思路清晰、场景完善、逻辑完整有闭环"这三点，项目才能获得团队成员认可，并让大家达成一致的奋斗目标。

1.3 了解公司项目流程，制订自己的学习计划

产品经理是一个需要掌握各种业务技能、综合性很强的工作，只有制订清晰的学习计划才能学习好。根据经验，大家可以参考实际项目流程去制订自己的学习计划。

图 1-8 揭示互联网项目从零到一流程。

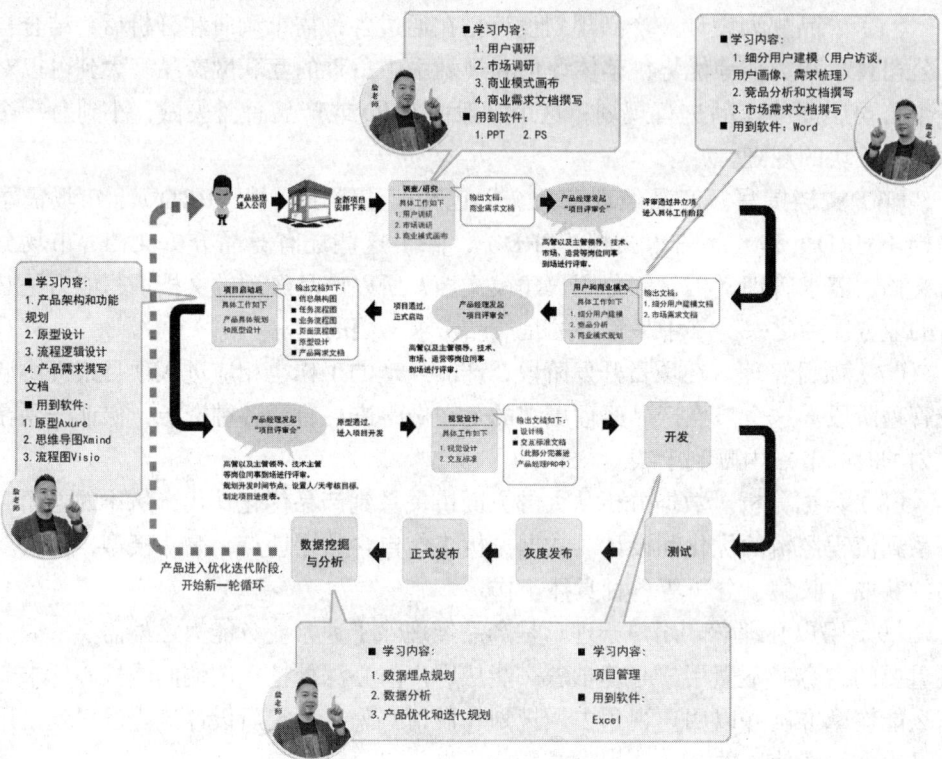

图 1-8 以项目为学习参考路径

产品经理"小明"进入某互联网公司并接手一个全新的项目。

接到任务后，工作首先从竞品分析开始，分析一下直接竞争的公司及其产品的优缺点。而后最好再做一下市场调研，评估项目有没有市场及潜力有多大，最后做一下用户调研，评估一下用户的需求。

在项目初级阶段，"小明"的工作涉及"竞品分析""市场分析""用户调研"，输出文档包含商业需求文档、竞品分析文档和市场调研报告。

然后"小明"会发起一个项目评审会，由 CEO、CTO、CFO 等高管参加。

项目获得好评并通过，上司表扬并让"小明"把项目继续深入细节后再次评

审。其实就是新的工作任务，即在现有宏观基础上深入拆解项目，细化到细分用户群体以及针对用户群体的痛点去做更具体的产品功能规划。

"小明"继续深入功能层面"竞品分析"和具体细分用户群体层面的"用户调研"。最后根据调研分析结果，规划出产品的功能节点和发展规划并撰写文档，输出 MRD。

"小明"再一次发起项目评审会，项目通过正式立项。工作进入实质的产品功能规划和原型绘制、流程逻辑设计梳理阶段。

原型设计阶段要以互联网产品设计思想为核心去设计、绘制原型。在这个过程中一定是边规划设计边和技术沟通以期达到最佳的产品形态，令技术团队完美契合。这个阶段工作会用到 Xmind 思维导图梳理产品规划，会用到 Axure 等设计软件做原型设计，还会用到 Visio 软件去做流程逻辑的梳理和设计。原型完成并通过项目后，就是撰写最为重要的 PRD。

然后"小明"会再次发起项目启动会。这时最重要的角色是 CTO，他会根据原型去安排技术团队的人 / 天工作量。至此，项目就进入开发环节，"小明"的工作也进入项目协调管理阶段。

项目开发完成后根据公司的需要"小明"可能也会介入测试工作。一切准备就绪后产品上线。上线后"小明"的工作就是根据埋点获取到的数据并结合用户反馈进行综合分析，开始新一轮的产品优化迭代。

通过梳理工作流程我们也梳理出了学习路径，如图 1-9 所示。整体看有两条学习路径。一条是从宏观到具体的学习路径，起点在"竞品分析"；另一条学习路径是从"产品设计"出发，扩大到宏观层面。

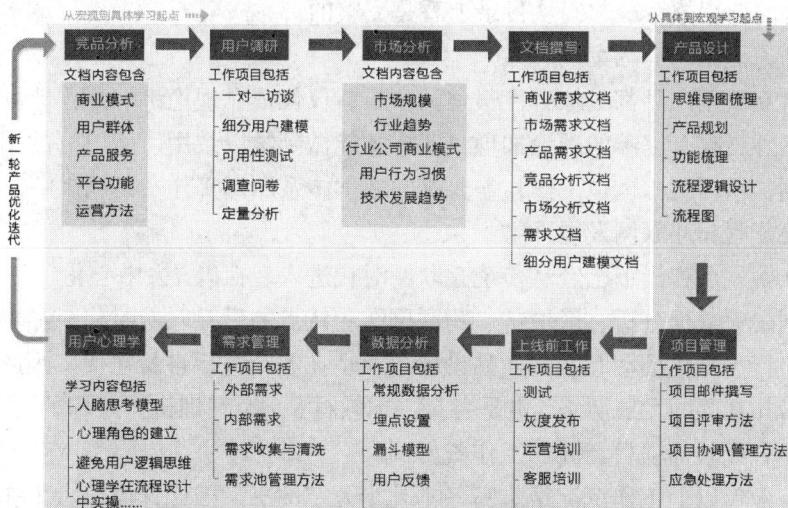

图 1-9　产品经理学习路径

两条学习路径大家可以根据自身的需要去选择。第一条适合有时间、不着急找工作的朋友，可以慢慢深入学习。第二条适合学完马上找个产品助理的工作，而后在工作中慢慢完善。

1.4　零基础学习的痛点以及辨别出好的书籍或培训机构的方法

以下四点是初学者面临最多的痛点问题。

（1）书籍众多，让人眼花缭乱，不知道该学习哪一本。

（2）网络学习资源软文太多、干货太少，自己没有辨别真伪的能力。

（3）高校没有设置此专业，社会没有统一的规范教材。

（4）社会培训机构良莠不齐，差的多好的少，害怕被骗，花钱学不到知识。

这些原因造成大家转行学习过程中时间成本高、效果差。一旦学习失败失去信心，以后可能彻底和产品经理这个岗位无缘，也彻底错过了一个发展潜力和薪水都不错的朝阳职业。

以下六条标准可以用来衡量教材或培训机构的优劣。

1. 知识体系要完整

大家可以参考上一节的内容，如果你买的书或教学机构安排课程的内容包含1.2节梳理出的八项核心工作，就可以判断这本书是知识体系完善的教材或这个培训机构的课程体系最起码从目录上看是完整的。

2. 理论能结合实际案例

所有互联网产品都是综合性很强的项目，仅仅依靠理论讲解并不能彻底参悟其中的奥妙，唯有完善的理论加项目实操才能做到学以致用，所以好的书籍是理论加案例，培训机构也是一样，需要好的教学体系加真实开发案例讲解。

3. 要能紧扣互联网发展脉络

互联网发展到当下已经从传统互联网时代进入现在以"去中心化、去中介化、价值共创、大数据分析、区块链、物联网"为特点的后互联网时代。随着技术迭代，用户行为演化推动互联网产品设计层面也在不断进行自我迭代。因此知识内容是否紧扣互联网发展脉络，也是考量一本教材、一个培训机构好坏的一个维度。

4. 作者或教师项目经验、工作资历

没有十年以上工作沉淀很难写一本几十万字的书，因此详读作者工作履历简介也是侧面考察书内容含金量的一个方法。假如一个作者工作五年，抛去写书时间，作者才工作三年左右。这是什么概念呢？作者也就是刚刚入行而已。培训学校的教材也都是人编写的，要参考编写者的履历和工作项目经验。

5. 遇到疑问有解答

在学习过程中遇到问题要能和作者沟通，在培训机构要能及时和老师沟通。最好的方式是作者有联系方式便于读者进行留言咨询问题，在培训学校老师也必须随时帮助学生解决问题。产品经理是系统性很强的工作，需要完善的业务能力。有经验丰富的老师为你答疑解惑，一定会让你的学习事半功倍。

6. 不能算作标准的标准——是否涉猎到用户心理学

产品经理经常讲"用户""用户场景""用户视角""用户需求"。但是当你问他们是基于哪一点判断出来所谓的"用户需求""用户场景"，却又没有几个人能真正说清楚，究其原因就是缺乏用户心理学的底层知识架构。

因此如果书中没有用户心理学内容，虽无伤大雅，但是这部分知识却是你未来成长的关键所在。谁比别人早掌握这部分知识，未来谁也一定比他人早一步成长为产品主管或总监。

以上六条可以作为衡量一本教材优劣、评估一个培训学校优劣的标准。

讲到这里顺便说一点，大家不要相信所谓的"签就业协议"之类的谎言，这些基本都是骗人的。等到毕业，他们随便给你推荐一家薪水极低的公司，借此规避找不到工作退还学费的承诺和责任。因为极低的薪水你肯定不会去。所以越是给学生各种许诺的机构，大家越要擦亮眼睛。因为没有完善的理论体系和很强的教学队伍，他们只能通过给大家各种不现实许诺来吸引学员。这样的机构因为教不到真正核心的知识，只能让学生简历作假。大家发出去的简历大同小异，可想而知就业会很难。

1.5 产品经理沟通模型告诉我们必须做到"德智体美劳"全面发展

下面我们讲一讲想做好产品经理工作所需具有的个人素养。

产品经理沟通模型包含用户群体、项目团队成员和老板三个角色，如图1-10所示。这样特点鲜明的三个群体决定产品经理必须从德、智、体、美、劳五方面培养个人素养。

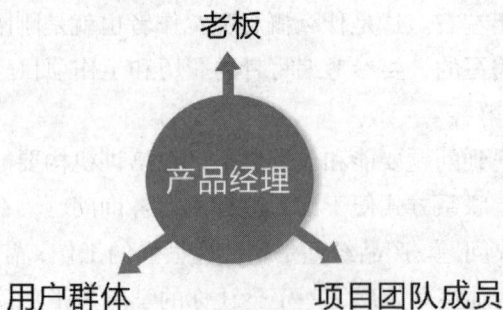

图 1-10　产品经理沟通模型

第一，德。产品经理要和用户沟通需求，要和开发团队沟通项目，接触面广、工作交叉多，所以产品经理的品德一定要好。具体地讲就是要大度和乐于助人、遇到事情能扛责任，只有做到有责任心能担当，与人接触中才能和大家打成一片。

第二，智。智慧是产品经理另一项必备能力。和老板沟通时要有智慧，抓住对方各种宏观或脱离实际的思维并迅速分析、抓住要点。项目或团队成员沟通出现问题时，能快速化解矛盾，把大家团结起来。我们还面对成千上万的用户群体和各种各样的需求，也需要有智慧去伪存真，抓住重点。

第三，体。身体好是做好工作的前提。

第四，美。你设计的是用户手中使用的产品，若是不懂欣赏怎么能规划出来让用户赏心悦目的产品？虽然公司有设计人员，但产品经理是公司里最先和最长时间接触用户的人，因此收集用户对美的喜好，并能将其规划融入产品中是产品经理不可缺少的一项工作。这里提醒一句，我们只是从宏观层面规划色彩及版式，具体设计要留给 UI 去做，不要过多干预，否则会给他们造成很大困扰，也会产生不必要的冲突。

第五，劳。项目过程中很多时候需要产品经理亲力亲为。你犯个小懒别人就会犯一个大懒，这种风气会在团队成员之间形成互相攀比的心理，导致大家遇事互相推诿，逃避推卸责任，所以产品经理这个"劳"字体现在勤劳。

本章我们把产品经理到底是一个什么样的工作，需要学习哪些知识、掌握什么技能以及所需个人素养都一一讲给大家，希望大家首先规划一个适合自己的学习路径，在今后的学习中循序渐进，稳扎稳打。

第 2 章

发展的互联网
不断重塑消费者行为
和产品设计思想

2.1 互联网发展历史脉络

2017 年 1 月 9 日凌晨微信小程序上线，这对于互联网人而言是一个值得关注的事情。小程序的诞生，表明了互联网发展到了一个全新阶段，互联网新生态从此诞生了。

从 Web 网站到 App 再到微信小程序，中国互联网短短 20 年发展时间，就使国内的商业环境发生了翻天覆地的变化，值得所有传统企业家关注。作为互联网产品经理，要不断揣摩、跟踪、学习，探寻这种变化的本质。要明白互联网每一个阶段技术的特点、用户特点以及产品设计特点，不断学习、完善、更新自己的业务能力。

从硬件和技术形态上讲，现在是移动端时代，是时间碎片化加垂直应用场景链接的时代。小程序即用即走的属性和超强的场景链接加无可比拟的成熟社交架构以及轻量化开发、成本低这些特点，使其成为所有创业者的一个选择。

个人计算机（PC）时代是互联网沉淀和积累时期，那时网络还未普及，PC主要的作用是娱乐和个人工作台。那个时代很多创业者的产品是以 PC 软件为主，像史玉柱的巨人汉卡、张小龙的 Foxmail 都是那个时代的明星产品。除了这些还有很多单机版游戏、视频压缩、播放工具等。

进入互联网时代，PC 通过网络链接各类生活场景的能力开始显现。除了工作之外，PC 最重要的作用就是上网，网络也刺激了更多娱乐和生活需求的产生。虽然 PC 时代软件依然在继续发展，但与此同时更多的 Web 网站开始崛起，与软件的竞争也拉开了序幕。用户购买 PC 的诉求更多已经是上网和娱乐，互联网丰富的内容资源整合力，渐渐地把大部分 PC 软件淘汰或者替代掉了。

最明显的例子就是杀毒软件瑞星、金山、卡巴斯基因 PC 的兴起而蓬勃发展，也因互联网的发展而衰落，360 强势介入打倒了一大片杀毒软件。因此做互联网创业要审时度势，从技术迭代、互联网发展以及社会形态和用户行为变化等方面去综合分析并研判大趋势，寻找风口和风向。找准趋势，站在风口猪也会飞。

传统互联网时代，产品设计第一个特点是寻找传统功能点做各种工具类的开发。第二个特点就是搭建资讯类平台。这个时代市场很多蓝海大部分领域都是空白，在国外接触过互联网的人回到国内开始跑马圈地，野蛮生长，如图 2-1 所示。

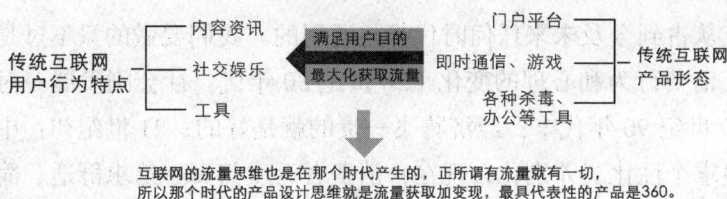

互联网的流量思维也是在那个时代产生的，正所谓有流量就有一切，所以那个时代的产品设计思维就是流量获取加变现，最具代表性的产品是360。

图 2-1　传统互联网产品设计思维特点

2000 年张小龙把 Foxmail 卖给了博大，同一时期很多 PC 软件逐渐消失，新浪、搜狐等门户网站开始崛起。PC 软件的没落原因就在于后者更加方便，几乎能解决一切问题，并且用户体验一点儿也不差。不用下载安装，想用就用，不需要更新，每次打开都是最新版本，也没有安全隐患，不会因为下载平台的问题，连带下载很多垃圾广告或病毒。

对比一下现在的 App 和小程序便知其中端倪。现在 App 类似于 PC 时代软件的产品形态，除了微信小程序已经切入场景链接的应用生态闭环。

Web 网站这种既不用下载安装也不用升级维护的特点，契合了用户便捷上网、使用计算机快速达到自己目的的需求，所以 PC 软件走下坡路是必然趋势。用户永远都是懒惰的，快速达到自己的目标是任何时期用户最核心的诉求。当初的 PC 对比现在的智能手机，当初的 PC 软件对比现在的 App，发展脉络一目了然。因此要思考像微信小程序这样的轻应用是不是互联网产品发展的下一个趋势。

互联网产品的本质是节点连接，通过流程逻辑快速地让用户便捷地达到自己的目的，在这个过程中产生商业价值。各种网站、App 或小程序的本质是一种触发机制，它们依附于"互联网"充当中介桥梁，一头连着具有某种价值的"商品"，另一头连着用户，要快速让用户享受到互联网另一端高性价比的"产品或服务"，最终形成商业价值。

综上可以看到商业价值闭环的三个基本核心。

（1）用户。

（2）高性价比的产品。任何时候"炒概念"只能火一时，只有持续不断提供高性价比的商品或价值企业才能长久经营下去。

（3）简单便捷的流程逻辑。

传统商业流程逻辑：指用户进商店那一刻，从门迎服务员引导到成功购物的逻辑。

互联网流程逻辑：指用户下载 App 那一刻开始到完成自己目标的逻辑。

变化的仅仅是形式，本质并没有变化。

这三点从古到今及未来任何时代都是通用的。我们要做的只不过是研究用户在某一时代消费行为和心理的变化（20 世纪 80 年代：社会刚发展→对洋品牌推崇备至；20 世纪 90 年代末：经济腾飞→贵的就是好的；21 世纪初：中产阶级壮大→消费追求个性化、差别化；现在：消费者返璞归真→追求舒适、简约和产品属性标签），要遵循这种变化去设计我们的流程逻辑和产品商业价值。

2.2　智能手机将传统互联网推向移动时代

在 Web 时代，搜索、电商和门户成为主流模式，辅以杀毒、办公、社交、游戏软件共同组成传统互联网上半场产品业态，下半场则是由乔布斯的智能手机引领，打开了传统互联网的移动化时代。

智能手机无论从功能还是体验都可以看作是缩小后没有键盘的 PC。随着技术的进步，传感器等硬件不断完善，手机越来越便捷，甚至某些方面的体验已好于 PC。特别是在社交、信息流的场景上，智能手机更贴合用户随时随地交流、获取信息的使用行为。

可以说技术进步刺激并培养了用户新的行为习惯，反过来用户新的行为习惯又推动着技术的更新迭代。没有智能移动设备，就没有所谓碎片化使用习惯。没有基于 LBS 的定位和各种传感器，就没有现在所谓的场景链接。当越来越多用户通过手机来替代 PC 很多功能的时候，互联网就进入移动时代。

传统互联网移动时代上半场和 PC 很像，App 软件和 PC 的软件基本是一个道理。

PC 时代的网站巨头也开始进军智能手机领域，新浪、搜狐、腾讯都有自己的 App。但是不同于 PC 时代，这些传统巨头并没有在移动时代成为巨头，无论国内还是国外。智能手机的技术和物理特点造就的使用场景移动化、时间碎片化导致逻辑思维在场景中被边缘化，反而是以社交、游戏、图片、短尾词为产品特点的 App 呈现火热的趋势。抖音、快手、探探、陌陌等成为大的流量入口。智能手机开启了传统互联网移动时代，并因为本身的物理属性和技术特点成就了社交类为主、电商次之的产品格局，这个时代搜索和门户被边缘化。同时大量链接线下场景的功能应用类 App，如饮食的美团、出行的滴滴、旅游的去哪儿都在一个垂直细分领域占据了重要的统治地位。

到此为止传统互联网的中心化、中介化、功能化，才正式形成完整的全产业全链条覆盖。移动化完善了线上线下全场景。

2.3　传统互联网 PC 时代和移动时代的产品设计思想

谈到产品规划就要讲清楚设计思想，这是我工作十几年来一直在思考的问题。

在做产品经理的头两年自己不知道为什么这样设计互联网产品，只是一味模仿。工作四五年后觉得设计互联网产品，无非功能上拿捏用户需求，流程逻辑上站在用户视角设计。工作十多年，才不断地思索、总结并归纳出以下三点。

（1）在清楚定位用户核心目标同时，也要梳理用户自我设定的分散任务节点并串联成用户的行动路径。

（2）产品规划上以公司的产品或服务为起点并结合用户需求痛点统筹规划设计。

（3）流程逻辑、版式展现及流程设计是以用户自我设定的完成分散任务节点所串联的路线图为参考基准，转化逻辑以用户"关键决策标签"优先级为唯一的参考指标。

因此一款产品设计分为三个阶段：

（1）第一阶段产品设计目标为"让产品产生实用价值，能拉住游客并转化游客为注册用户"。

① 通过各种调研手段清晰定位用户核心需求。

② 梳理用户为达到这个核心需求自我设定的分散任务节点，确定用户"关键决策标签"优先级。

③ 以用户视角串联节点，绘制出用户行动路线图。

④ 基于路线图和优先级做第一阶段产品功能规划和流程逻辑设计。

⑤ 基于"关键决策标签"做重点部分设计。

（2）第二阶段产品设计目标为"帮助用户快速达到目的"。

① 业务层面：突出专业，围绕帮助用户达成目标设计。

② 服务层面：突出全面，围绕业务层面各环节的容错纠错展开设计。

③ 流程层面：突出极致便捷，围绕业务层面合并冗余环节，尽量减少用户参与操作的情况。

（3）第三阶段，在规划产品中预留扩展的功能接口或架构，这是关乎产品迭代的问题。

这三个阶段整合在一起才是一套完整的、针对目标清晰、细分用户明确的传统互联网设计思路。

从用户出发又以用户结束，整个产品线的规划设计都是围绕用户为完成某一个特定的需求目标的种种行为作为产品设计思路。

我们用实际案例去拆解一下产品设计思路的每一步骤是如何贯穿在产品设计的每一个环节当中的，如图 2-2 所示。

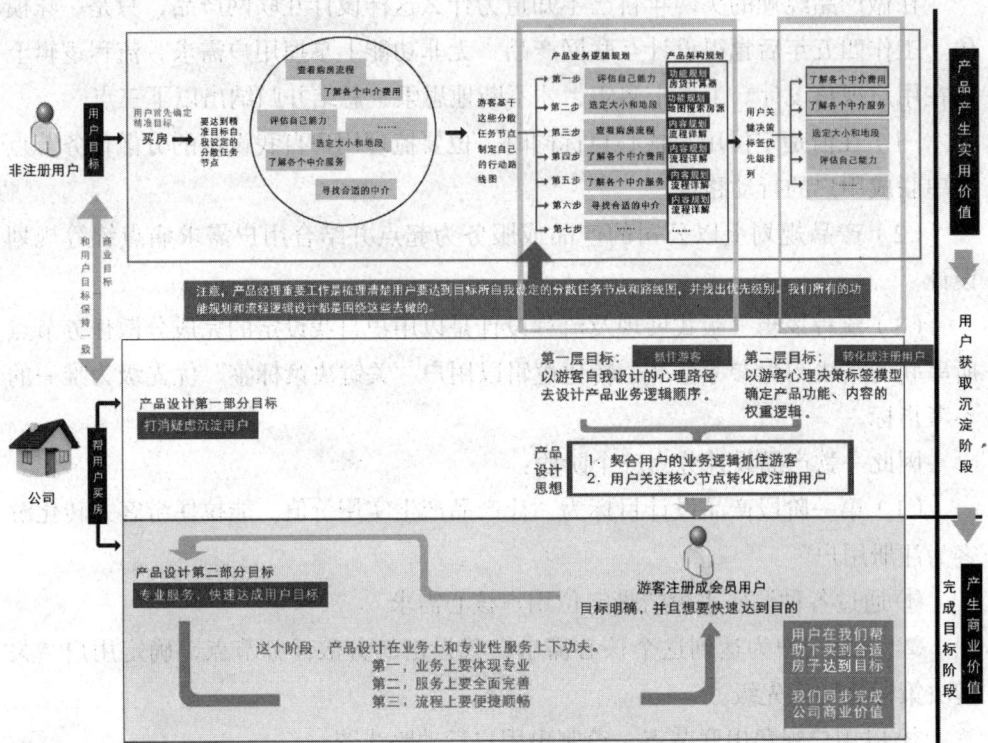

图 2-2　目标清晰、细分用户明确的卖房 App 平台设计思路

案例　卖房中介 App 平台

假设自己是互联网房产公司产品经理，负责搭建卖房 App 平台。

接到任务后的第一项工作，是静下心来想一想你的用户，想想他们想要买房的内在因素和诉求以及场景。

这里提一点，千万不要被已知惯性蒙蔽了自己探索用户的心。

笔者在一家新零售公司做产品总监时曾做过一零售平台项目，大概逻辑是把超市线下用户沉淀到新零售平台进行深入需求挖掘，然后把用户导流到线下超市进行消费。

当时笔者提出超市面对的用户群体是一个复杂综合体，在做平台规划前要把用户给拆分开，然后按照不同细分用户群体需求场景研究功能规划和深入挖掘需求。但是公司 CTO 却说没必要，理由是超市用户就在那里天天看，闭着眼睛就知道他们需要什么。

这个 CTO 之所以如此武断是因为他认为生活中大家常去超市，所以他自认为很了解他们，这就是典型的自以为是。按照这个逻辑，你天天坐地铁上班，你就能知道那些和你素昧平生的地铁旅客的行为习惯和需求吗？天天吃饭，你就能了解所有食客需求而能成功开一家饭店吗？

转入正题。

上面讲了我们首先要弄清楚用户为什么会决定买房以及外界和内在的因素都有哪些。

另一个更重要的问题是，当用户明确自己的目标之后，自我设定分散的任务节点有哪些？他们如何串联这些分散任务节点并形成什么顺序的行动路线图？

从用户心理学上讲，任何人心理产生一个明确的目标后的下一个心理阶段，就是开始给自己设定分散的任务节点并将其自行串联成行动路线图，去指导自己一步步完成路线图上每个节点，进而达到自己最终的精准目标。用户心理学也揭示出，具有相同精准目标的用户群体也同时具有相同行为和观点，他们因为某一个精准目标设定的分散任务节点和由之形成的路线图也具有共性。

基于这个原理我们在产品设计规划阶段必须做细分用户建模，用数据固定某一类细分用户群体的目标、行为、观点，进而可以准确构建一个为某一细分用户群体精准目标提供产品或服务的商业模型，这个精准性也是公司经营成败的关键。

用户现在明确目标是买房，那么他的心理会自我产生很多分散任务节点，如评估自己的承受能力、弄懂买房流程、找中介咨询还是自己找朋友询问等，将这些节点串成行动路线之后，再去指导自己一步步实施。

用户可能会先上网，找房贷计算器评估自己的承受能力，然后去找中介咨询买房的流程以评估是自己找房源买房过户还是找中介代办。用户可能因为对中介的咨询服务很满意，最终选择通过中介为自己买房，也可能因为中介咨询时服务很差，最终选择自己达成买房目标。

同时用户分散的任务节点中，一定有最关键的核心标签，我们称之为"关键决策标签"。对于工薪阶层，可能钱是关键决策标签，因为中介费会使用户决定是否使用某一家中介机构，对于富裕阶层，也可能服务是用户决定是否使用某一家中介机构的关键决策标签。

这就需要产品经理把细分用户给拆解出来，定位终极目标，梳理分散任务节点，绘制行动路线图，确定优先级和"关键决策标签"，基于这些去做产品功能架构规划和流程逻辑设计。

以上是传统的互联网产品设计思想，这套理论是我对自己多年项目实践的总结和归纳。这套方法可以应用到大部分需要细分用户群体、精准明确目标的产品设计中，比如职业培训、买房、饮食、运动健身、学习等。

在后互联网时代或在用户目标并不明确，细分用户群体模糊的情况下着手产品设计，我们又该具有怎样的设计思路呢？

2.4 人工智能、物联网、智能手机等新技术开启了后互联网时代

智能手机开启了传统互联网移动时代，格局基本上是以社交为主，游戏、电商紧随其后，门户和搜索被弱化。同时也出现了大量链接各类生活场景的 App，如"美团""去哪儿""滴滴"等，还有很多 App 虽不出名但有其自己垂直的用户群体。

2.4.1 用户多层汇聚，在商业逻辑中形成主导力量

传统互联网移动时代最重要的影响是重新塑造了互联网用户的行为习惯。在移动互联场景下，社交网络把秉持相同价值观点的个体在网络中汇聚成群，"社群为核心"的信息组织方式赋予了用户群体前所未有的力量，使原来居于优势地位的企业成为相对弱势一方。

2.4.2 后互联网时代的形成路径

以 PC 连接为基础的传统互联网和以智能手机为基础形成的传统移动互联网，二者的网络结构都具有很强的"中心"性质。人们通过门户网站，获取经过编辑归类的新闻、资讯。人们通过"淘宝"构建的虚拟商城，让众多商家和上亿用户在网络上实现商品交易。

智能手机普及，其物理特性使网络接口从物理端口走向虚拟，从单一走向多元。在重塑了用户行为习惯的同时，移动社交网络情境下信息聚合变得无处不在。"碎片化"成为用户最主要的特性，也是后互联网时代到来的第一个特点。使用

行为碎片化，信息多层多维度聚合推动了去中心化和去中介化特点的形成。

95 后成新生代用户主力，他们的成长环境和接受的教育以及在社会上获取信息的渠道都塑造了其性格独立、主观意识强烈的行为特点。

网上有些观点只是简单地讲，智能手机物理特性造就了后互联网时代，这样的理论过于片面，没有从核心解释变化本质。任何新技术所能改变的仅是表面形态，隐藏在下面的用户行为习惯和价值观点重塑才是改变的本质。

就像 PC 时代的淘宝到移动时代还是淘宝，只是购物场景从电脑桌移到了地铁，但传统互联网商业模式并没发生本质改变。

后互联网时代最重要的特点就是：垂直用户圈层里价值观点的动态重塑，即用户行为习惯、价值观点和思维决策方式形成新模式，其不再被所谓的权威影响，思考和决策更多是基于素人所形成社会圈层里的垂直观点。同时这种观点也不是固定的，它不断地被社群圈层里其他素人所打磨、丰富和完善，最终呈现出动态变化的特性。这一特点决定其商业模式和规则需要更加契合用户群体属性。

"价值观点的动态重塑"是后互联网时代的用户主要特点。传统互联网以用户目标、行为和观点为产品设计思路的形式已经跟不上时代变化。唯有主动沉淀、跟随并培养引导社群用户的"价值观点动态重塑"，企业经营者成功的概率才更大。

比如小米构建了一个成功的米粉社群。它的产品开发、更新迭代都和米粉紧紧地绑定在一起。小米不用去判断谁是它的潜在用户，不用去针对"细分目标用户"群体展开相应渠道传播。它是通过和"米粉"一起成长，互动塑造价值观点，在这个动态过程中挖掘出新的需求。换句话讲，小米在动手生产产品之前就已经和用户达成共识，就知道要生产什么。

后互联网时代，产品本身对用户关系的构建将变得更加重要。社群就是需求产生和商业价值转化的源泉。大众化无差别的产品越来越难以吸引用户，用户更希望通过产品来满足自己的个性化需求。互联网产品本身就具有连接的属性。在一个连接着整个产业生态圈的网络里，提供给用户的产品将是这个网络纽带作用下的聚合产物。

因此在后互联网时代强大企业的另一种解释是，它在构建社群用户网络圈层中以及在这个产业生态圈中的作用和地位。用户越来越不会在意谁生产这个产品，他们更在意这个产品所富含的价值观点的标签属性，更在意在这个网络中互相关联的接口是否畅通，产品除了功能外的属性是否能代表自己所属的社群。

这种影响从心理学上讲是相互的，用户既想通过自己影响群体价值观点，同时又会受到群体的影响让自己的意志服从于这个群体共同的价值观点。

社群如此重要，那么在后互联网时代，如何去获取沉淀用户并打造社群，让企业参与到用户中共同塑造价值观点呢？

2.4.3 了解用户的兴趣以及企业应该持有的态度

对于用户聚集，兴趣是先决条件，进而又会因不同的价值观而拆分重组，这个逻辑要清楚。但兴趣和价值观并不等同，比如都喜欢钓鱼的人，可以因为兴趣聚集在一起，但也可能因为三观不合而分道扬镳。再比如喜欢看球的人，却会因为支持的球队不同而打架斗殴。在互联网产品中喜欢发短视频的人可以聚集在某一个短视频平台，却可能因为支持的网红观点不一致而激烈争吵。

我们在构建互联网产品的时候要清楚用户因为兴趣聚合在一起有时间属性，不能长久，但用户却可以因为价值观一致永远聚合在一起，并且通过内在动力不断地丰富、完善、改造这种价值观点，我们称为用户社群对"价值观动态重塑"。

对于企业，在构建商业架构，整合、沉淀社群用户过程中，融入他们生活场景的各个节点去打造企业形象，远比花钱在渠道中建立自己的形象更为重要。企业和用户共同体验并打造专属社群网络关系，将使企业能发现和挖掘出更多适合自己的发展道路。网络世界会弱化社会地位、金钱、权势，使整个环境趋向于一种民主氛围。用户之间的交流、思想表达也更趋向于内心世界的真实流露。因此低姿态、有意思、会说话会比只会摆谱的权威大佬更加具有亲和力，进而更加能聚合人气。被用户当成朋友是难能可贵的，所以在后互联网时代企业一定要放下身段，多思考用户场景，多以用户视角进行有效沟通。

2.4.4 后互联网时代商品价值由企业和用户共同决定

从用户场景开始。

关于场景最早的系统阐述来自于《即将到来的场景时代》一书。在这本书中，作者详细介绍了构成场景的五个关键部分：① 移动设备；② 社交媒体；③ 大数据；④ 传感器；⑤ 定位系统。

移动设备包括但不限于智能手机、眼镜等硬件。它是软件的主要载体，所以设备中的软件才是场景技术的重要环节，即设计的产品。

社交媒体在 PC 时代就有了，比如"博客""论坛""腾讯 QQ"等。社交媒体和移动设备、大数据、传感器以及定位系统结合，可以产生极为丰富人性化的内容和用户行为数据。这些内容和数据可以为细分用户建模的工作提供精准的数据支持。

细分用户建模的核心是挖掘隐藏在数据下的某一用户群体的价值观点，以及这些价值观点演化的路径。

大数据可以分析出用户喜欢看球，甚至知道用户支持哪个球队，但是数据分析不出这个球队吸引特定球迷的价值观点，数据也分析不出如果这个球队的价值观点产生什么变化，会导致多少球迷流失。

所以不要陷入"唯大数据论"。中国现在有一种不好的风气，那就是在互联网圈子谈什么都要扯到大数据上，好像不谈这个就落后了。

日本 7-11 的碓井诚强调要重视与客人之间的关系，更要重视今天来的客人是什么样的，他们想要什么样的服务。而中国的企业只用大数据做分析，很容易忽略这一点。本质上讲，如果你可以做到每一家门店都满足客户需求，能为每一位顾客提供服务，那大数据就无关紧要了。当然大数据可以发挥重要的辅助分析作用，但设想一下就算你的大数据做得很棒，但是顾客一进店，看到店员都在玩手机，这样的情况如果大面积发生，顾客还会光顾吗？空有大数据有什么用处呢？

在互联网项目中也是同样的，形而上的部分只能通过与用户面对面地直接交流去分析。理性的部分可以数据固定，感性的部分需要产品经理去做梳理。

传感器的核心作用在于将物与物、物与人在网络中进行信息互联，再加上定位系统实时捕捉用户路径。物、人、地点、交互不同维度汇集构成的立体场景，使得大数据分析和预判用户行为越来越精准。

这五部分是场景链接最底层的技术支持。目前做得最好的微信，它本身是社交软件，同时也具备上亿的数据规模，再加上传感器和定位系统，因此基于微信做任何有关场景的链接是一种成本最小的、效果最明显的方案。

举个例子，你在下班途中的地铁上心里想着白天的工作难度很大，需要找个高手协助。这个时候你打开手机，把你的问题发送到小程序或者 App 平台上，让有能力的朋友帮助你，这就是一种场景链接。你也可以查找周围的产品经理，希望能够找到可以帮助你解决问题的朋友。你也许还会通过各种各样节点链接，多维度多层级去解决自己的问题。在这个过程中就把单一性商业价值通过场景链接给放大多元化，挖掘出更多的需求。

后互联网时代突破了传统单一商品价值和用户目标对应的逻辑思想，场景链接让商品价值呈现多样化。

中国中西部和东部经济发展存在巨大差异，但是中西部三四线城市用户的行为习惯因为互联网的全域性却和一线城市用户没有差别。可是三四线城市经营者的思维习惯还停留在传统层面，因此用户认知和企业经营者认知差异造成了第一个矛盾点。

三线、四线城市还处在卖方社会，一线、二线城市处在卖方和买方中间层地带，这两个地区不管是促销型市场还是研发型市场，都偏向于以产品或者服务为中心。

北上广深特级城市以及京津冀经济圈、珠江三角洲经济圈等已经处在非常先进的"价值共创"或"社群对价值观的动态塑造"阶段。这些地区企业重视与用户群体之间的关系，这个关系更强调的是社群的承载与分析，企业参与用户价值观的共同塑造，对用户的需求挖掘呈现多级、多层和多点趋势，从而使单一产品产生不同的价值，给经营者带来更多的利益实现。

传统商业逻辑是把相似的需求分出档次，格局分为高中低，规模分为大中小。

现在的商业逻辑是，相似购买力分场景，场景形成圈层。

档次划分是基于商品价值的纵向划分，而场景划分是基于用户购买行为后面的使用场景层面的横向划分，两者有本质区别。

以白酒为例。当白酒行业陶醉于茅台涨价，其他白酒经营者开始抢占次高端时，不知道生产商有没有考虑后继无人的问题。针对50后、60后的消费价值观，强调历史、文化、年份、产地、限量、品位、优越感等因素，这是白酒企业都具有的传统优势。但是经营者抢占除了茅台外的次高档时，对于大量的80后、90后用户群体就这样放弃吗？想让用户跟着白酒企业的商业逻辑走肯定是不可能的，所以造成的后果就是大量80后、90后都转向喝啤酒去了。

"江小白"的最大贡献就在于，它找到了一种新生代爱喝的酒，把产品定位于"新生代解决方案"。

茶叶行业也有同样的问题，90后怎么喝茶没有人研究。"小罐茶"最大的贡献就是以新的用户消费场景视角去讲茶的故事。

所以能打破旧的行业利益格局的人，很多情况下并不是在某一行经营了很多年的从业者，而是那些真正了解消费者、用户的人。当你发现自己不喜欢的东西有市场，不要怀疑市场错了，要怀疑自己的商业和消费者逻辑是不是出现了问题。

比如街边卖葫芦的大爷，要想一想他的用户购买后的使用场景，用户在什么场景下去购买他的葫芦？比如男女逛街过程中一个男孩想买葫芦的场景是什么？是想保佑对方的平安还是想祈祷事业生活美好抑或有别的什么诉求，这就是购买场景。如果能知道深层次原因，就可以通过形状给葫芦起名字，通过颜色给葫芦归类，或者通过放在寺庙中给葫芦开光等形式给葫芦附加更多标签属性，对应用户的购买场景。单一的葫芦可以卖不同的价钱。葫芦本身没有变化，多出来的价值是经营者附加给葫芦的标签属性，让商品能对应更多的用户购买场景，产生更多不同维度的价值，即商品的附加属性越多价值越大。因此一个普通葫芦能卖 10 元也能卖 100 元，那么多出来的这 90 元一定是多在了附加的标签属性方面。

所以现在的商业场景，价值并不是由商品本身包含的劳动时间决定的，而是由用户决定的。用户觉得值那么它就值这个价钱。用户对于值得的评判标准就是"用户使用 / 购买场景"。

消费者变了，一切都会变。

日本社会学者三浦展所写的《第四消费时代》中，将日本的社会变迁分为四个阶段。

第一个阶段，即 20 世纪初，社会刚刚开始发展，只有少数人能追求西方生活，大家对洋品牌推崇备至。

第二个阶段，即 20 世纪中叶，经济腾飞，家家开始大量消费，购物倾向于"贵的就是好的"。

第三个阶段，即 20 世纪下半叶至 21 世纪初，中产阶级壮大，人们的消费开始追求个性化、差别化，对本土品牌越来越青睐。

第四个阶段，即 21 世纪上半叶，消费者返璞归真，开始追求舒适、简约和商品包含的能揭示用户属性的性格标签。

虽然是学者研究日本的四个阶段，但就中国消费者观念和行为的变化进行分析，其发展脉络也相当吻合，具有很强的借鉴意义。

在第四个阶段，除了用户的变化，还要看到整个营销环境社交化、分众化、去中介化和去中心化的趋势。摒弃传统的渠道分销思维，所谓的价格在后互联网时代，已经变成了用户认同，所以一口章丘铁锅能卖出很高的价钱。以社群为中心去参与价值观重构，是新消费主义和后互联网商业模型构建的基本出发点。

今天的消费者在社交和自媒体放大下，越来越推崇自身或者所属社群的标签。商品除了基本功能外，也成为自我表达的一种方式。用户去网红店消费、打卡想要表达自己是精致中产阶级。用户用跑步 App 刷圈，是为了表达自己对生活的一种态度。

总之，无论消费任何物质的商品，都越来越需要赋予商品更多标签属性去对应用户自我价值，以彰显自己的个性和所属的社群属性。

所以新一代商业逻辑如果还在强调功能，那么这件事情成功的概率多半不大。传统互联网的流量思维在现在也已经明显不合时宜，流量是个动词，是变化的。如果流量来了你用漏勺去接，再多的流量也是白费，同时也浪费了做渠道的人力和成本，所以相对于流量更应该以用户思维去思考商业价值，因为它可以留住沉淀，可以汇聚成河、成海，同时还可以塑造价值观，可以多维度多层级挖掘需求并转化成商业价值。

如果企业以社群为基础，以场景为出发点，以共同塑造价值观为己任，那么这个企业的产品也就能脱离传统单一的品牌打造、功能升级老路，从而具有性格属性和生命力，能紧紧跟随社群用户去升级迭代自己。企业做到这一步，正向发展逻辑才算建立完整。

也只有这样，企业和用户的关系才能由只是品牌和用户的单一关系，升级为多维度的企业和用户共同成长的关系，信任关系也就越联系越牢固。

2.4.5 后互联网时代产品设计思想模型

在用户消费观念更加追随自我标签和社群属性的时代，在目标不明确、细分用户群体界限模糊的情况下，我们应该秉持什么样的设计思路去追随这种变化并设计互联网产品？

图 2-3 所示模型以用户兴趣和关注点作为起点开始梳理，以目的和频次拆分群体并通过不同场景多级拆分出不同商业价值点。

产品功能架构规划则以满足用户某个特性场景为核心，拆分出的多级商业价值要始终贯穿在各个场景中，流程逻辑则是以引导用户满足需求并完成不同场景商业价值为基准去设计。

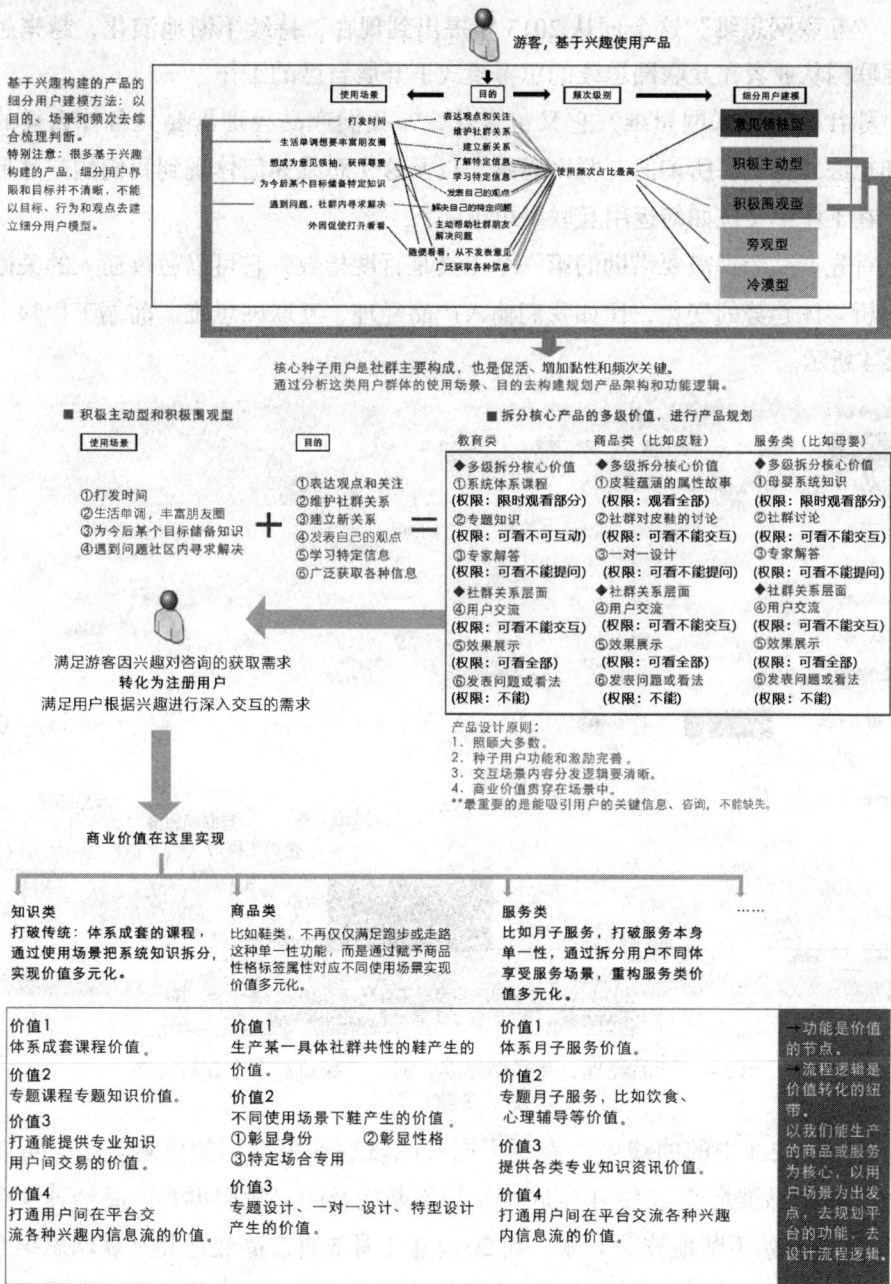

游客，基于兴趣使用产品

基于兴趣构建的产品的细分用户建模方法：以目的、场景和频次去综合梳理判断。

特别注意：很多基于兴趣构建的产品，细分用户界限和目标并不清晰，不能以目标、行为和观点去建立细分用户模型。

| 使用场景 | ← | 目的 | → | 频次级别 | | 细分用户建模 |

使用场景：
打发时间
生活单调想要丰富朋友圈
想成为意见领袖，获得尊重
为今后某个目标储备知识
遇到问题，社群内寻求解决
外因促使打开看看

目的：
表达观点和关注
维护社群关系
建立新关系
了解特定信息
学习特定信息
发表自己的观点
解决自己的特定问题
主动帮助社群朋友解决问题
随便看看，从不发表意见
广泛获取各种信息

使用频次占比最高

细分用户建模：
意见领袖型
积极主动型
积极围观型
旁观型
冷漠型

核心种子用户是社群主要构成，也是促活、增加黏性和频次关键。
通过分析这类用户群体的使用场景、目的去构建规划产品架构和功能逻辑。

■ 积极主动型和积极围观型

使用场景：
①打发时间
②生活单调，丰富朋友圈
③为今后某个目标储备知识
④遇到问题社区内寻求解决

+

目的：
①表达观点和关注
②维护社群关系
③建立新关系
④发表自己的观点
⑤学习特定信息
⑥广泛获取各种信息

=

■ 拆分核心产品的多级价值，进行产品规划

教育类	商品类（比如皮鞋）	服务类（比如母婴）
◆多级拆分核心价值	◆多级拆分核心价值	◆多级拆分核心价值
①系统体系课程	①皮鞋蕴涵的属性故事	①母婴系统知识
（权限：限时观看部分）	（权限：观看全部）	（权限：限时观看部分）
②专题知识	②社群对皮鞋的讨论	②社群讨论
（权限：可看不可互动）	（权限：可看不能交互）	（权限：可看不能交互）
③专家解答	③一对一设计	③专家解答
（权限：可看不能提问）	（权限：可看不能提问）	（权限：可看不能提问）
◆社群关系层面	◆社群关系层面	◆社群关系层面
④用户交流	④用户交流	④用户交流
（权限：可看不能交互）	（权限：可看不能交互）	（权限：可看不能交互）
⑤效果展示	⑤效果展示	⑤效果展示
（权限：可看全部）	（权限：可看全部）	（权限：可看全部）
⑥发表问题或看法	⑥发表问题或看法	⑥发表问题或看法
（权限：不能）	（权限：不能）	（权限：不能）

满足游客因兴趣对咨询的获取需求
转化为注册用户
满足用户根据兴趣进行深入交互的需求

产品设计原则：
1．照顾大多数。
2．种子用户功能和激励完善。
3．交互场景内容分发逻辑要清晰。
4．商业价值要贯穿在场景中。
**最重要的是能吸引用户的关键信息、咨询，不能缺失。

商业价值在这里实现

知识类
打破传统：体系成套的课程，通过使用场景把系统知识拆分，实现价值多元化。

商品类
比如鞋类，不再仅仅满足跑步或走路这种单一性功能，而是通过赋予商品性格标签属性对应不同使用场景实现价值多元化。

服务类
比如月子服务，打破服务本身单一性，通过不同用户介入享受服务场景，重构服务类价值多元化。

……

知识类：
价值1
体系成套课程价值。
价值2
专题课程专题知识价值。
价值3
打通能提供专业知识用户间交易的价值。
价值4
打通用户间在平台交流各种兴趣内信息流的价值。

商品类：
价值1
生产某一具体社群共性的鞋产生的价值。
价值2
不同使用场景下鞋产生的价值。
①彰显身份　②彰显性格
③特定场合专用
价值3
专题设计、一对一设计、特型设计产生的价值。

服务类：
价值1
体系月子服务价值。
价值2
专题月子服务，比如饮食、心理辅导等价值。
价值3
提供各类专业知识资讯价值。
价值4
打通用户间在平台交流各种兴趣内信息流的价值。

→功能是价值的节点。
→流程逻辑是价值转化的纽带。
以我们能生产的商品或服务为核心，以用户场景为出发点，去规划平台的功能，去设计流程逻辑。

图 2-3 在后互联网时代（目标不清晰、细分用户不明确）的产品设计思路

2.5 互联网思维的形成

"互联网思维"这个词从 2013 年提出到现在，持续不断地演化，越来越多的互联网从业者在互联网思维的思考模式下开展自己的工作。

那什么是互联网思维？它又包含什么？我们产品经理需要具备什么样的知识和想法才算具备所谓的互联网思维，以及这个思维如何体现到我们的产品形态上？在工作中又该如何运用互联网思维呢？

首先产品经理需要借助的第一个工具是百度指数，它可以通过输入的关键词去分析整体趋势的变化，比如我们输入产品经理、互联网思维、前端工程师，如图 2-4 所示。

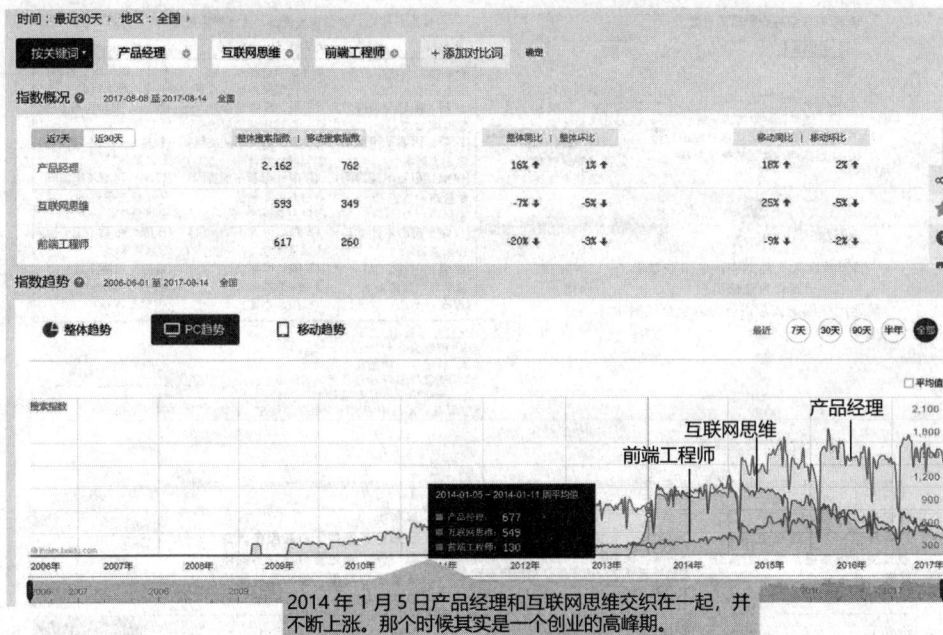

图 2-4　产品经理、互联网思维、前端工程师百度指数对比图
（图片来源：百度）

通过图 2-4 中的曲线可以看到不同时间段这些关键词的搜索热度，可以看到，互联网思维是从 2013 年年底开始被不断提及的。我们再看产品经理这个词从 2011 年开始不断地波动上涨，到 2014 年 1 月 5 日产品经理和互联网思维交叉在一起并不断上涨，在那个时期互联网行业处在一个创业高峰。通过曲线图我们可以分析出来，创业公司的增多对产品经理的需求增大，结果就是产品经理热搜

度越来越高。曲线图也证明互联网思维在工作中被提及和运用得越来越广泛。

图 2-5 是 2017 年 8 月 17 日搜索短视频、UGC（用户生成内容）、产品经理和社交的指数曲线。大家试着分析一下。

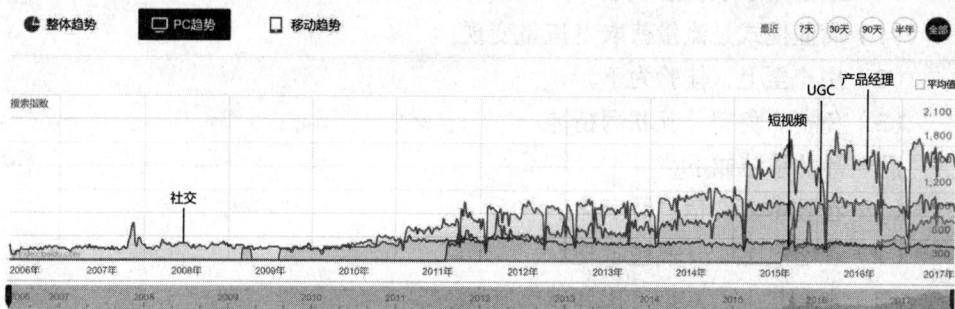

图 2-5　短视频、UGC、产品经理、社交百度指数对比图
（图片来源：百度）

百度指数通过大数据分析哪些人在搜索，哪些区域是热点搜索区域，等等，可以为产品经理分析某一问题提供多维度的数据参考。

2.5.1　互联网大佬对思维的总结

互联网思维最早从 2011 年起由李彦宏提及，至 2013 年年底雷军也开始反复提及这个概念。简单地讲，就是把流量做一个拆分，流量在整个互联网活动中是至关重要的模块，是首先要去考虑的一个问题，把它拆分为流量的获取和流量的变现两个维度。但是时至今日，互联网最重要的流量思维已经过时，被淘汰。

所以互联网思维绝不是一个静态概念，它是一个动态的、持续发展变化的过程。我们今天还去讲它，是为了在大家心中构建起对互联网发展历史脉络的认知。只有清楚地理解发展规律，才能更精准地预测未来。虽然互联网发展时间只有短短二十多年，但是即便是这样短暂的时间，它也足以让人眼花缭乱。如果不能从历史源头去学习它，不能站在宏观的角度认知它，就很容易被它表面呈现的复杂性给欺骗，以致看不清事物的本质。这样最终负责项目的产品经理规划设计出来的互联网产品犯错误的概率就会增大。

小米创始人雷军这样总结：

（1）专注，少即是多，大道至简。

（2）极致，做到自己能力的极限。

（3）口碑，超越用户预期。

（4）快，天下武功唯快不破。因为在信息数字化、传播瞬间化的当今社会，我们如果不能快速地把自己的想法变成现实或者在产品优化方面慢慢腾腾，那我们很快会被别人学习和超越，所以以快是互联网产品一个重要指标。

360创始人周鸿祎这么说：

（1）商业模式是流量获取＋流量变现。

（2）用户至上，体验为王。

（3）免费。免费是互联网精神。

詹老师的总结如下：

（1）在技术上，信息数字化。

（2）在态度上，开放包容化。

（3）在操作上，数据分析和数据共享。

我们在审视一款互联网产品的时候，都可以通过以上三点去探究它到底是真互联网产品还是伪互联网产品。伪互联网产品，就是套着互联网的壳干着传统的事情。一款真正的互联网产品要有足够的包容性，秉持开放的态度去广纳目标用户群体。同时尽可能地从用户、内容、产品三个方面去做数据沉淀，并通过数据分析让用户手中的产品达到人机合一的目的。企业开发的产品不仅要满足单一的用户需求点，还要寻找满足用户需求点后，社群关系的建立。我们要沉淀用户并参与其中，和用户打成一片，共同塑造价值观，以他们喜闻乐见的方式去做框架设计工作，提高用户的频度和黏性，使最终开发的产品成为某一个社群用户的日常生活中无法离开的一款应用。

只有达到具有这样不可抛弃性的目的，才是一款成功的具有互联网思维属性的产品，否则用户只是为了买一件商品或者满足一个服务，用一下你的产品后就不再使用。如此和传统的商店又有什么区别呢？

在生产生活中包含两个内容：第一个是信息流，信息流改变物的形态，比如过去的信件传递对应现在的E-mail传递，过去的照片对应现在的电子照片，过去的现金对应现在的电子支付，过去的纸质书对应现在的电子书，等等。第二个是物流。这个物流不是指我们在网上下单后，货运公司给我们寄东西，而是指物与物之间的联系。

现在互联网已经发展到物与物之间的联系及物与人之间的联系的物联网（Internet of Things）阶段。传统企业和互联网企业的界限越来越模糊。每一家企业既是传统企业，也是互联网企业。

物联网是一个基于互联网、传统电信网等信息承载体，让所有能够被独立寻址的"普通物理对象"实现互联互通的网络。它具有普通对象设备化、自治终端互联化和普适服务智能化三个重要特征。它把所有物品通过信息传感设备与互联网连接起来进行信息交换，即物物相连以实现智能化识别和管理。

中国最早的运用物联网技术创业的项目就是共享单车，它所采用的是比较常见的物联网应用架构：云—用户—终端。虽然物联网的架构并不只有这一种，但我们目前享受的绝大多数服务用的都是这种。扫码开锁即可解锁骑车，是共享单车的特点。说到智能锁，这里就必须要提到物联网了。共享单车的物联网原理是采用了"手机端—云端—单车端"的架构。

手机端：我们通过手机端的 App 可以查看附近的单车，并可以充值、预约开锁。

云端即"服务器端"，是整个共享单车系统的控制台，它可以与所有的单车进行数据通信，收集信息指令，响应用户和管理员的操作。

单车端是收集信息与执行命令的一端，比如卫星定位、开锁等。而整个物联网最具象的体现就在这个锁上了，共享单车的智能锁内部集成了 GPS 系统并带有 SIM 卡，它能够将车辆所在位置和电子锁的状态传输给云端。而这个 SIM 卡和常用的电话卡不同，它属于物联网 SIM 卡，物联网通过装配在各类物体上的 SIM 卡、传感器、二维码等，经过接口与无线网络连接实现人与物体或物体与物体间的沟通和对话。

物联网可以使我们跳出传统的思维方式。比如一件衣服可以满足人遮蔽身体和保暖的需求，我们可以扩展更深层次发散思维。比如这件衣服可能具有传感器，能感知你的心理活动、喜好，能在你上街行走的时候，去自动匹配和你性格特点相适应的异性。我们讲跳出传统思维，就是指技术的发展可以更深层次地把人的种种信息以数字方式呈现出来并且加以分析和利用，以挖掘出其中蕴含的需求。

2.5.2　传统互联网思维方式解析

互联网思维发展到现在，经从业人员不断地打磨提炼，最终形成了 9 个比较受认可的思维方式。

1. 用户思维

（1）抓住特定人群的心理需求，顺势而为。

（2）兜售参与感。

（3）做了什么功能、满足什么需求很重要，用户在达成目的过程中得到了什么体验也很重要。前者是用户会不会去使用，后者是用户使用完会不会抛弃你。两者重要性同等，不分先后。前者考验产品经理细分用户建模的能力，后者考验产品经理架构逻辑流程、设计类工作的能力。

（4）用户体验至上。产品设计除了要站在用户角度，另一方面我们也要赢得用户，把他们变成我们的粉丝，调动粉丝的主动性，使他们自主地去推动产品更新迭代和推广。在后互联网时代品牌会越来越需要构建自己的粉丝体系以维系企业与用户的关联。

互联网用户类型分为游客、客户、会员、粉丝。

游客，忠诚度几乎没有，在意的是免费使用的价值。

客户，忠诚度一般，在意使用价值和服务。

会员，忠诚度高，在意使用价值、服务和参与感。

粉丝，忠诚度最高，他们把自身的情感融入产品中，试图通过自身的影响力去左右产品的特性。

在这个过程中就产生了主动性。最直观的例子是明星的粉丝，他们希望通过自身的引导去改变明星的喜好。这个原理特点和产品是如出一辙的，所以把游客变成粉丝的路径就是满足使用价值，给予良好的服务，积极创造用户参与感，及时响应用户的建议，按照用户诉求合理地迭代产品属性。

所以我们的转化路径应该是：游客→客户→会员→粉丝。

忠诚度最低的游客恰恰是我们要首先重视的群体。游客泛指享受了产品初级免费使用价值需求的用户。

游客是首先接触我们产品的人群，所以重要性也最强。我们的客户、会员、粉丝都是从游客这个大盘子里转化出来的，所以我们做产品的第一步就是吸引、获取足够多的游客。换句话说就是你的网站流量要足够大，尽可能往最大化去做吸引流量的架构设计，才有继续发展的空间。

客户指游客群体享受免费服务后，被我们转化为愿意出钱的那部分用户。成为客户后，我们要做的就是以最佳的"用户体验"和最优秀的"服务"去打动他们，把这部分客户再次转化为我们的会员。

同质化产品竞争是如今几乎所有公司都面临的一个问题。如果不快速地把客户转化为会员，那么他们的跳出率依然会很高，客户忠诚度不高。体验新鲜的产品是他们喜欢做的事情，只有快速把他们转化为会员，才能保证他们的频次和黏性。

粉丝是我们固定群体、促活、造势、扩大曝光率、扩散拉新、推广产品的催化剂，同时也是我们迭代产品的基础，要积极与之互动，运用正向激励措施把会员转化成粉丝，最终使产品单一使用者升级成产品的共同设计创造者。只有让用户觉得自己和这个平台、和产品的成长息息相关，他们才会死心塌地地跟着你，并无私奉献。粉丝是最佳的产品体验员，也是产品正向优化迭代的数据基础。

除了上面讲的游客到粉丝的划分理论，我们还可以把用户分为主动创造型用户，围观浏览和积极参与型用户，旁观、懒惰型用户这三个群体。用户分类要以项目为基准在实践中去总结。

下面我们通过现在火热的 UGC 类产品去详细阐述技术的发展、社会的发展、物质的发展是如何一步步把用户需求培养起来，最终被激发形成巨大的市场的。为什么 UGC 类 App 这两年突然爆红？特别是短视频类探究它我们就要从历史层面、技术发展和人的行为变化这三个方面去解析。

图 2-6　486 电脑

（1）历史层面。电脑最早以家用奢侈品的属性出现在普通家庭中。图 2-6 所示为 20 世纪 90 年代初期以 CPU 型号命名的计算机。那个年代，80 后还是十三四岁的孩子，只有家里条件很好的才能买得起电脑，有了电脑也只是玩游戏或者学习一些 Word 软件。

80 后的父母大多出生在 20 世纪 50 年代，他们不会主动在公开社交场合表达和大家意见相左的观点，并且他们最大的社交场所也就是在单位。那个年代大家习惯在生产生活中，根据国家政策去决定自己的甚至下一代的生活和工作方式。

传播新闻和思想的只有主流媒体，所以人的思想较为统一，也比较僵化，这就是那个时代的人的性格特点。

随着改革开放，电脑成为大众用得起的商品。80 后的记忆被《红色警戒》、《魔兽世界》、CS 等一批经典游戏占据着。

新浪网的网络日志业务于 2005 年上线后，大众才有了正式的在公众场合发声的平台。80 后那时刚毕业或者毕业没有几年。当时的博客是被公知和大 V 占据的一个宣传渠道，大众更多会在博客上记录自己的生活日志。但是即便是这样，禁锢中国大众思想的闸门也慢慢打开了。新浪微博于 2009 年 8 月 14 日开始内测，9 月 25 日新浪微博正式添加了"@"功能以及"私信"功能，此外还提供"评论"和"转发"功能供用户交流时使用。有了微博后，信息的多元化多点传播雏形架构才正式形成。

（2）技术发展。2010 年 6 月 8 日凌晨 1 点，苹果 CEO 史蒂夫·乔布斯在会场上发布了全新的 iPhone 第四代手机，同时代智能手机还有诺基亚 N72、黑莓 8900 等，如图 2-7 所示。

图 2-7　智能手机

技术的进步和智能手机的普及改变了人们使用网络的地区界限，交流变成了随时随地可以进行的事情。网速的提高及资费下降也促使人们更加广泛地使用网络，再和能够发表自己观点的微博平台结合起来，真正改变了人们的行为方式，使大家在接受主流资讯的同时也在获得并接受更多大众的观点。

信息的交流也从单线的从上往下传播变成了多线平行交流的传播方式，这个时候应运而生的一个词就是"病毒式的扩散传播"。

（3）人的行为变化。2009 年前后，手机用户的使用主体还是 80 后。这批人处在事业起步奋斗阶段，能买得起手机的都集中在北上广深等大城市，普遍是受过高等教育并有不错收入的人群。他们的性格属性也受到父母和社会的影响，责任感和团队意识更强，个性化偏弱，这些都使他们缺乏展现自我个性和发表个人观点的意愿。

这个阶段 UGC 类产品处在萌芽期，但是已经开始为后来的发展培养用户行为习惯。

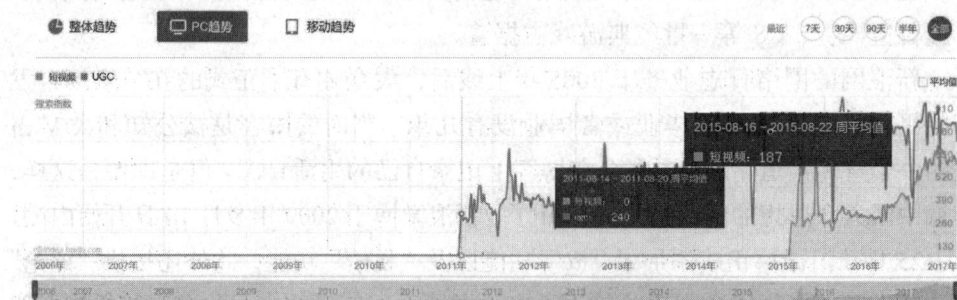

图 2-8　短视频和 UGC 百度指数对比图

如图 2-8 所示，UGC 类产品是在 2011 年中后期突然蹿红的。其经历了用户沉淀和行为习惯的培养之后，在 2011 年 8 月 14 日出现了爆发。在 UGC 类产品火爆发展的时候，00 后还是十二三岁的孩子，他们虽然不是互联网用户主力军，但是也在潜移默化地被影响。2015 年 8 月 16 日短视频爆发，是因为技术更加先进，屏幕更大，网速更快，价格也更便宜，更重要的是一种通过在平台发表内容并吸引用户来关注从而体验成就感的用户行为习惯被激发出来。

不用打字，不需要多好的文字功底，仅仅是随手录一段视频就可以传播，并且获得大量关注成为网红，这使大量性格独立的 00 后成为 UGC 短视频的主力。他们在平台体验着在生活中体验不到的关注和尊重。

从心理学来讲，任何人都想自己的意见被采纳或被认可，都想让自己成为一个受尊重的人。但是以前社会活动固化，除了单位范围、家庭范围、朋友范围，再没有其他地方可以扩散人们的观点，并且人们有不乱说话的行事态度，这些因素都压制了人对自我观点的表达。直到表达的诉求从博客到微博被一点点培养出来，人们才意识到自己可以让远在千里之外不认识的人接受或采纳自己的意见。智能拍照摄像功能的完善和简单化、收入提高加资费下降、能用得起无线网络、不用打字直接录视频等因素也刺激着需求就像气球一样不断膨胀。

最后谁先开发一款能扎破气球的工具，谁就能获得市场的先机，也就能获得积累原始用户的巨大优势。

快手的前身叫"GIF 快手"，诞生于 2011 年 3 月，最初是一款用来制作、分享 GIF 图片的手机应用。2012 年 11 月，快手从纯粹的工具应用平台转型为短视频社区，成为用户记录和分享生活的平台。后来随着智能手机的普及和移动流量资费的下降，快手在 2015 年以后迎来爆发，如图 2-9 所示。

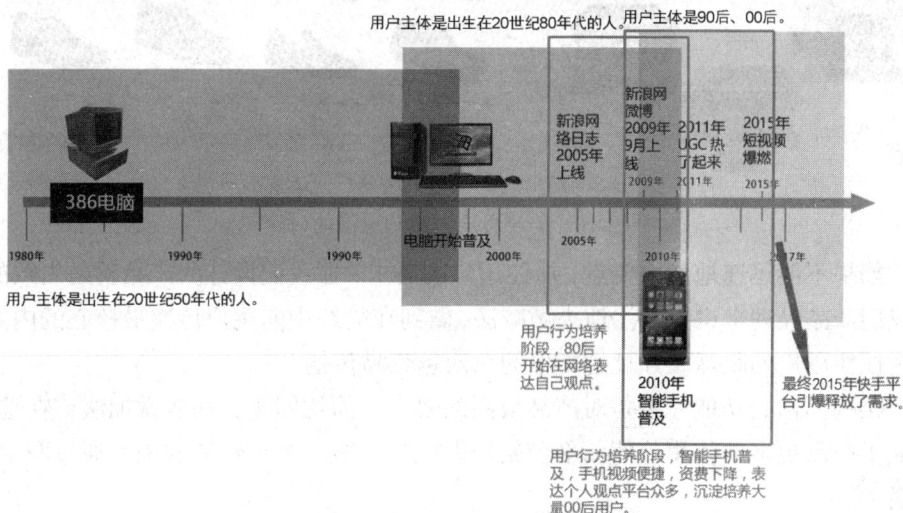

图 2-9　UGC 类产品发展脉络

我们看快手的发展历程可以探究到：它在 2011 年开始通过 GIF 图沉淀用户，2012 年转为短视频，但是并没有成为爆款，因为 2012 年的用户主体还是 80 后或 90 后，手机技术、网络资费以及用户主体行为还在酝酿中。一直等到 2015 年所有条件都成熟了，才突然在 2015 年 8 月 16 日爆发需求。

所以一个优秀的产品经理一定要会生活，能感受所有事物，会观察大众，会分析人们的行为，能从社会环境、技术演变、大众行为习惯等多个方面分析判断用户的需求走向。用户的需求一定是随着技术的发展而不断演变的。我们虽然不能创造需求，但是我们可以练就一双发现需求的慧眼，以看透隐藏在千变万化表象下最真实的用户需求。

2. 简约思维

简约思维是关于品牌和产品规划的一种思维方式，它是架构层面的。专注，少即是多，简约即是美。

让我们的客户一目了然地知道我们的产品能为他们带来什么样的价值，这点很重要。

互联网发展过程中信息流的高效性特点不允许我们娓娓道来。我们面对的用户群体有太多选择，他们做每一个选择的时间非常短暂。在产品层面用户从一款产品转移到另一款产品的成本是 0，速度以毫秒计。如图 2-10 所示为传统思维与简约思维的对比。

传统：需要一家一家转   **互联网时代：一眼望去好多家同时展示**

图 2-10　传统思维与简约思维的对比

如果不能迅速地切中要点，抓住用户的需求，那我们设计的产品就是失败的。对我们产品经理来讲要专注地去做减法，做到在简约中向用户传递最核心的内容，迅速抓住用户的眼球，并且越简单的东西越容易传播。

架构简洁、功能完善是对产品最高的要求。简约即美，功能做加法，在迭代中赋予产品更多的使用价值。平台架构做减法，能一个点传播的绝不通过两个点传播。

产品外观要美观简洁，界面要靓丽，内容要合理，紧抓主题。简约能给客户留下非常广阔的想象空间，就如同中国画的留白。

对应百度首页的改版，如图 2-11 所示，大家可以看到主功能区的干扰引入都被优化掉了，这样用户在搜索的时候，不会被干扰。因为百度在调研后得出，用户搜索的行为主观性最强，不需要外部的引导或者干扰。

图 2-11　百度首页

3．极致思维

极致思维是与产品使用流程或使用中的逻辑相关的一种思维方式。

要求产品经理能够把产品和服务做到极致，把用户体验做到极致，甚至超越用户的预期。互联网产品竞争中的激烈性决定，只有保证第一才能不被淘汰，只有做到了极致才能满足用户的需求，从而产生竞争力。

极致思维法则：痛点 + 兴奋点。

痛点：用户需求必须是刚需。

兴奋点：给用户带来"哇哦"的效果，让用户兴奋。

让用户在体验产品过程中认知产品，甚至高出他们的预期。要实现极致体验这个目标，产品经理需要花大量时间和精力去了解用户的使用习惯和使用行为。套用一句话，让用户一直爽就是极致体验的核心思想。做了什么功能、满足什么需求很重要，用户在达成目的过程中得到了什么体验也很重要。前者关系到用户会不会去使用，后者关系到用户使用完会不会抛弃你。前者考验细分用户建模调研类工作的能力，后者考验架构逻辑流程设计类工作的能力。两者重要性同等，不分先后。

服务即营销。服务环节虽然不是产品可以覆盖的一部分，但是也要做到极致。数据显示，导致跳出率增高的很大一部分原因是服务滞后。比如，淘宝某经销精油的商户设有 CJO（首席惊喜官）。他每天会在来访的留言者里面去寻找，发现潜在可以营销的客户，然后询问地址，寄出一份包裹，为可能存在的忠实粉丝创造惊喜，提高口碑和用户体验。

4．迭代思维

迭代思维讲究以人为核心，是不断迭代、循序渐进的开发方式。在整个开发过程中允许产品出现不足，通过不断修正，在持续的迭代中完善产品。

要从小处着眼进行微创新。这要求产品经理做产品要从具体的用户需求入手，在用户体验反馈中不断完善产品，能让用户在体验中感受到舒服，做得好可以起到四两拨千斤的效果。通过寻求单点的突破形成微创新，最后众多的微创新会让产品形成质变。

通过以下几点，可以抓住这个"细微"的、能让用户感觉舒适的点。

（1）通过梳理客户反馈，明白用户对什么问题烦恼。

（2）通过梳理数据，分析跳出率、转化率等，看用户卡在什么地方。

（3）调研忠实用户。

（4）快速迭代。速度有时比质量更重要（前提是已经完成第一版本的冷启动，如果是初版还没有完成冷启动，质量也很重要），因为用户需求一直在快速变化，所以互联网产品也需要快速应对用户变化。任何产品都不可能一次性满足用户所有需求，因此紧跟用户需求变化，快速迭代产品是互联网产品的发展规律和特点。

5．流量思维

重要的产品质变也是 KPI（关键绩效指标）。

（1）免费是为了更好地收费。现在免费战略基本成了首要的策略。免费人人都能做，人人都能想到。我把免费分为有效免费和无效免费两种结果。这里面就引出一个问题：免费的目标客户群体的锁定和转化比例——如何避免无效免费。我们考核的核心首先是流量，其次是转化。因此，先有流量是重要的前期工作，所以免费就变成了如何扩大面，扩大应用群体。

免费模式为分全盘免费（360 杀毒）、基础免费（QQ 基本功能免费，音乐、游戏和控件装备等收费），以及短期免费长期收费等。

（2）坚持到质变的临界点。在互联网运营中，只要用户活跃度达到一定的程度产生了质变，就算停止花钱做渠道做运营，产品也会自我成长。这种质变会为公司带来新的机会和更大的价值。

6．社会化思维

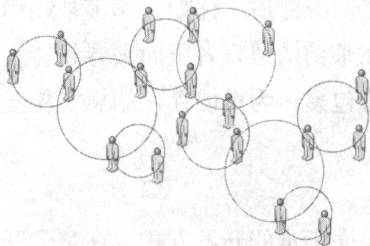

图 2-12　社会化思维模型

社会化思维是关于传播链和关键链的一种思维方式，如图 2-12 所示，每一位用户都是社会群体的节点。

企业要利用社会化的群体进行口碑营销，重塑企业产品和用户的沟通关系。例如，小米在微博上设有 30 多名微博信息人员，他们每天在互联网上处理的私信，加上评论的信息共有四五万条之多。小米通过不断地在微博上与用户互动，使得小米的形象非常丰满。

产品经理要注意一点，口碑营销不是自吹自擂，也不是自说自话。一定是站在用户的角度，以用户的方式去和用户沟通，即理解用户的关心，关心用户的关心。

另外，要利用社会化网络，众包协作，重塑组织管理和商业运作模式。例如，维基百科就是典型的众包协作模式。

7. 大数据思维

产品经理或者企业管理层要加强对数据的认识，深化对产品、公司的资产、关键竞争力的理解，在秉持一切都可以数据化的原则的同时做到以下两点。

（1）让数据资产成为核心竞争力。数据资产包括：

① 人口属性：比如我们注册京东，需要填写姓名、电话、邮箱、联系地址之类的信息。

② 用户行为：指浏览电商网站时，我们看了哪些商品，在商品上停留的时间，等等。

③ 社会关系：如分享给谁，通过谁支付，以及商品最终流通目的地，等等。

例如，淘宝 2004 年开始做数据沉淀。它现在可以定位到五道口某某咖啡馆 20 ～ 30 岁的用户个体后再去投放它的广告。所以有一个良好的数据架构，会成为最核心的竞争力。

（2）大数据驱动运营管理。所有的运营都是以数据为支撑的，比如银泰在店面布置了很多无线热点，用户进入银泰后可以通过 Wi-Fi 链接，这样后台就可以看到用户信息，通过用户年龄结构、购买的记录去分析客户，包括其在商场内的行走路线，在某一个商品前停留的时间，等等，根据这些去分析客户，并做相应的精准推广。大数据思维的核心是对数据的挖掘和预测，目的是为产品的发展奠定一个扎实的数据基础。

8. 平台思维

平台思维是关于商业模式和组织形态的思维方式。

互联网思维是系统化思维模式，包含角色、位置以及关系和系统规则。产品经理的职责就是来定义包含这四个因素的互联网闭环应该怎么搭建。

角色，指参与整个系统运转的各个节点。

位置，指在整个平台所处的位置。比如打车平台，司机处在整个平台闭环的服务提供端，用户处在整个平台闭环的接受服务端，公司处在整个闭环的提供交互平台和规则端。

产品经理需要去制定这个规则。这个规则可大可小，大的方面能影响整个企业的变化，小的方面也能细化到一个功能点。互联网公司更多是采取平台化的形式，自身不会产生商品和服务，而是由平台其他角色来提供。产品经理的职责就是制定一个规则去让各个角色之间有机地发生反应，这个反应可能是正向的，也可能是反向的。如图 2-13 所示为平台化思维，图中右侧是打车软件信息闭环模型。

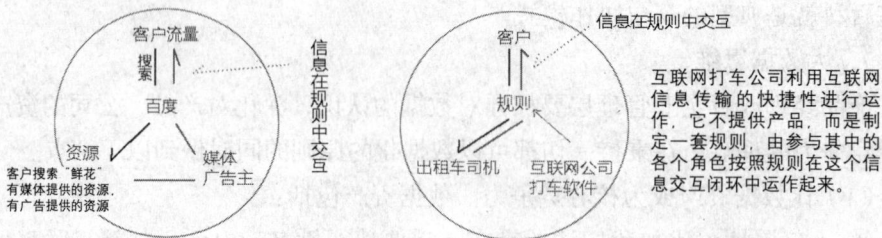

图 2-13　平台化思维

规则直接关系到一个产品设计的成败。

互联网思维与具体行业无关，它只是一种思维方式。比如，百度在整个搜索过程中不提供任何内容和广告，都是由互动双方提供这些资源。百度只是制定了一个信息资源交互互联的规则。

互联网的平台思维，指的是一种开放、共享共赢的思维。互联网的核心是信息流，所以伴随着开放、共享的思路，采用平台的模式最容易成为某个行业或领域的巨头。全球规模最大的前一百家企业中，有超过六十家企业的商业模式都是这种平台性质的，包括苹果、谷歌等。

我们要构建多方共赢的平台生态圈，需要考虑这个平台中的各个角色、各种规则、各种位置以及它们之间的关系。未来企业之间的竞争，一定是平台生态圈的竞争，而单一的平台是不具备系统化的竞争力的。我们可以看到，BAT 等这些行业中的巨头一直在围绕着电商、搜索、社交构建并完善自己的平台生态圈。

9. 跨界思维

随着互联网的发展，传统行业和虚拟行业的边界变得越来越模糊。

所谓的跨界思维，是指一定要从不同的层面和维度去分析：设计产品时如何跨越思维局限性，以发散出更多的架构和方向。需要做到以下三点。

（1）寻找低效点，打破利益分配格局。

（2）携"用户"以令"诸侯"。

（3）敢于自我颠覆，主动跨界。

第 3 章

用　户

3.1 用户概述

工作岗位不同导致每个人观察用户的视角不同，对用户的理解也不相同。如图 3-1 所示，在很多项目会议中各个岗位的同事经常会互相争论，不认同其他同事对用户的看法，都会尽可能说服对方认可自己对用户的理解。

图 3-1　项目会中大家因对用户有自己的认知而相互争论

出现这样的情况不能讲谁对谁错，因为感性认识里对与错的界限往往并不明显。也许大家都没错，换个角度站在别人的立场上看也许对方的观点是对的。

本节将以产品经理的专业视角去解读我们面对的用户群体。

用户从宏观讲，就是准备享受或者已经享受我们服务、购买我们产品的群体。所谓群体，其中必然包含各种各样的差异，从外表可拆分为人口属性差异，从职业角度可拆分为蓝领、白领、金领，从收入角度可拆分为低收入、中产和高产。

解读角度不同，对用户群体的定义也不一样，并且复杂性体现在任何一种商业形态上。在工作中应该如何把复杂的用户群体归类定义，从而能让公司精准地为每一类细分用户群体提供最恰当合适的服务和产品？这是每个产品经理都会遇到的问题。

首先从梳理公司内部核心资源开始，包括技术团队和资金实力，要明确这些核心资源能生产什么样的产品或服务。比如：公司有优质的教师资源，可以提供专业的基础教育服务；公司有工作经验丰富和理论体系完善的岗位人才，能提供系统的职业培训服务；公司核心由匠人组成，能设计和制作某一类生活用品；等等。这些产品属性都可以去一一对应细分用户群体的精准目标。

因此"用户目标"就是我们用来拆分群体做细分用户建模的第一个参考对象。我们先从"细分用户群体建模"开始讲起。

3.1.1　细分用户群体建模的定义和意义

细分用户群体建模是产品经理必备的重要技能之一，它的定义如下。

细分用户群体：指在公司面对的复杂用户人群中，通过某种相同属性去关联某一类群体。

建模：顾名思义就是建立模型。

细分用户群体建模：指通过梳理复杂人群所具有的相同属性去关联归类某一类群体，然后把这类群体具有的共性特征给标签化、拟人化、故事化，从而达到在团队中能快速以一个模型去认知一类用户群体的目的。

细分用户群体建模即根据目标人群真实特征进行勾勒。每个用户模型都能代表一个群体。虚拟人物就是这类群体用户研究的概括性叙述，这些描绘使得用户研究栩栩如生。在互联网公司，细分用户模型是贯穿在项目整个流程中的，并不是开发新项目才做用户模型，而老项目或者迭代项目就可以忽视。同时细分用户模型也不是仅仅给老板看或者产品经理知道就可以，它需要深入到所有公司员工的内心，让所有人知道自己在为谁服务，为谁开发产品。只有把能代表某一类细分用户群体的精准模型时时刻刻深入到每个人心中，贯穿到整个项目流程的每个环节，发力点才能准确，开发出来的产品才能精准，成功概率才会更大。

细分用户群体建模的意义有以下几个方面。

（1）能让团队成员更加专注。我们不可能建立一个适应所有人的网站，成功的商业模式通常只针对特定的某一个细分用户群体。

（2）精准的用户模型能引起团队成员共鸣。你不是你的用户，同时由于对自己网站过于熟悉，本能地就会基于自己的想法做决策，经常会出现"我认为……""我觉得……"等感性思维，所以用户模型能帮助团队成员从用户角度考虑问题，促进意见统一，使大家达成一致，如图3-2所示。

（3）提高效率，避免很多不必要的重复沟通和扯皮。

（4）决策层面将更加具有精准性。

图 3-2　细分用户模型的构建有助于统一对所服务用户群体的认知

如图 3-3 所示为细分用户模型在项目各阶段的应用，细分用户群体建模是产品经理必备的重要技能之一。

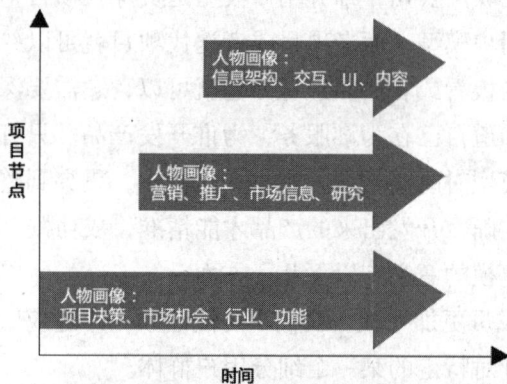

人物画像：
信息架构、交互、UI、内容

人物画像：
营销、推广、市场信息、研究

人物画像：
项目决策、市场机会、行业、功能

项目节点

时间

图 3-3　细分用户模型在项目各阶段的应用

3.1.2　细分用户建模快速使团队成员内部达成统一认知的原因

人的大脑本能地会对人物的故事情节产生反应，并会被故事情节所带领产生"情节惯性思维"，从而产生理解，进而产生共鸣，并且会无意识地以故事主角身份进行重述和归纳，这就是为何一定要在团队中梳理形象鲜明的细分用户模型的原因。因为这个模型可以在众多团队成员的脑海中形成这种"情节惯性思维"，从而引导团队各个部门承担不同职责的成员，在参与项目的不同维度中能为同一个目标去奋斗发力。

在日常工作和生活中，我们常常会把各种复杂的数据标签与认知综合在一个名词下去交流，以期最快达成共识，从而节省沟通时间去做更重要的事情。在原始社会，原始人在恶劣生存环境中会面对各种各样的生存危机，因此不会花很长时间去讨论面对的是危险还是食物，是该逃跑还是向前探索。为了生存，往往一个简单的音调或者眼神、动作，就足以让族群里的人快速做出反应。现代人类也继承了原始人的特点，我们在生活中常常会把具有复杂含义的事物给标签化，从而应用在日常生活中，以达到节省沟通时间、快速达成共识，然后付诸于行动的效果。

比如，我们要做一个公益活动——服务孤寡老人。那么"孤寡老人"这个名词就包含了一个个关键数据标签。例如：年纪 70 岁以上；没有子女；生活自理有障碍；等等。在日常生活中我们还经常会说"今天咱们去动物园吧""明天咱们去吃粤菜""后天 618，我要凌晨起来抢单"，其中"动物园""粤菜""618"都是各种数据标签的综合体，我们早已无意识地在生活各个层面学会了用模型指代某个汇总了各样数据标签的事物。

但为什么在互联网产品项目中我们却总是忽视这些，反而去说"我认为用户是这样的""我认为用户是那样的"？如果一个团队没有建立起完整的细分用户模型，需求一定抓得不精准，团队的奋斗目标也一定不清晰甚至会有偏差，搭建的产品也一定不是用户迫切需要的。

如今传统商业经营者已经下意识地把细分用户模型的概念运用到了商业活动中。比如对传统服装店地址的选择，经营者要考虑人流量，也要根据所经营的商品属性去选择店面地址。如图 3-4 所示，卖寿衣的会把店面位置选择在医院附近，经营时尚品牌服装的就会把店面选择在城市中心商场。虽然都是卖服装，但是面对的细分用户群体却有天壤之别。

图 3-4　用户群体不同导致服装店选址有天壤之别

另外我们也要注意一点，用户和你所想的是不一样的。互联网产品的特性是我们和用户隔着一个电脑屏幕，不能直接和用户交流。我们只能隔着屏幕通过设计的页面、规划的架构、梳理的流程来进行沟通。只有建立成功的用户体验，才能实现商业价值。

如图 3-5 所示，用户与网站的交互过程类似一种对话或谈判的形式。对话的开始是用户带着某个特定的目的访问你的网站。例如，具有精准目标的用户，他想"买一台电视""购买电影票"或者"享受音乐"，而没有精准目标的用户，可能只是为了消耗无聊的时间，他们把你的网站作为中间媒介，通过流程逻辑快速满足自己上网的心理诉求，然后企业在这个过程中完成商业价值的挖掘和转换。

如果你的网站或 App 提供了让用户快速满足需求的便捷流程，那这个网站或 App 就是富有成效并且具有极高商业价值的。

同时产品经理也要明白，你竭尽所能为之服务的用户，其观点和你有巨大差异。我们每天埋头在自己的项目、网站上钻研业务，努力规划并实现自认为能够影响公司收入的功能，努力想让用户停留在平台上更多时间以浏览更多内容。我们自己彻头彻尾地理解自己网站里面的每一个流程，但是我们的用户可能恰恰和我们的想法是相反的。

心理学指出，人在交流中会无意识地想要缩短时间，期望快速与他人达成共识，以便有更多时间投入到行动中，而这一特点在互联网用户身上表现更甚。他们没有兴趣也不关心你精心制作的导航系统如何工作，那些网站上我们为之骄傲的闪光点，用户也很少会停下来欣赏，有时甚至会觉得那是交流过程中的干扰项。

这就是为什么互联网用户跳出率高的节点基本都流程卡顿、内容信息拖沓不准确。

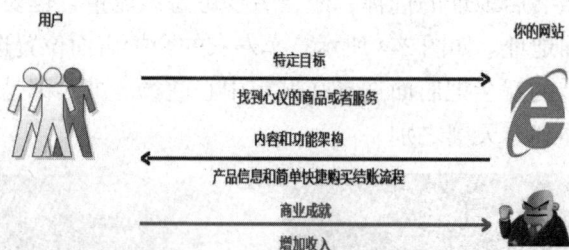

图 3-5 用户和平台交互过程

3.1.3 细分用户建模方法综述和应用注意事项

细分用户建模方法包括以下几种。

（1）通过用户访谈，获悉用户想在网站完成什么目标、是什么激发了用户访问的兴趣、网站有什么遗漏以及是否有更好的服务用户的机会等信息。

（2）通过可用性测试显示，在现有架构上，哪些因素是影响用户完成他们目标的障碍。

（3）通过网上投放调查问卷，以统计学的方式去验证已经发现的与用户目标、行为、观点有关的结果是否准确。

（4）通过数据分析、流量分析、转化率分析等去研究用户在网站的行为逻辑。

假设在用户调研层面已经做了上面四步，我们该如何把研究结果应用起来呢？

现实中我们往往跳过了仔细分析调研获取的数据、评判出轻重缓急的级别、找出最优最有价值的内容等步骤，就一头扎进细节里去，结果最终被细节所累。另外，切记不要错误地把调研获取到的数据当作唯一真理。对数据不加处理、放任取用是可怕的，谨记原始数据是没有操作价值的。

在实施数据分析的时候要注意下面三点。

（1）关注全面而不是只关注片面。仅知道有 36% 的用户在某个特定的页面上放弃了注册是远远不够的，还需要把它和其他信息放在一起综合分析，分析内容包括：哪些用户正在离开网站，他们为什么会这样做，有什么办法能够改变这个情况，等等。

（2）结果可以迅速共享。产品经理做出来的细分用户模型必须是一个简练的、易于记忆的报告，这样才能快速把结果深入到每个团队成员心里，让每个成员都能在工作中应用到。

（3）可实施性。用户调研的结果只有在可以实现的时候才是有用的。仅仅知道 30% 的用户在 30 ～ 45 岁对网站规划没有太大影响，知道由于不能提供某个功能，网站用户会流失 30% 才是最有意义的信息。

基于细分用户研究成果进行决策要注意以下四点。

（1）根据需求决定网站功能。网站提供什么功能，不是老板或者董事会决定的，而是由用户需求决定的，所以根据用户调研梳理出来的需求，确定优先级别、定义网站功能和内容是最根本的准则。

（2）流程逻辑设计。互联网产品本质是中介，功能和架构是节点，逻辑流程是通路，一头连着商品或服务，另一头连着用户。如何快速把用户引导到商品端，既完成用户目标又达成商业价值转化，考验的是产品经理对于功能节点和流程逻辑的设计能力。

规划产品的功能和内容的目的是让用户找到他们所需要的。如果网站架构、导航、搜索等没有如目标用户期望的那样工作，用户就会流失。

（3）网站展示内容。网站展示内容包括文字、图片、视频等一系列有助于和用户沟通，传达经营者想要向用户表达的内容。这里注意要使用目标用户群体接受的交流和行为方式。

（4）视觉。视觉是项目的后置环节，却是用户最先感受到的，因此它也是相当重要的一个部分。要使用目标用户所能接受的、喜欢的样式去展示我们想要表达的内容。这里指的视觉包括色彩设计和版式设计。

3.1.4 细分用户建模方法概述

你真正想了解的内容是什么？这是产品经理应该考虑的第一个问题，同时其答案决定你应该采用哪种研究方法，因为特定的研究方法是为发现特定的信息而量身定做的。如图 3-6 所示为细分用户建模方法四象限基础方法。

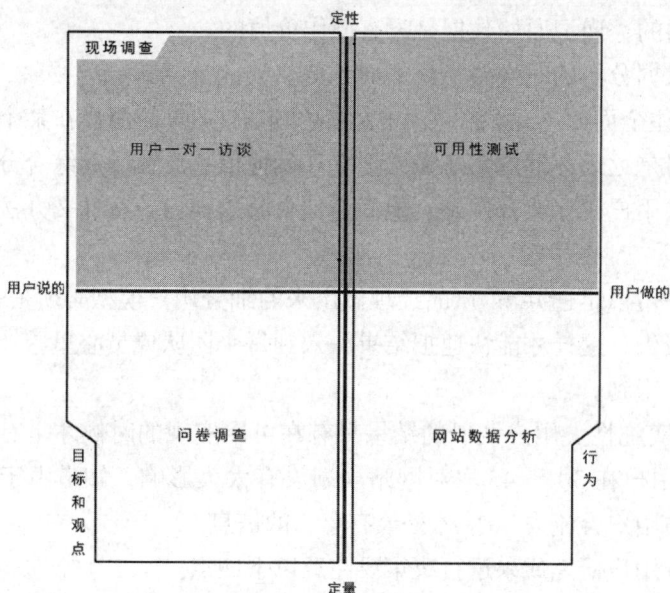

图 3-6　细分用户建模方法四象限基础方法

1. 定性细分用户建模法

首先我们看两个概念：定性研究和定量研究。

定性研究即从小规模（5～15 人）的样本中发现问题的方法，用户访谈和可用性测试都属于定性研究。定性研究的结果会因为数据量少而偏差比较大，但是可以根据结果在数据中进行下一步的测试和验证。

如图 3-7 所示，定性研究在于从小范围的用户样本中，从用户目标、观点、行为三个维度去做一对一访谈，将具有相同目标、行为、观点的信息进行汇集和分析，并整理提炼出能界定某类细分用户群体的共同属性点。

这里要强调一点，定性分析的前提是基于已有经验先圈定一个大概符合我们目标用户的群体，并从中挑选 5 ～ 15 个用户样本进行定性研究，去验证我们判断的正确与否。如果分析结果和我们基于经验圈定的目标用户群体不相符，就需要重新选定访谈用户进行定性研究。

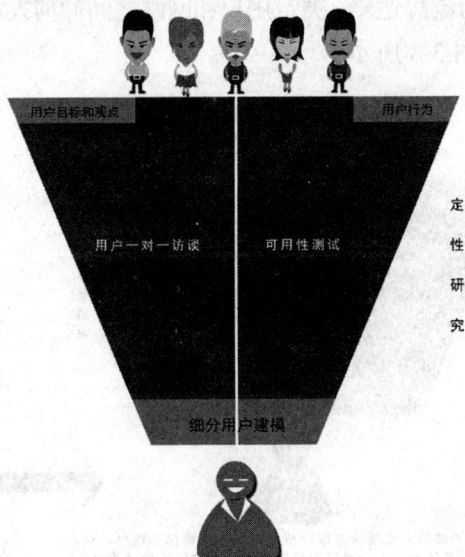

分析调研结果，梳理这类用户所共同持有的目标、行为、观点，
并创造性地建立一个可以涵盖这一类用户群体的"模型"

图 3-7　定性细分用户建模方法漏斗模型

具体操作步骤如下。

（1）基于经验圈定一个用户群体并从中寻找 5 ～ 15 名用户作为研究对象。

（2）进行一对一访谈。这里有几点要注意一下，最好有单独进行访谈的空间，尽可能地减少用户相互之间的干扰，避免从众心理使调查结果出现偏差。

（3）用定性研究的数据求证基于经验的细分用户群体正确性。细分群体的基础维度是用户的"目标""观点""行为"。这个过程就是回顾用户的访谈笔记或者录音，然后基于目标将用户群体细分。

（4）为求证后的细分用户群体创建一个用户模型。当为用户"目标"、"行为"和"观点"加入更多细节后，细分类型的用户群体就会发展成为一个用户模型，而在赋予他们姓名、年龄、照片等人口特征的信息和场景等更多资料以后，每一个细分用户模型会变得栩栩如生，像一个真实的人。

优点：成本低廉，时间快，需要的专业人员少。

缺点：没有量化数据，结论会有偏差。

2. 经过定量验证的定性细分用户建模方法

经定量验证的定性研究是用大量数据求证定性研究结果的准确性。网站数据分析和调查问卷都属于这个范畴。这两种方法是用户研究的根本。

用户说了什么很重要，因为其揭示了用户的"目标""观点"。目标演变为网站功能，触发了用户和网站之间将要进行的对话。用户做了什么同样重要，因为其揭示了用户的"行为"。行为演变为流程逻辑，决定用户和网站之间如何友好、快捷地进行对话。

具体操作步骤如图 3-8 所示。

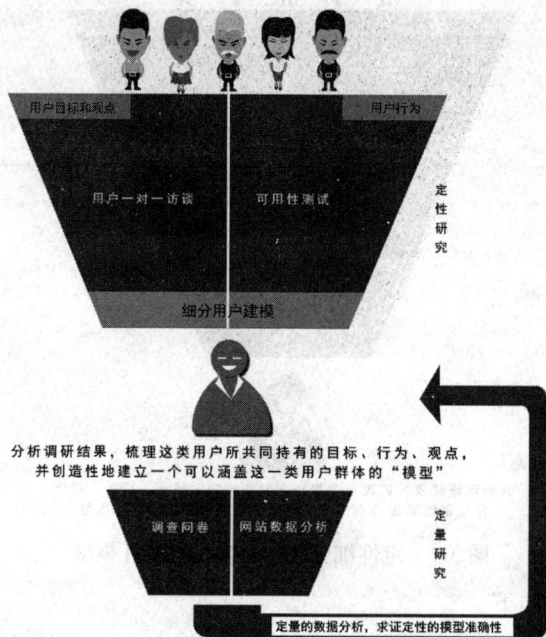

图 3-8　经过定量验证的定性细分用户建模方法漏斗模型

（1）基于经验圈定一个用户群体并从中寻找 5～15 名用户作为研究对象。

（2）进行一对一访谈。

（3）在定性研究的基础上细分用户群体并为细分用户群体创建一个用户模型。

（4）进行一次大范围的调查问卷，例如，其中一个问题是"为什么用户会访问网站？"并给出若干选项：a.因为有产品专业知识；b.因为可以在线学习；c.因为可以认识很多圈内朋友；……再比如问用户，"把网站的某种功能如'在线学习'或内容'产品知识'看得很重要吗？"

最终用量的数据分析求证定性的细分用户群体模型准确性。如果数据支持，那这个模型将是稳定的并可供项目使用。如果量的数据偏差值大，不足以支持定性的模型，那么就需要寻找新的用户群体重新进行定性的研究。

优点：量化的证据可以保证模型准确性。

缺点：成本相应高，额外工作多。

最后提一下可用性测试。在已经上线的项目做用户调研的时候，需要加入可用性测试，它可以让我们更加直观地感受用户的真实使用场景。这个信息会比用户描述使用感受更加精准。可用性测试可以使用已上线的新功能，也可以使用还在测试阶段的产品功能。

需要注意的是，我们需要给用户一个明确的目标，如"请用新功能，快速购买一件运动衣"或"请用新功能，快速进行投诉"。目标越清晰，我们越容易获得精准的用户使用感受，无论对优化产品还是做细分用户都大有裨益。还需要注意，在项目中经常遇到用户在做可用性测试时费了很大力气才完成一项任务，然后他们评价这个任务很简单，用户这样做可能是出于某种原因刻意隐藏了自己的真实感受。因此，我们需要保证对用户的言行有清楚的认知和理解，以免在调研中出现偏差。

在图 3-9 所示的细分用户建模方法四象限中添加自己想要使用的方法。因为每种方法之间会有很多交叉点，所以我们在做用户调研的时候，先停下来想一想自己到底想得到什么结果，之后再确定使用什么样的方法去做用户调研。

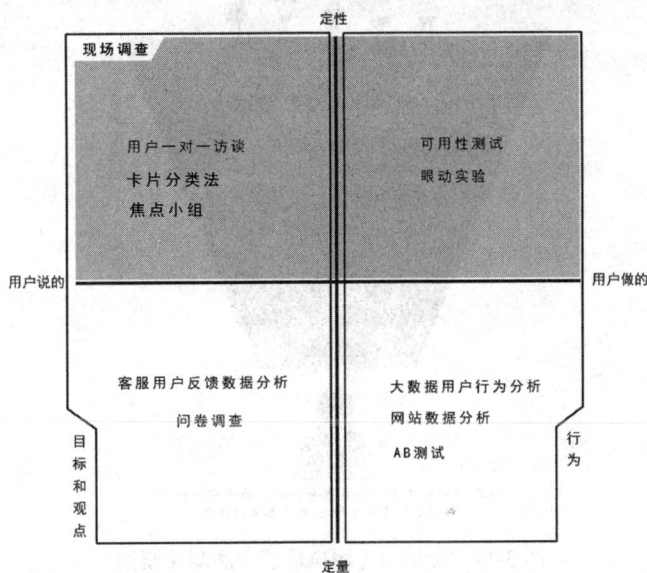

图 3-9　细分用户建模方法四象限叠加方法

3．定量细分用户建模方法

通过调查问卷或量化表让用户做选择，从而沉淀归纳用户在使用过程中产生的大量数据样本，并将它们按照目标、行为、观点归纳为可以衡量的维度，作为用户细分的依据。另一个需要收集的数据维度是通过埋点获取用户的使用行为数据，并将这些数据和投放的调查问卷进行逻辑关联一起分析。

定量研究的前提是首先进行定性的假设和研究，这部分和定性研究方法一致，从而归纳总结出形成细分选项的假说。定量分析进行到这里，与定性研究立刻确定"细分用户模型"结果不同的是，还要继续梳理，明确有可能用于各种细分用户的方式。我们可以称之为"用户定量分析候选项列表"。

对于每一个可能的候选细分选项，需要在调查问卷中提出特定的针对性问题，比如"您浏览网站主要目的是学习新知识吗？"或"在网站结交的朋友对你工作有多大帮助？结交好友是促使你每天登陆网站的主要原因吗？"并结合网站数据进行综合分析。

如图 3-10 所示，在定量细分方法中，统计算法的工程师会根据用户调研目标设计一套算法，基于算法会自然发生具有共同特性的聚类数据，并试着用不同的方式进行细分用户。这个过程不断迭代，寻找一个在数学意义上可描述的模型。

这部分内容属于统计工程师的工作，本书仅做简单讲解。

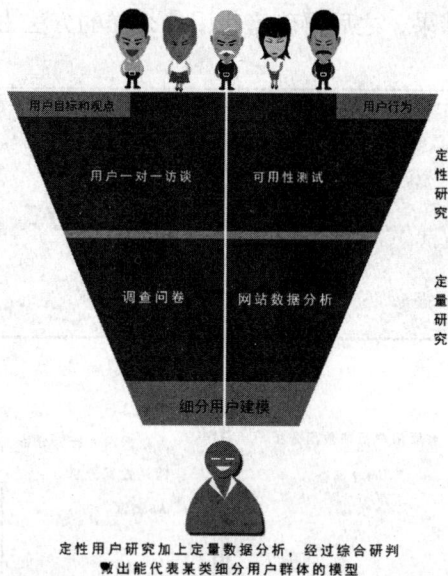

图 3-10　定量细分用户建模方法漏斗模型

优点：人与技术完美结合，可以检查出更多变量，结果可靠。

缺点：耗费人力大，时间周期长。这类统计分析是一个反复连续的过程，每一步都会使用上一步的访谈、假设、调查问卷、聚类分析，需要配备专业的统计工程师、技术开发人员。一个周期在三个月以上，成本高。

3.2　实际项目工作中的用户建模概述

实际项目工作中，用户调研时我们会面临两种情况，第一种情况是我们已经明确公司产品或服务能对应并解决某一类用户的精准需求，我们也知道细分用户群体在哪里，用户明确的目标是什么。这时做用户调研工作应该侧重三个方面。

（1）用户需求产生原因。知道这个需求产生的深层次原因，就可以做深入的需求挖掘。

（2）用户为完成目标自我设定的分散任务节点以及串联起来的路径。梳理这部分内容将是我们产品规划和流程逻辑设计的参考基础。

（3）用户群体对行业的价值观点和看法。明确用户的价值观点和看法，就可以在构建服务价值体系的时候更加契合用户的要求，达到事半功倍的效果。

第二种情况是产品或服务面比较广泛，并不能单纯去讲满足了哪一类细分用户群体的哪一类需求，也不能单纯地说我们的用户精准目标就是这个或那个。

3.2.1　产品商业逻辑和用户群体明确情况下的细分用户建模概述

首先给大家讲一下我朋友学习产品经理课程的故事，他的经历再次提醒我理解用户的重要性。

林东是一个 24 岁的前端工程师，关于转行这件事他思考了很久，有一段时间计划学习产品经理课程。

没事的时候他喜欢看看互联网资讯，浏览招聘网站，关注下哪个行业发展前景大薪水高，时不时还会和从事产品工作的朋友聊聊他们的工作，然后憧憬自己也可以逃离苦闷的代码编写工作，做一个项目主管，规划整个产品，管理整个项目和团队。

他已经在前端开发岗位工作两年，对工作越来越不满意，由于不停加班加上过低的薪水，他开始认真考虑学习和转行的事情。

老板再一次拒绝他加薪的要求，使他差不多下了决心转行，因为有些积蓄可以支撑他系统学习产品经理课程。

林东是个有计划的人，他评估自己的财务状况并在浏览器收藏了一些产品经理培训学校。但他还有些紧张，不知道自己能不能学会，应该从哪里入手，是先自学大概了解产品经理到底是做什么的，需要掌握什么样的知识结构，还是直接去交学费学习。同时社会培训机构良莠不齐的现状也让他感到担忧，害怕花钱又学习不到东西，达不到转行的效果还浪费了金钱和时间，于是经常纠结迷茫。

林东的故事其实是我撒了一个谎。他不是我的朋友，甚至不是真实的人。他是我塑造出来的细分用户模型。林东代表的是访问产品经理培训网站的零基础用户群体所具有的典型的共同属性。

研究表明当用户群体面对"想学习某个具体职业培训课程，达到转行目标"的问题时，大部分都有同样行为和观点。于是我建立"林东"来代表这类细分用户群体，他们表现出的行为和观点有共同的属性，代表零基础细分用户群体的模型。

细分用户模型是对网站目标人群真实特征的勾勒。每个模型都是一类目标人群，代表一群真实用户。它概括了用户研究的结果并使得研究成果由数据变成栩栩如生的人物，然后公司根据这些细分用户人群模型的需求，而不是公司需求去做决策，公司在考虑网站做哪些新功能或者做哪些改版的时候有依据地做决定和规划。一个公司不可能只有一个细分用户模型，但是也不会有很多。根据公司规模大小，细分用户模型一般在 1 ～ 6 个。每一个模型代表一个细分用户群体，一组用户模型涵盖公司整个业务体系。

细分用户建模必须具有三个特点。

（1）用户模型能代表所关注的真正细分用户群体。我们的用户访谈都要是准确的真实用户，访谈内容才有代表性，否则用户访谈出来的结果会有很大偏差。不要因为找不到真正用户进行访谈，而从身边找朋友或家人代替用户，那样出来的结果基本是无用的。

（2）用户模型的属性和描述是完整的。只有模型的属性和描述准确完整，才会在项目中起到参考和决策作用。比如用户模型的属性是 30 岁互联网白领，我们就能判断出接触用户的渠道，以及用户对互联网应用的熟练和接纳程度。再比如通过完整描述出用户模型的思考方式和习惯，我们就能判断出哪些信息是真实用户群体感兴趣的，哪些信息对他们来说是无用或者讨厌的。

（3）一个细分用户模型能涵盖一个细分用户群体，一组用户模型能涵盖整个公司业务体系。

就像之前讲的"林东"，他带着非常具体的目标去访问网站。这些目标很明显地表明了他需要网站提供的"功能"和"内容"，而网站的另外一个群体也会有完全不同的目标。比如已经从事产品经理工作的用户，想要"更深入地学习"或者解决"某个特定的问题"，就需要完全不同的功能和内容来承载这部分用户群体的需求。

所以完全不同的目标意味着完全不同的"细分用户模型"。用户目标决定网站功能和内容，"用户行为"则决定网站的功能和内容如何工作、流程逻辑如何设计。

最后以快速达到细分用户群体的目标为出发点来实现我们的商业价值，即使服务用户目标与公司所期望的事情保持一致，为每个细分用户模型设计商业目标可以确保公司的终极目标。因此建立和用户群体的良好对话，快速解决他们的问题并将其转换成商业目标是我们最终的目的。

1. 用户目标明确、商业价值精准的定性的细分用户建模实操详解

定性研究完全就是在寻找一个故事。产品经理遇到故事中的人物，聆听关于他们的目标和行为的主要情节，然后从他们讲述的故事中找出他们的观点，进而理解他们并产生共鸣，最终用一个用户模型来归纳和重述他们的故事。

一对一访谈是进行用户定性研究的重要方法之一，另一个方法是可用性测试，用来观察用户是怎样使用你的网站去完成任务的，以便于了解现实的行为和障碍。我们要注意定性研究的特点是"聆听和理解并且描述个体声音"，所以减少外界的干扰单独进行很重要。

2. 用户选择和实操的注意事项

（1）每次只能与一个客户对话，要以非正式、松散的谈话方式进行，切记不要将一个个刻板的问题清单读给用户听，这会使最终调研的结果出现很大偏差，也不容易找到我们想要的答案。每一次访谈我们要作为倾听者，去理解用户关于目标、观点和行为的自我描述。

（2）用户选择上我们也应该把范围扩大。尽可能在同一目标下最大范围内选择不同用户进行对话，定性研究需要的是广度而不是深度。

（3）访谈人数越多，结果就越精准。但是限于时间和成本的因素，我们进行用户访谈一般将人数控制在 3 个批次，以 5 个用户为 1 个批次。如果你已经和 10 个用户进行了访谈，而从第 12 个用户开始已经得不到任何新的关于目标行为和观点的描述，说明用户调研项目已经结束了。如果访谈了 15 个用户，依然源源不断地得到新的目标、行为、观点，很可能你在用户选择上出了问题。在寻找用户阶段，把追求各种目标的用户都纳入进来，这是错误的。用户的选择一定是基于同一个目标，最大范围去选择，而不是寻找追求各种目标的用户。如果出现这样的问题，只能回到原点重新做用户筛选工作。如果不是用户筛选出错，就需要继续扩大范围进行第 4 批用户调研。

（4）访谈最好在安静、干扰少的地方进行，同时尽量不要打断用户的描述过

程。我们做的只是观察和记录，最好有录音笔或摄像机。每次访谈的时间不要超过 45 分钟，时间过长用户的注意力就会分散和疲劳，会开始无意识地想要尽快结束对话，造成访谈质量的下降和结果出现偏差。

3. 访谈主题清单设计

定性的细分用户建模最重要的核心工作是访谈主题清单设计，它是决定调研工作成败的一个关键因素，另一个因素是用户的选择。用户目标明确、商业价值精准的情况下，访谈主题清单设计将以寻找用户需求产生的原因为起点，以用户自我设定分散的任务节点和行动路径为整个调研活动的主线。

下面提供一套模板，大家在实际工作中可以按照模板所列举的维度结合自己手中的项目去设计访谈主题清单。切记，访谈主题清单并不是刻板的调查表，这个主题清单的作用是帮助我们有效引导用户讲述自己的故事，避免有些用户天马行空脱离主题太远。

我们以产品经理培训为例去设计一份访谈主题清单模板。

（1）需求产生的原因。

☑ 是什么时候开始对产品经理感兴趣的？

☑ 什么原因使你决定系统学习并转行做产品经理？

☑ 谈谈从感兴趣到做决定，其间你的思想变化以及做了什么准备。

（2）行业知识。

☑ 请描述对产品经理岗位的认识。

☑ 对自己学习成功的信心如何？

☑ 选择同类别的网站的原因是什么？

☑ 什么时候知道我们网站，怎么知道的？

☑ 什么时候会使用别的网站，频率怎样？

☑ 喜欢哪些网站，为什么？不喜欢哪些网站，为什么？

☑ 和其他同类网站相比，你如何评价我们网站？

（3）目标和行为。

☑ 初次访问网站是什么原因？有没有达到目的？如果没有，为什么？

☑ 哪些因素会使你再次访问网站？

☑ 最近一次访问网站都做了什么？详细步骤怎样？

☑ 哪些功能使用得最多，哪些功能使用得最少？

☑ 是否使用其他方式替代上网来达到目的？

（4）观点和动机。

☑ 对网站第一印象如何？

☑　你认为什么样的培训平台是优秀的，提供什么样的服务是这类平台应该做的？

☑　什么原因会让你向别人推荐网站？

☑　这个平台你最不关心的信息是什么？

☑　你在使用平台过程中遇到的问题是否总能及时获得解答？

☑　什么原因促使你频繁登陆平台？

（5）机会。

☑　对于新功能有什么意见？

☑　你还想我们提供什么功能或内容？

☑　请给我们提一些建议。

4．访谈实操案例

案例　针对第一批第一个用户"林某某"进行访谈

需求产生的原因

问：是什么时候开始对产品经理感兴趣的？

答：大概 2018 年年初的时候开始不断地听到关于产品经理的信息，听得多了开始关注起来。主要原因是自己的收入一直比较低，但是在原有职位很难有提升，可以说是事业到了瓶颈吧。因为自己不是科班出身，而在 UI 设计这一行想做到主管必须有专业背景才行。由于对职业状态和收入不满意，慢慢地开始思考是不是换一个具有更大发展前景的行业。产品经理、前端开发、用户体验都是我选择的方向。

问：什么原因使你决定系统学习并转行做产品经理？

答：身边有朋友通过几个月培训顺利转行做了产品经理，并且薪水不错，这对我是最大的刺激。

问：谈谈从感兴趣到做决定，其间你的思想变化以及做了什么准备。

答：我考察了很多行业，主要是担心自己能不能学会。如果转行前端开发，需要自己有代码的基础，但是自己逻辑思维能力不强，所以放弃了，也考虑了 UE，但是现在很多公司 UI 和 UE 都放在一起，所以自己也没有什么优势。最后是产品经理。通过咨询身边的朋友知道这个职业不需要有什么代码的背景，同时自己做过 UI 设计，会有利于自己在原型设计中更加贴近实际情况，可以说是加分项。

行业知识

问：请描述对产品经理岗位的认识。

答：我觉得轻松，至少比我现在的工作轻松，并且感觉是个管理岗位，自己能决定产品的走向，薪水也不错。

问：对自己学习成功的信心如何？

答：一开始没有多少信心，有点犯怵，在学习过程中却越来越觉得有意思，并且也越来越觉得从事这个职业并不是很难。

问：选择同类别的网站的原因是什么？

答：想要多了解。因为不是很懂，不知道是自己先学习还是直接找个培训机构，所以会上不同的网站搜索信息以丰富自己对产品经理这个职位的认知，并最终决定是自学还是报班学习，同时也在评估北京哪个培训机构名气好，就业率高。

问：什么时候知道我们网站，怎么知道的？

答：朋友介绍的。相对于广告，自己还是比较相信朋友介绍，觉得更加靠谱，不太相信百度搜索和软文广告。

问：什么时候会使用别的网站，频率怎样？

答：不会刻意去上别的网站，在搜索某一个问题的时候就点击链接进别的网站了。

问：喜欢哪些网站，为什么？不喜欢哪些网站，为什么？

答：喜欢有实际内容的，比如能看到课程规划，以及这些课程怎么对应社会上的职位需求。另外还有学费，现在培训网站都不告诉学费非要让人去现场，觉得这样会浪费很多时间，这是最不喜欢这类培训网站的地方。最好还有视频课程可以看，因为这才是最能直接体会教学水平和课程的方式。

问：和其他同类网站相比，你如何评价我们网站？

答：觉得免费视频课程非常好。

目标和行为

问：初次访问网站是什么原因？有没有达到目的？如果没有，为什么？

答：决定要报班系统学习的时候，就开始在网上搜索各种培训学校的信息。那个时候看到咱们网站，有课程大纲、学费和班级安排，还有视频课程，我想要了解的都了解到了。但是视频课程放置太少。还有我们的班级优势也没有突显出来，并且小班有时候让人觉得名气不大，对教学质量会产生怀疑。

问：哪些因素会使你再次访问网站？

答：不断的比较过程中会上网站去看。

问：最近一次访问网站都做了什么？详细步骤怎样？

答：看课程大纲后，了解学费和班级，给老师打了电话，因为差不多决定了想实地去看看。

问：哪些功能使用得最多，哪些功能使用得最少？

答：目前网站上谈不上什么功能，都是宣传介绍还有一些面试课程。

问：是否使用其他方式来替代上网达到目的？

答：会使用其他网站。因为这样可以获取更多自己想要的知识。

观点和动机

问：对网站第一印象如何？

答：简洁，一眼看去就是个人网站，也很专业，觉得老师经验很丰富。

问：你认为什么样的培训平台是优秀的，提供什么样的服务是这类平台应该做的？

答：课程完善，有问题随时能有人帮助回答，最好能包就业。现在很多机构都包就业了，可是咱们这里没有看到，这让我有一些担心。毕竟自己是零基础转行，如果不包就业还是害怕学完找不到工作。

问：什么原因会让你向别人推荐网站？

答：如果我学完后能快速就业，我就会向周围有需要的朋友介绍，因为我是亲身体验了并且获得了成功。

问：这个平台你最不关心的信息是什么？

答：最不关心的可能就是一些学生评价吧。

问：你在使用平台过程中遇到的问题是否总能及时获得解答？

答：能及时得到解答，这也是我报名跟着老师学习的主要原因。老师不但在电话里详细回答了我的问题，在来听老师免费课程的时候更亲身体会了老师讲课的专业和风趣。

问：什么原因促使你频繁登陆平台？

答：除非有很多课程，否则我不会频繁登陆。

机会

问：对于新功能有什么意见？

答：我喜欢这个互相问问题、建立自己朋友圈的社交功能。因为平时生活圈子和工作圈子很窄，遇到问题在网络上搜索的信息能用得很少，所以如果这一功能开发出来，我想我肯定会去用的。如果能很快解决我的问题，还能扩大社交圈子，我想我会经常使用。

问：你还想让我们提供什么功能或内容？

答：希望能针对我们的问题，提供专业的回答。

问：请给我们提一些建议。

答：还是那句话，多整理点课程放上来让我们学习。

5. 访谈后的文档输出

当做完用户访谈，我们要输出一个《细分用户候选选项报告》（见下表）。

首先汇总所有的访谈资料，得到一个反映用户目标、行为和观点的总体列表，然后梳理这个列表，把关键标签进行归纳总结。

把访谈音频或者视频文件按照该表的不同维度把要点摘录出来。注意这些维度并不是固定的。用户调研和细分用户并不是科学，可以看作是基于自己的经验在繁杂的数据标签中发现规律的工作。

需求产生的原因	工作压力大，收入低，职业遇到瓶颈，周围有成功转行的朋友，做产品经理朋友的劝说，外部信息刺激
分散的任务节点	自己拟定了几个职位，先自我评估，看视频课，咨询身边朋友，同时选择几家平台对比，电话咨询，现场试听，网络搜索信息，收集课程、班级、就业和学费信息
用户行动路线图	自己拟定了几个职位→先自我评估→咨询身边朋友→网络搜索信息→同时选择几家对比→看视频课→电话咨询→现场试听
关键决策点	朋友介绍→免费现场试听→老师资历→退学费承诺→就业和学费→及时回答问题→专人解答问题→希望更多课程资源→课程大纲、班级信息
对所选目标的观点	轻松，压力小，独立负责项目，薪水不错
对行业的观点	认为应该多放置课程，认为应该最好包就业，认为班里人越多越安全，认为应该完善课程，认为应该提高服务（比如承诺学不会退费），认为应该有专人解答问题
机会	若对工作有帮助，课程资源有吸引力，自己受益，一定会介绍给别人

产品商业逻辑和用户群体明确情况下的用户调研做到这里就可以结束了。我们获取到了用户需求产生的原因、分散的任务节点、用户行动路线图和关键决策点等重要信息，下一步工作将会基于这些关键信息去做产品规划、功能梳理和流程逻辑的设计（详见第 8 章内容）。

3.2.2 产品或服务面比较广泛，用户群体复杂，目标和边界不明显情况下的细分用户建模概述

1. 访谈用户的选择

现实中我们往往直接在细分用户群体中选择访谈用户并与之对话。但是如果

现在你还不知道细分用户群体边界在哪里，又该如何选择？

这个时候就要凭借经验并参考公司产品能解决用户哪方面的需求等信息去锁定大概的用户范围。

这一阶段用户选择对比现实往往有比较大的偏差，但这是正常情况，不需要害怕，正因为工作中常有产品对应用户需求不精准，留存率、跳出率、用户反馈等不断反应产品出现问题的情况发生，我们才要进行细分用户建模的工作，去梳理产品和用户的定位出了什么问题。如果能清晰界定，我们根本就没必要进行这个费时费力的调研项目，所以找问题所在，就是我们做细分用户建模工作的核心。

首先要把我们面对的复杂用户群体重新梳理一遍，重新把精准细分用户给定义出来。在一定目标范围内，最大限度地选择不同用户是选择的原则，即便选错了也没有关系，我们会在后续调研工作中加以校准。

在寻找用户范围的时候用目标、观点、行为进行界定，会比用年龄、收入和人口统计特征的信息更重要，人口统计特征信息在这个阶段并不能帮助你去细分用户群体。

另一方面，访谈的用户选择上，忠实用户或积极用户要占一定比例。如果是新公司、新项目，还没有用户，可以选择经常使用同类型网站的用户。他们非常活跃，更容易提供有价值的反馈，并且更擅长提出新的想法和见解。因为他们参与感很强，同时更愿意投入思考。

常用的选择访谈用户的方法有以下四种。

（1）利用公司的用户名单寻找访谈对象。

（2）利用同事、朋友寻找访谈对象。

（3）到用户所在的地方去寻找访谈对象。比如书店正在翻看产品经理类图书的读者等。

（4）第三方公司介入。

2．访谈主题清单设计

这个清单将具有一定的共性，适用于潜在的追求不同目标的用户。

访谈主题清单要遵循五个方面去设计，即企业历史单元、行业知识、目标和行为、观点和动机，以及机会。因为清单设计必须和手中的项目紧密结合，这里不再提供针对性模板，以免给大家造成误解。

下面提供我曾经做过的访谈案例供大家学习参考，切勿直接挪用到实际工作中，因为在用户调研层面各个项目千差万别，一味参考只会让你的调研工作陷入错误。

3. 访谈实操案例

案例　针对没有工作经验的第一批第一个用户"旭光"所做的调研

问：什么原因促使你了解产品经理培训方面的信息？

答：之前在公司做运营时受到身边产品经理的影响想学做产品，并且最近身边刚好有朋友经过培训找到产品经理工作，更加促使我下决心系统学习产品课程。

问：初次接触网站原因是什么？通过什么渠道获取的信息？

答：先是百度搜索找到××课堂然后去实地咨询，觉得学费有点贵，从培训学校出来用手机百度搜索"朝阳区产品经理培训"，看到咱们的平台上面的课程大纲和学费，觉得价格不错能承受，主要是因为担心培训机构类的大班教学效果不好，但是咱们小班教学就让我感觉心里很踏实。当时甚至想就算学不太会，也不至于亏太多。

问：觉得我们网站推荐的产品性价比如何？

答：产品性价比应该算最高的了。特别是除了整体大纲，甚至规划了每一天讲课的内容，参考价值很高。

问：浏览网站后有没有解决你的问题？哪些信息内容促使你最终决定报名？

答：浏览网站后觉得不错，又和老师通了电话，也觉得能解答我心中的问题，特别是到工作室后，老师和我讲了课程大纲，从老师的谈吐判断老师具有丰富的经验，再加上学费和别人家对比也不贵，就决定报名了。

问：你对这类培训网站的看法以及访问频率如何？

答：当时我看培训网站觉得都大同小异没什么特别突出的，所以我主要想了解下老师的资历。当时来之前也搜索了网站信息，就已经列入我心里认可的学校了，剩下就是对比。还去了另一家培训机构，虽然牌子很大，但是把我晾在大厅半个小时没有接待我，让我觉得服务太差了就走了。到了老师工作室直接被老师的热情和专业给感染了。

问：如果有注册功能会注册会员吗？

答：如果注册能看到更多的课程，肯定会注册。

问：网站提供的免费课程有用吗？

答：一般吧。我觉得自己自制力比较差，之前看过别的培训机构的课程，包括QQ课堂的免费课，没一个坚持下来。我觉得还得有人带着才能系统学习下来。

问：你比较喜欢网站的哪些内容或者功能模块？

答：教学大纲，课程时间表，还比较喜欢看到Axture、Visio这些技能词汇，当时认为学会了这些就是产品经理了。

问：直播课、录播课和实体课，你更喜欢哪种类型？

答：实体课程，最好多办一些免费聚会，扩大一下大家的社交圈子。

问：能说说你浏览其他网站的原因吗？

答：会多选择几家做备选，同时对比价格和课程，主要想看看学什么技能，谁教、在哪儿学、就业情况等信息。

问：你最近一次访问是什么时候？讲讲你看了什么内容。

答：刚刚分别点击并观看了首页和第一屏的内容。报了名开始正式学习后，就基本上不上官网了，因为官网的内容还是太少。

问：你希望的培训网站是什么样的？

答：能直接看到最想看到的信息最好，如果不能，能通过检索快速看到信息也比较喜欢。官网Banner中展示学校地址的设计不好，感觉不是特别正规。比较喜欢视频课程，能直截了当学习到有用的知识。我觉得专业性上还差一些。

问：如果有推荐的课程或者视频课，你愿意注册吗？

答：愿意，但如果是填写邮箱、手机号码就算了，第三方登陆比较好。

问：哪些功能你希望简化？哪个频道可以删除？

答：首页最下面部分可以做成一篇文章，文字太多，因为把网页拉到最后，已经不想看文字了。网站底栏也过于简单。

问：如果有App并且可以随时随地学习，你愿意下载吗？App和PC版，你更愿意用哪个？

答：要有很多内容才愿意用App，如果能收藏一些文章和专业知识最好。如果是随时随地学习的话还是手机方便，我更愿意用手机。但是App必须有大量视频内容，或者能和大家交流，有归属感，否则我也不太会用App。PC版只在办公室上班或者在家里的时候会用。

问：会把网站或者老师介绍给你朋友吗？

答：我愿意介绍他们来听免费课，因为我觉得老师讲课更有感染力，会比让朋友们浏览网站更能展示老师的经验和课程体系。

问：总结一下我们网站能给你带来什么，对我们有什么建议，希望有哪些新的功能。

答：某些培训机构虽然网站做得漂亮，但是对我没有一点吸引力，因为内容太浅太碎，加上我自学能力差，看视频学不会。实地考察某些线下培训机构后，发现学员太多了，价格也高。我的建议还是加大宣传推广力度，一般人还是很难发现咱们的网站和小班优势的。我还希望有App，可以在上面提问，现在的网络信息太多垃圾，看十篇文章也找不到一篇有用的。

4. 总结音视频文档，按照不同维度规划并摘录要点

把访谈音频或者视频文件的要点按照目标、行为、观点、渠道、机会等维度

摘录出来。

案例　针对有工作经验的第一批第一个用户"林东"所做的调研

问：什么原因促使你了解产品经理培训方面的信息？

答：想提高业务能力水平，目前工作有三年多了，觉得遇到了瓶颈，想找专业的培训学校深入地学习提高一下。

问：初次接触网站原因是什么？通过什么渠道获取的信息？

答：同事和朋友介绍。本来就有计划深入学习，于是就来看了看。

问：觉得我们网站推荐的产品性价比如何？

答：了解了培训的课程和老师讲课水平觉得性价比还是不错的。因为别的培训机构也看过，讲课的老师都很年轻，有些甚至照本宣科，还没有我的资历高。但是贵网站也有不足，网站课程的知识太浅，并不是我想要的。没有重点知识讲解，感觉是针对零基础学员设置的。

问：浏览网站后有没有解决你的问题？哪些信息内容促使你最终决定报名？

答：和老师打电话沟通觉得老师人不错，然后又在网站看到老师讲课录像，彻底下了决心报名上课。特别是在和老师打电话沟通过程中，我觉得自己从前的工作没有章法，应该系统学习一下产品经理的工作方法。

问：你对这类培训网站的看法以及访问频率如何？

答：上课的现场录像可以更加直观地了解老师的水平。网站设计上没有特别的优点。实体课的服务不错，每次上课都有材料也有视频资料。只是访问了两次，上课之后再也没有访问过。我觉得培训机构应该做到有问必答，并且帮助学生解决就业的问题。

问：如果有注册功能会注册会员吗？

答：不一定，要看往后的工作情况，看看需不需要完善产品经理的知识，或者说网站的内容能不能为我的工作提供帮助。

问：网站提供的免费课程有用吗？

答：不太有用，因为可以看的内容太少，并且只是针对零基础的学员。

问：你比较喜欢网站的哪些内容或者功能模块？

答：其实比较喜欢视频课程的部分，因为可以有指引地学习。大篇幅的文字没有兴趣看，很容易累，看不下去，所以还是强烈建议在网站上放置更多专业的课程。

问：直播课、录播课、实体课你更喜欢哪种类型？

答：实体课＞直播课＞录播课。

问：能说说你浏览其他培训网站的原因吗？

答：主要是横向对比一下，看看课程体系还有没有更好的选择。

问：你访问网站的频率如何？

答：基本不访问，因为提供的内容太过于表面，没有深入的讲解。

问：你最近一次访问是什么时候，看了什么内容？

答：就在上课前又看了一下。有时候访问网站主要是看当天讲什么内容。

问：你希望培训网站是什么样的？

答：我希望课程要全面，疑问解答能及时，还能兼顾就业指导。

问：如果有推荐的课程或者视频课，你愿意注册吗？

答：要看实际情况，如果知识对我有用并且很多的话，我愿意注册，如果仅仅是宣传我肯定不会注册。

问：哪些功能你希望简化？哪个频道可以删除？

答：还行吧，现在这个网站就是宣传性网站，没什么多余的东西，并不觉得有很多垃圾信息。如果非要说一个，我希望能便捷地在线学习，比如上下班可以用手机随时看课程。

问：如果有 App 并且可以随时随地学习，你愿意下载吗？App 和 PC 版，你更愿意用哪个？

答：愿意，我更愿意用 App。上下班途中可以随时随地学习。

问：会把网站或者老师介绍给你朋友吗？

答：会的，因为老师讲得确实不错。

问：总结一下我们网站能给你带来什么，对我们有什么建议，希望有哪些新的功能。

答：目前只是让我简单地了解课程架构，然后视频课程也只是了解一下大概，其实网站也做得有点草率，部分细节不正规。希望开设针对我们有工作经验者的课程体系，比如我就想学习细分用户建模或者心理学，可以单独开课。

访谈完成，大家试着参照之前的案例，总结一下这个用户在访谈过程中描述出来的目标、行为、观点、渠道和机会等信息。

汇总所有访谈用户样本和访谈用户文档，然后把它们归纳成可快速识别的标签，合并重复的，只留下不同的，最终得到的将是下面这样一组关键标签。

☑ 想转行拿高薪；

☑ 零基础转行；

☑ 提升业务能力；

- ☑ 会对比多家机构，了解课程和学费；
- ☑ 害怕被骗，害怕学完不能就业；
- ☑ 了解上课地点和同学人数；
- ☑ 希望有专题课程；
- ☑ 学习时间长短，希望兼顾上班；
- ☑ 有基础深造；
- ☑ 课程深入讲解还是粗浅表面；
- ☑ 老师的水平资历；
- ☑ 横向评比，最好能在线学习；
- ☑ 有专题知识讲座；
- ☑ 能扩大产品经理社交圈子；
- ☑ 希望上课时间灵活；
- ☑ 问答能解决针对性问题；
- ☑ 学费不贵；
- ☑ 包就业。

3.3 设计可供讨论的用户目标级别树，定义细分用户模型

我们完成用户访谈和文档输出，并且把所有来自于用户的目标、观点、行为集中在一起后，剩下的关键节点是设计一个可供讨论的用户目标级别树。

在探讨细分选项关键标签的时候，从用户目标开始，分析用户想要做什么、得到什么样的心理预期，常常是界定细分用户最有效的方法。不同目标，对应不同分散任务节点，产品经理要定位这些节点优先级并且按照用户视角将节点串联成行动路径，最后按照关键决策标签优先原则做培训网站架构功能规划和流程逻辑设计。要设计一个可供讨论的正确目标级别——从分散的任务节点到完成具体目标，再到挖掘隐藏在这个目标后的更为具体的诉求。

因为每一个用户都是带着明确的目标去浏览你设计的互联网平台的，即便是随便看看，用户心里也隐含着各种各样的潜在目标，因此在列举细分群体目标的时候，我们要考虑目标和需求的关系，这样有助于找到正确的目标级别。

我们设想一个对话场景。

产品经理：你现在在做什么？

用户：我想了解产品经理课程。

产品经理：为什么？

用户：我想转行。

产品经理：为什么？

用户：我想拿高薪水。

产品经理：为什么？

用户：因为有了高薪水，就可以买房，生活就会很快乐……

所以用户是从分散性的尝试达到某个目标，最后在这个目标级别树上走得越来越高并最终到达核心诉求。如图 3-11 和图 3-12 所示。

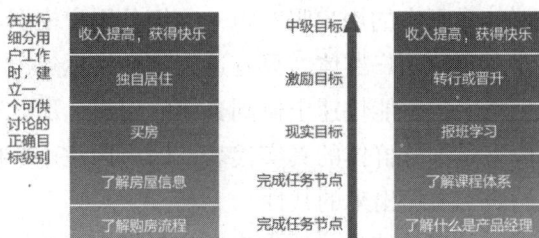

图 3-11　设计可供讨论的目标级别树（一）

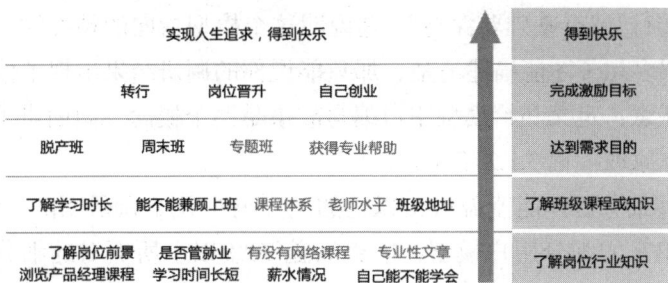

图 3-12　设计可供讨论的目标级别树（二）

有了目标树细分用户群体的方法，掐头去尾剩中间。终极目标太过泛泛，底部目标又太过于琐碎。这两头对于区分细分群体没有太大帮助。只有中间位置才是可以描述用户目标和界限的正确维度。

在结束对目标用户的访谈后得到以下几个具有代表性的目标：① 从零学习；② 深造；③ 只是随时听听免费课；④ 解决工作中特定问题。每个目标代表了一种具有独特需求的用户群体类型，他们不同的目标揭示了各种细分群体的关键差异点。可以通过差异点快速描述出细分群体。同时每个细分群体对网站"功能""信息架构""内容"等都富有影响。

当提炼细分用户群体的时候，我们要带着以下问题不断地进行自我求证。

（1）这些细分群体可以揭示已知的关键差异吗？比如，针对房地产网站，如果以"访问频率"来细分用户，那么就应该问自己这种细分能否解释，为什么有些用户使用"公寓搜索"而另一些用户使用"房屋搜索"功能。在发现这种细分不能合理解释之后，我们换另外一种维度——用"用户目标"来代替"使用频率"。然后我们就可以解释为什么有些用户用"公寓搜索"，有些用户用"房屋搜索"。

（2）这些细分群体已经足够不同了吗？细分用户建模的原则是独一无二地解释一个群体，所以如果两种细分用户在使用习惯、需求、思维方式、行为上都相同，仅仅在年龄、性别这些人口特性上不同，那么这两种细分其实就是一个细分群体。

（3）这些细分群体像真实的用户吗？每一个细分用户模型都能让团队成员快速地联想到一个具体真实的用户群体，只有达到这个目标建模才算成功。如果用户模型在团队中产生歧义，不能快速定位到真实的用户，那么这个细分群体就是失败的。因此用户模型是细分群体的真实代表，因为构建这个模型的关键标签都是从真实用户群体调研中梳理出来的共性。

（4）这些细分群体可以快速地描述出来吗？如果不能被快速描述，就不能快速地在团队成员中形成共识。这个细分用户模型越能用简单的定义去描述，比如"零基础想转行""有基础要深造"，越说明这个模型指向的精准性。假如你建立的模型需要很多句子才能描述清楚，那只能说你的调研结果出现了偏差。

这里要注意：定义和给模型用户编写故事是两个概念。前面讲了编写故事的重要性和心理原理（见 3.1.2 节）。

（5）这些细分群体能覆盖 90% 以上的用户吗？用户调研团队要学习问自己，团队最终做出来的细分用户模型，能否涵盖 90% 以上所面对的细分用户群体。如果不能涵盖，无法解释用户现实场景中反映的很多问题，这说明我们的细分用户建模工作出现了错误，需要推倒重来。如果模型可以很好地解释细分用户群体现实场景中的绝大多数问题，就说明这个模型是正确的，可以涵盖 90% 以上的用户。

（6）这些细分群体如何影响决策制定？在规划平台功能时，在设计流程逻辑时，在构建服务体系时，在做用户增长社群建设时，团队建立的用户模型是否真的起到了决定性作用？如果没有，就要查找是否模型出了问题，是否是其所揭示的细分用户群体共同属性有偏差无法使用，或者工作流程出现了问题，并没有真的把细分用户模型的结果应用到工作中。

3.3.1 生成细分的用户模型

现在是出成果的时候了。我们已经创建了两个细分用户群体，此时我们只是把庞大的用户群体给分门别类地细分了出来。现在还不是真实用户，只是一组枯燥无味的特征列表。

细分群体一："零基础想转行"。细分用户一访问网站是为了寻找完善的课程，寻找合适的上课时间，查看费用，看一下授课老师情况。

细分用户一最关注课程质量、老师资历及学费和学习完后能不能快速就业。

细分群体二："有基础要深造"。这类用户访问网站是为了寻找重点知识，寻找专题讲解，临时解决应急问题，实现同行之间的交流。

细分用户二最关注专题讲解的质量、重点知识架构、问题解答的及时性。

从寥寥几行字中你就可以感觉到两个用户之间的巨大不同，关键差异将两个细分群体完整分开，也使得区分细分用户群体变得简单。

下面我们就要为细分用户模型取名字了，这里要注意以下几点。

（1）名字要和现实人物关联。比如，产品经理应该都在 25 ～ 35 岁，那么就不要取"建国""卫红"这样具有鲜明的上一个时代特征的名字；相反，"陈佳怡""刘浩"等就很有这个年龄段的时代特点。

（2）名字不要取历史人物、宗教人物、领导人的，如"奥巴马""曹操""释迦牟尼"等，因为当你和团队成员沟通项目的时候，这些名字会让你有带入感。

（3）名字不要取同事的。因为在探讨项目的时候，同事的名字只会让你瞬间联想到他的种种事情，并不能让你联想到项目。

取好名字我们就要为我们的用户模型搭配照片了，这里也要注意以下几点。

（1）照片要和现实人物关联。比如产品经理应该都在 25 ～ 35 岁，照片不能选择 20 世纪，穿着喇叭裤、中山装这样具有鲜明上一个时代特征的人物形象。

（2）照片不要用历史人物、宗教人物、领导人的，如"奥巴马""曹操""释迦牟尼"等。

（3）照片不要用同事的，原因同上。

照片要使人物看起来真实可信。

名字和照片都有了之后，我们就要给人物丰富个人信息了，具体如下。

（1）工作和公司。你建立的"细分用户模型"做什么工作是非常重要的一个参考指标，一个在物业公司做保洁的工作属性绝对和互联网公司做客服的工作属性具有巨大的需求差异。

（2）年龄。选一个与照片相适应的年龄是必要的。

（3）居住地。居住地揭示了"细分用户模型"的收入水平。

（4）性格。列出"细分用户模型"的朋友会怎么描述这位朋友，如友好、害羞、情绪化、一丝不苟、自负、勇敢、表达能力强……找出两三个可以支持这个用户模型的词语。

（5）家庭和生活。根据现实情况，为"细分用户模型"设计"单身""离异""结婚""有孩子""无子女"等信息。

（6）爱好。丰富补充这个"细分用户模型"工作以外的属性，去尝试丰满他。越接近真实，越容易被团队所接受。

（7）喜欢的电视节目或音乐。对于塑造"细分用户模型"的性格有很大帮助。

个人信息之后我们就要给人物丰富行业领域信息了，具体如下。

（1）在本行业的过往经历。他们了解这个行业有多久了，是什么样的经历？他们知道些什么？他们通常表现出什么样的行为？他们还使用哪些竞争对手的产品或服务？

（2）当前状态。他们现在的想法如何？在完成目标的过程中，哪些事情会对他们产生影响？这部分信息可能和他们所在的企业有关。

（3）未来计划。什么时候他们会有所行动？如何行动？他们未来的与当前的行为将会产生什么样的变化？

（4）动机。哪类事情会增加他们交易的可能性？

（5）抱怨和痛处。人物当前经历的问题是什么？是什么让他们发狂？

接下来要详细说明计算机和互联网的使用情况。

（1）计算机配置。用什么操作系统？

（2）计算机经验。计算机水平，使用计算机多长时间了？

（3）互联网经验。每周上网时长和时间段。

（4）互联网主要使用方式。用互联网解决什么问题？

（5）喜欢的网站。把喜欢的网站分个等级，每一个等级网站解决什么问题？

接下来是撰写个人简介。

细分用户模型是一些故事的讲述，而不是一连串枯燥无味的列表数据。这个简介是细分用户模型的主要内容，是关于细分用户模型会如何真正与网站产生相互影响并完成其目标的具体描述。要讲述这个人物是谁，如何与你的网站进行交互，故事囊括了所有的关键差异和属性。人物简介要能讲述整个故事的来龙去脉，他们是谁，如何达到今天这个状况，想从这个网站得到什么……简介的重要性不仅在于讲述事实，还在于传达心理和情感方面的信息，因此把用户的观点融入简介中尤为重要。

尽可能让简介具体也是为了让人物更加真实。

比如初次上 www.pmjuju.com 网站的林东，他向往的事情是转行，做产品经理拿了高薪水之后，可以买一辆自己心仪的车。那这辆车并不直接来源于数据，而是高于数据的假设。可能有的初学者转行拿高薪是为了租个好房子换到市中心等。但是这个假设的目的符合这个细分用户群体的典型情况。

下一步是使用额外属性。

我们还可以给用户模型加上更多细节属性。但对待这些细节的根本原则是不要破坏细分用户模型的关键差异。当拿起一份用户模型文档，人们应该很快就能理解基本的意思。在最重要的部分要着重强调，并确保每项描述以及增加的细节都支持细分用户模型的主要信息。

比如，林东想要转行，这个事实揭示了"林东"这个细分用户群体的典型细节。我们可以继续延伸描述，林东总是羡慕身边的产品经理工资高，不像自己这样每天很辛苦地敲着代码。这就是生活细节。这个细节并不破坏细分用户模型关键差异，反而更进一步使人物鲜活起来。

应加强设计，使得重点突出。

出自细分用户模型语气的短小精悍语录，能快速地在团队成员脑海中形成画面感。同时也能快速将细分用户模型区别开。这里注意要确保使用的语气是从细分用户模型的角度出发的。比如"我什么时候才能学会这门课！"——林东对朋友发出的感叹。

最重要的部分是加入商业目的。

平台的最终目的是盈利，所以加入商业目的是上述所做铺垫最终要确定的方向。"细分用户模型"要在你的网站上完成一些目标，同时你也希望这些细分用户模型去做一些事情，以帮助你达成商业上的成果。大部分网站都是通过某种服务于用户的方式，来鼓励用户、引导用户行为，继而达到商业目的的。

细分用户模型的一部分内容代表你在这个人物身上的成功标准。基于你对他们的了解，问一下自己想从他们身上得到什么，想让他们为你的业务做点什么。

比如我了解到，为林东这样的零基础用户提供完善的产品经理助理课程，帮助他们成功地零成本转行，林东就会因为体验到了优秀的服务而愿意为我的网站做出宣传，扩大我的网站影响，获得更多的流量，吸引更多有一定基础的产品经理助理来上我的收费课程，深入学习产品经理的内容。同时同学们的传播也降低了平台宣传成本，甚至会获得投资者的青睐。

所以提供适合细分用户模型的完美服务，下一步我们就可以定义公共的标准。细分用户模型可能和你有共同的商业目的，他们也乐于帮助宣传网站，让周围的朋友享受到优质的课程服务。同时我们也应该寻找针对每个用户模型的特定目标，分别针对不同的用户模型去满足他们的需求，以达到服务的精准和完美。

确定商业目的的级别和优先级很重要。如果定位目的仅仅是让细分用户群体成为忠实用户会太过于泛泛，过于具体的话目标范围又太窄。较为合理的细分用户模型的商业目的可以定义为"向周围 10 个朋友发微信分享"等目标。

通过给出细分用户模型商业目的，我们就在目标用户和网站商业模式之间建立了一种明确的关联。如果没有这样的关联路线图来显示你期望的每个细分用户模型最终是否到达目的地，就没办法知道他们是否正在促进你的商业发展。

下一步是确定用户模型优先级别。根据公司大小和开发团队技术能力、财政资源去判断网站一个时期内的主营业务，并根据这个业务去判断细分用户模型的优先级。

（1）重要的。他们是最具有商业价值的细分用户群体，这个细分群体的需求凌驾于其他细分群体之上，可以是一个或两个模型。

（2）次重要的。他们对于网站的业务同样不可或缺，一旦公司实力充足，马上满足这部分细分用户模型的需求。

（3）不重要的。能兼顾到最好，如果兼顾不到对整体核心业务也没有什么冲击和影响。

要为每个细分用户模型撰写一个场景，把注意力聚焦在用户模型试图完成的核心目标上。对于每一个细分用户模型，从他们使用网站时可能出现的最重要的情况写起。可以是这个用户模型使用网站时反复使用的最常用的途径，也可以是至关重要的初次访问和第一印象。

（1）设置场景。细分用户模型是在什么地方第一次发现他们需要访问网站来解决所遇到的问题？什么时候发生的？周围还有谁会影响他们的决定？当时还有别的事情发生吗？尽可能地创建一个真实可信的案例，就像你亲身经历的那样。

（2）建立目标或冲突。网站访问是由目标触发的动作，所以必须有一些促使细分用户模型来到网站的事情发生。比如收入的问题；比如在工作中被领导训斥，从而登陆网站发誓要转行……要非常清楚地描述模型想要通过网站做的事情，同时记住细分用户模型可能有多个目标。

（3）战胜中途出现的危机。细分用户模型访问网站时是通过什么途径进入的？过程中他会做出什么样的决定？他是怎么找到自己想要的东西的，有中间步骤可以描述吗？细分用户模型在途中会遇到什么样的挑战，网站可以帮助解决吗？所有的活动都是发生在你的网站上吗？他们有没有使用其他网站？等等。

（4）总结：这些细分用户模型最终怎么达到目标？对于目标的达成他们持有什么样的观点？帮助这些细分用户模型达到目标的最关键的因素是什么？

（5）大结局。成功之后这些细分用户模型会做什么？这件事对于他们的工作或生活会有什么样的影响？之后他们会有怎样的体会？细分用户模型的成功是如何影响你的网站业务的？

案例　房产中介 App 细分用户模型

李娜是一个初次购房者，她和她先生准备购买一套房子结束租房的生活。因为先生是收入的主要来源，李娜认为自己应该负责了解购房流程的知识。

李娜先用百度搜索"房源"，然后点击搜索结果进入"×××房源网站"。她发现首页上的"按地图搜索房源"。于是点击进去，发现他们附近有很多房源。然后她注意到有一个"帮助初次购房者"的链接，她点击进去想要看看能获取什么样有用的信息。

这个链接将她带入了逐步解释整个购房流程的"指导页面"中。

李娜立刻感到自己找到了一个正确的网站（让用户快速感觉到进入了一个自己需要的网站）。李娜仔细阅读着针对初次购房者的攻略文章，并且在阅读中记下笔记，最后收藏文章。她无意中还发现了"贷款计算器"，于是开始试着计算自己可以负担的贷款金额。经过半个小时的浏览，李娜满脑子都是房子、流程、贷款的信息和知识，最后李娜关掉了电脑，觉得有了一个极好的开端。（用户初次上网，直至离开网站，能否给用户留下美好的记忆，这个很关键）

第二天李娜再次访问这个网站，寻找附近房屋的具体信息。她发现每一套房子都有大量的介绍。她可以把注意力集中在几处不错的房子。晚上先生回家，李娜开心地和他讨论了在网上看到的房子的情况。他们甚至还制订了一份看房计划。

在这个场景中，"李娜"从一个模糊的初始目标切入进入网站。然后这个网站帮助李娜完成了初始目标，甚至超出了她的预期，吸引她第二天继续浏览，发掘自己更精准的需求。

这个案例也揭示了另一个结论，就是网站首先要完成用户的目标，进而逐步吸引用户达到网站的商业目标。至此我们完成了一组"细分用户建模"。

3.3.2　非精准目标用户细分

并不是所有用户都可以用目标来进行细分。如果用目标无法很好地细分用户，我们可以换个角度，在观点和行为维度上去尝试观察总结用户"做事的方式"，也许会发现比归纳他们"所做的具有针对性的事情"更能揭示关键差异点。

以房地产 App 的用户为例。如果认为目标不能作为细分用户的正确方式，那么我们调整分析方向，以"用户行为"和"用户观点"去分析他们（见下表）。

行为（垂直）
①在房地产网站的活动频率
②不同需求的渠道使用方式
③对竞争对手的平台使用情况
……
观点（横向）
①对房地产知识了解
②影响用户买或者卖的诱因
③对公司/品牌的感受
……

把这个图表分成4个象限（见图3-13～图3-15），我们就可以很容易地进行评估，总结出是不是每一个象限都可以具有典型意义，具有创建一个细分用户群体的清晰界限。试着用不同的组合，看看哪一种最具有边界鲜明的特点，可以轻松地界定出细分用户群体。

行为、观点越简单，细分维度越清晰，反之亦然。

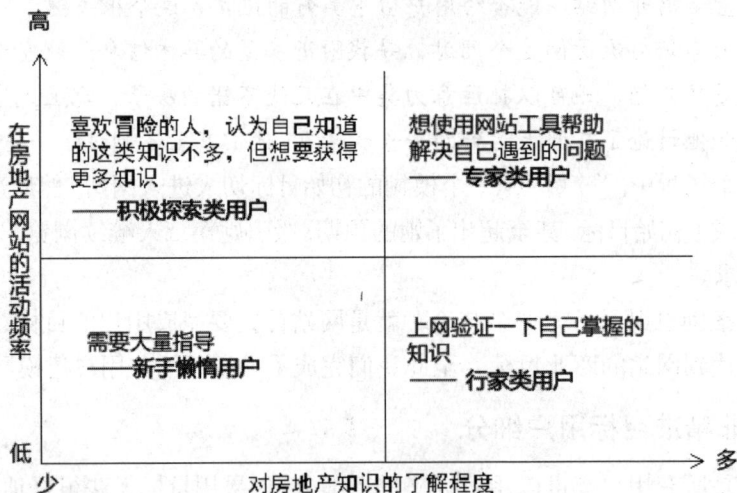

图3-13　非精准目标用户细分四象限（一）

在电子商务网站项目中进行用户细分时，由于网站商品繁多、类型各异，导致用目标去细分用户有很大困难，甚至不能完成。这类大的电商平台我们就应该试着从"行为"和"观点"入手去试验各种组合。

比如下表的横纵轴组合方式，就可以非常有效地做出细分用户群体。

行为（垂直）

①花在网上的时间

②……

③……

……

观点（横向）

①对寻找产品的了解程度

②……

③……

……

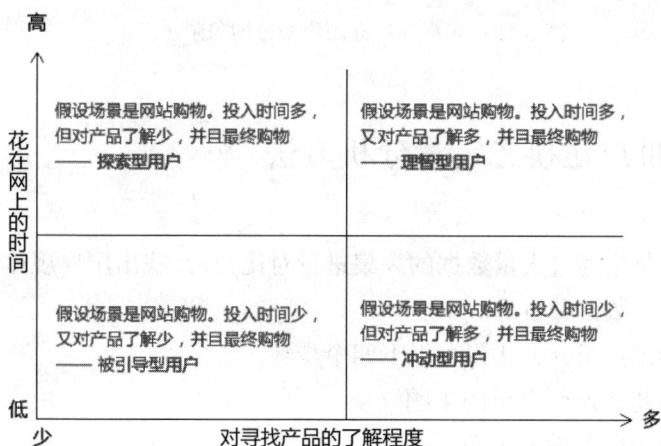

图 3-14 非精准目标用户细分四象限（二）

再思考一下抖音的用户，试着用用户的行为和观点去进行细分。下表的横纵轴组合方式，也可以非常有效地做出细分用户群体。

行为（垂直）

①花在 App 的时间

②……

③……

……

观点（横向）

①对分享或拍摄功能的使用

②……

③……

……

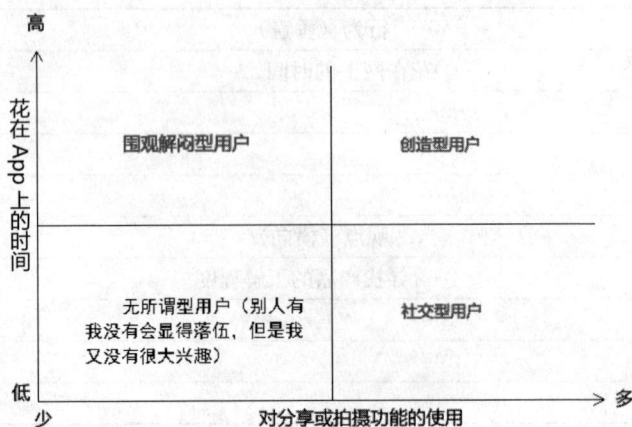

图 3-15　非精准目标用户细分四象限（三）

3.4　细分用户建模之定量分析方法

定量分析是指通过大量数据的采集进行对比分析，找出用户规律的一种方法，包括调查问卷、数据分析等。

调查问卷定量研究方法包含以下四个步骤。

（1）确定想要调研分析的主题。

（2）选择正确的数据来源。

（3）清洗和准备数据。

（4）选择正确的分析方法。

通过量化表让用户做选择，从而判断归纳用户在使用过程中关于目标、行为和观点的大量数据样本。尤其在细分用户建模阶段，除了一对一的访谈，调查问卷也是很有效的方法。快速收集所有数据，然后把这些数据转变成可以衡量的不同维度，作为用户细分或项目优化迭代优先级的依据。

1．调查问卷需要关注的要点

（1）用户的选择应分为"线上""线下""潜在"，尽可能扩大涵盖范围。

（2）写一份邀请函。

　　①标题要尽可能详细，并注明接受调查可以获得酬劳。

　　②明确说出多长时间可以完成调查。

　　③给出"用户如果不想接收到这样的信息，可以退订"的按钮。

（3）问卷问题的设计要有逻辑性，问题之间有关联性。

（4）用户回答时间控制在 15 分钟之内。

（5）问题的次序很重要。如果先问用户对新功能认可的优先级别，接着问对网站的总体满意程度，那么用户对于第二个问题的回答就会受到第一个问题的影响。

2．调查问卷目录模板

（1）当前目标、使用情况和行为，包括渠道使用情况。

（2）对网站或企业的历史了解。

（3）现有功能和内容的使用情况或重要程度。

（4）现有功能和内容的满意程度。

（5）对于新概念的总体反应。

（6）新功能和内容的满意程度。

（7）心理方面的问题。

（8）人口统计方面的问题。

3．实操设计调查问卷模板

调查问卷关注要点：

（1）针对行为来提问，比直接询问"重要程度"得到的答案要更准确。当问到某个功能是否正确时，用户常常倾向于肯定的回答，可能仅仅因为听上去不错，也可能是他们认为其他人会更喜欢，或者他们只是顺着你的意思回答。所以换种方式问他们的使用频率和感受，我们会得到更加准确的答案。

（2）尽量不要使用"是""否"这样的是非问句。我们需要尽可能多地获取与用户"目标""行为""观点"有关的数据，我们称之为量表。一般实操中我们会使用 5 点量表。尽量不要使用 10 点量表，因为选择太多反而会让用户陷入困惑，回答出现偏差。

比如：

（1）您使用这个功能的感受如何？

a. 差　　　　　　　　　b. 一般　　　　　　　　　c. 良好

d. 不错　　　　　　　　e. 很棒

（2）您多久进行一次登陆学习？

a. 从不　　　　　　　　b. 每天登陆学习　　　　　c. 每周一次

d. 不定时，按照需要　　e. 定时登陆学习调查问卷设计实操：

（1）梳理项目背景，确定调查方向。假设现实情况是完成了冷启动，沉淀了第一批用户。基于此，我们的调查问卷主题应该是种子用户对这一版本产品的使用感受；使用过程中的流程逻辑怎么样，能不能达到用户的需求；如果达到需求了，用户有什么更进一步的建议；如果没有达到，具体哪里没有达到……

（2）参加人员：产品经理、运营、市场、销售、客服……

（3）开始按照调查问卷模板所述的8个方向逐条进行问题设计。

案例 ×淘大师问卷调查案例模板
（这里最好放置官方二维码）

为了更好地向您提供服务，希望您能抽出几分钟宝贵的时间，将您的感受和建议告诉我们，我们非常重视每一位用户的宝贵意见。期待您的参与，让我们开始快乐的调查吧。

① 使用×淘大师是否满足了您×淘购物的需求？

a. 满足○　　　　b. 基本达到○　　　　c. 不满足，很多买不到○

② 您在购物中心的体验如何？

a. 很棒○　　　　b. 一般○　　　　c. 流程有些复杂○

d. 差○

③ 您在使用过程中遇到的阻碍，能否快速得到帮助？

a. 能○　　　　b. 一般○　　　　c. 不能○

d. 基本没有帮助○

④ 使用过程中有没有遇到系统错误？

a. 没有○　　　　b. 基本没有○　　　　c. 有，不多见○

d. 经常有○

⑤ App 使用的时候卡不卡？

a. 很快○　　　　b. 一般○　　　　c. 卡○

d. 下载超慢○　　　e. 有时卡死○

⑥ 请填写您使用的系统版本 ＿＿＿＿＿＿＿＿＿ 机型 ＿＿＿＿＿＿＿＿＿ 您所在的地区 ＿＿＿＿＿＿＿＿＿＿＿。

⑦ 平台推送的内容您有兴趣吗？

a. 有○　　　　b. 一般常有○　　　　c. 有，不多○

d. 没有○　　　　e. 没关注过○

⑧ 请评价下平台推送的内容。

a. 不错，有价值○　　　　　b. 一般○　　　　　c. 有用的不多○

d. 乱七八糟○　　　　　e. 影响我○

⑨ 您认为平台频道导航清晰吗？

a. 很清晰○　　　　　b. 一般○　　　　　c. 有点乱○

d. 分类不清楚○　　　　　e. 基本不用，直接搜索○

⑩ 您会不会把平台分享给别人？

a. 会○　　　　　b. 有朋友需要会○　　　　　c. 有返利会○

d. 不会○

⑪ 您是怎么知道我们网站或 App 的？

a. 朋友介绍○　　　　　b. 自己搜索○　　　　　c. 地铁广告○

d. 推送○　　　　　e. 广播听到的○　　　　　f. 软文○

⑫ 网站内容能否让您全面了解商品？

a. 能○　　　　　b. 文字太多○　　　　　c. 图片不够○

d. 不能○

⑬ 商品打折促销您是否满意？

a. 满意○　　　　　b. 一般○　　　　　c. 不满意，折扣太低○

d. 不满意，送的都是没用的东西○

e. 不知道，经常不知道有活动○

⑭ 我们商品种类丰富吗？

a. 丰富○　　　　　b. 一般○　　　　　c. 单一○

⑮ 您对我们一站式海淘体验满意吗？

a. 满意○　　　　　b. 一般○

c. 不满意，感觉没有做到一站式○

⑯ 我们新增的 3D 体验购物满意吗？

a. 满意○　　　　　b. 一般○　　　　　c. 不满意，没有设备○

d. 不实用○

⑰ 商品退换货方便吗？

a. 方便○　　　　　b. 一般○　　　　　c. 不方便，时间长○

d. 不方便，流程多○

⑱ 商品质量保证您觉得有用吗?

a. 有用〇　　　　　　　b. 一般〇　　　　　　　c. 没体验过〇

d. 差,有问题,还得自己找商品售后〇

⑲ 您的性别?

a. 男〇　　　　　　b. 女〇

⑳ 您的收入范围?

a.50k 以上〇　　　　　b.35k ～ 50k 〇　　　　c.25k ～ 35k 〇

d.20k ～ 25k 〇　　　　e.15k ～ 20k 〇　　　　f.15k 以下〇

㉑ 您的职业范围?

a.IT 互联网技术〇　　　b.IT 互联网运营〇　　　c.公司文员〇

d. 销售〇　　　　　　e. 自己创业〇

㉒ 您觉得我们哪里还需要完善,请简单提出您的意见:

_____。

最后再次感谢您百忙之中对我们平台的认可和宝贵的意见。我们将以饱满的热情和细致周到的服务投入到为广大用户的服务上。

最后,×淘大师携全体员工再一次向您致以最诚挚的谢意!

2017年 × × 月 × × 日

× × 公司

3.5　网站用户数据分析:理解分析用户在网站上的行为

网站流量统计可以通过数据监控,捕获用户使用网站的行为信息,研究用户的浏览路径、关注节点等信息。但是信息只能告诉你用户做了什么,不能告诉你用户为什么这么做。因此要结合用户访谈、调查问卷分析数据,以得到最全面的分析结果。

比如,某电商网站分析数据时发现,大多数的访问都是从一个个分类页面开始而不是首页。这是因为这些访问大部分并不是来自能将用户直接引入这个网站的搜索引擎引用网址,而是用户从 E-mail 中的链接直接点击进来的。那么结合之前通过"调查问卷"或"用户访谈"了解到的很多用户是通过 E-mail 来获得最新商品情况的信息，我们也知道邮件主要是以产品分类为主，然后链接到网站的产品分类页面。因此最终我们可以确定，确实有相当一部分用户是通过邮件进入分类产品页面的。

这也为后面的用户属性细分提供了一种参考。网站通过流量统计进行分析的方式可以揭示用户的行为。如果能和调查问卷绑定在一起，就能通过客观事实来讲述用户的特定行为和具体想法。

CRM 数据分析包括采购产品、日期、渠道、财务数据、人口统计特征的数据，如图 3-16 所示为 CRM 数据管理页面。

图 3-16　CRM 数据管理页面
（图片来源：CRM 数据管理页面截屏）

CRM 数据分析是将在客户记录中已经存在的"交易记录""财务数据""人口统计信息"等用户的历史记录、价值与调查问卷绑定。利用这一方式，我们可以试着去寻找一些内在的关联来更好地定义或者描述用户模型。

交易数据揭示了顾客曾经购买过哪种产品或者服务，公司会根据这些记录分析用户。每一个顾客在数据库中都有唯一的 ID，与已购买的产品或者服务互相联系。另外还有交易的数据和交易时搜索的信息、渠道或服务互相联系。

如果公司没有这些客户数据，可以采用合法方式通过第三方获取。

3.6 用户成长体系函数建模设计方法

3.6.1 用户成长体系概述

　　用户成长体系是指通过数值化用户行为，累加求和后作为用户对平台忠诚度和贡献程度的衡量依据，同时刺激用户留在平台，并由内发力，扩散传播，以拉入新的用户为目标整体规划设计的体系，也是一种运营手段。在产品架构设计上归产品经理负责，在上线运营后由产品和运营共同负责规划实施。

　　精细化运营是在产品同质化环境下留住用户最有力的手段，其中"用户成长／等级"体系是常用手段之一。一个良好的用户成长体系，能带领用户经历从新手到种子用户的转变，和用户建立情感关联，最终实现用户黏性和平台价值的提升。

　　在用户层面，好的成长体系有助于引导用户在使用产品达到自己需求的同时获得额外的满足感。比如，用户试用平台仅仅想阅读一篇小说，在达到自己目的时又额外获得了其他自己感兴趣小说的试读资格。后面的用户心理学部分会讲到，对用户有意义的馈赠会引发用户的互惠心理作用。互惠心理作用会让用户更容易接受平台的其他交互条件，如评论、晒单、分享、拉新等。用户使用平台其实就是一种交互交流行为。在这个过程中要不断地让用户获得额外的满足感、成就感，使用户感到被尊重，名气、地位也随之提升，从而不断提高用户的黏性和忠诚度。

　　只有这样建立良性的用户成长和分层体系，才能持续不断地根据不同层级的用户，梳理不同的使用场景，根据不同的使用场景拆分提供的产品或服务，从而设计出对应不同场景的商业价值产品，并且引导、促进、伴随用户成长，做到这一步才有可能谈精细化的运营的方案。

　　一个完整的用户成长体系的模块包括"入口""成长形式""计算方法""出口"四部分。

　　下表是某互联网在线学习平台案例。

用户成长体系核心四部分				奖 励 设 置
入口	新手任务	作用	教育、引导	①注册获增全套基础课程权限。 ②积分可以兑换其他付费课程。 ③积分可以抵扣学费。 ④积分可以用户间互相赠予。 ⑤积分有优先听线下免费讲座报名权利。 （注：这部分的设计一定要根据自己产品的属性去思考，不要生搬硬套）
			获取用户关键信息	
		形式与积分	绑定邮箱、手机　注册：积分6分	
			头像、个人信息、实名认证　完善信息：积分6分	
			分享课程　10分	
	日常任务	作用	拉动 DAU	
			停留时间	

用户成长体系核心四部分				奖 励 设 置
入口	日常任务	形式与积分	点赞、评论、分享	每个4分	
			登陆	2分	
			学习签到	2分	
			拉新	10分	
	主线任务	作用	鼓励用户不断学习		
			鼓励用户不断提问交流		
		形式与积分	每天听一课	2分	
			每天提个问题	2分	
	非固定收益	作用	活动任务（时间段内获得用户增长和课程转化）		
			参加线下沙龙	4分	
成长形式	权重分级身份				不同的商业形式，会有不同的维度设计。表格里给打维度仅仅作为一个大概的参考。在实际项目中会根据项目有所变化。例如，电商类的对于商品评价、对商品的分享都应该纳入成长体系中
	聚友圈人数				
	权限等级				
	课程学习进度				
	积分				
	成就体系				
	排行榜				
	游戏道具				
成长值计算方法	幂函数				成长值的函数计算，最好由有统计学专业业务能力的同事承担
	指数函数				
	其他				
出口	特权：积分可以提问，开通专人解答通道				项目中要根据商业模式的不同，有针对性地设计特权
	积分课堂：积分可以参加课程				
	积分互换：积分可以平台内外互相赠予				
	消费抵现：一个积分报名时折现10元				

3.6.2　用户成长体系各种形式概述

我们就平台常用成长体系各维度做一个简要介绍。

（1）粉丝数。微信、QQ等封闭关系链难以导出、转化到第三方应用，这时候就需要平台自建关系链。而粉丝数正是衡量该用户给平台带来多少价值的直观标准。

（2）身份。身份一般来讲是实体身份的一种映射，不具有连续成长的能力，只是用户在注册时的信息留存和识别，可以间断性变更。

（3）实名认证。根据是否具有执照等国家颁发的实体牌照，对应注册线上不同功能类别的账号。C端产品最常见的是使用身份证进行实名登记，这类产品典型的有京东等电商。个人用户需要在产品内进行资金的往来，验证身份确保安全属性就尤为重要。B端如美团类的商家入驻就需要餐饮业的营业执照，否则无法登陆使用平台。通过身份验证的用户比普通用户具有更高的可信度和可追溯性。在 App 产品设计中大家一般都会在右下角人物图标内进行展示。

（4）资产水平。根据用户资产或权限水平定义出不同级别，如银卡、金卡、白金卡、钻石卡等。

（5）活跃程度。表现定义用户活跃度体系。比如按照活跃度设计用户体系为"奋斗新人、成长战士、专家、领袖"。

（6）等级。是权限体系的基础和依据。等级分为有有效期和无有效期。可以根据经验值、成长值来确定，也可以按照用户总量的百分比来确定。

（7）成长值。用来计算等级的数值，也是整个用户成长体系设计的重点。成长值一般不具有消耗性，对于有有效期的等级体系，成长值会定期回扣，来源包含消费、互动和在线成长。实现逻辑上一般只用于计算等级。

（8）虚拟货币。虚拟货币具有消耗性，可用于消费抵现、兑换、抽奖以及互动等。表现形式可能是积分、"××币"或者一些具有平台特色的货币名称。

（9）成就系统。成就系统区别于一般任务的货币或成长值奖励，成就系统更多是把单个简单的任务打包成一个包含多次重复某一动作的大任务，比如，在基础教育教学平台中，经常"连续学习 6 节课"，颁发"三好学生""本周最佳学员"等激励勋章。

（10）排行榜。排行榜最早的发明也是出于商业目的，想借由人性的共趋性来制造商机，这点跟打折吸引消费者有着异曲同工之处。平台可以给予排行榜的前排用户更多奖励支持，但如果奖励丰厚很容易引起恶意刷榜。

（11）虚拟道具。虚拟道具多见于直播平台和论坛。直播平台用于兑换现金，只是虚拟货币的一种变体。更符合虚拟道具概念的目前似乎只存在于各大论坛上了，如通过虚拟道具可以置顶帖子、加精华、加速升级等。这些虚拟道具可以通过积分或者充值兑换。直播平台则用于美化和多样化"打赏"的概念。

3.6.3 从用户心理学和使用场景理解成长体系设计

DAU（日活跃用户数量）必须以促进完成用户目标为根本。比如要激发用户填写社区评论，不能生硬设置每天用户必须完成多少条评论才有积分赠予。因为这样只会让用户疲倦甚至厌烦。后文的用户心理学部分会对此加以解释，当用户对某一个产品从认同转变为厌恶时，用户会把这种情绪带到所有可能涉及产品评论的地方。所以这个激发用户评论的例子绝不能硬性地设定条数。

正确的操作应该是：首先，评论用户会获得积分；其次，平台要把这个评论在平台用户群体范围公开，使其能获得别人的评价、点赞。这样处理后，当某用户看到自己的一条评价有 100 个支持，实际上是激发了用户成为意见领袖的优越感。人在生产生活环境中会追逐经济利益与正向的社会评价。因此，我们合理地营造了用户成为意见领袖的自豪感，会激发用户更加积极地撰写评论。

但是如果用户某条评论并没有得到很多人好评甚至获得的是差评，在实际工作中，要把有辱用户自尊的评价给屏蔽掉，只保留善意的评价。人是群居动物，总会无意识地想让别人认同自己的观点。如果没有得到认同，则会更加努力去表达以期待获得群体认同。在实际案例中使用某款产品的用户自身会因为产品属性形成与其他用户相同的行为。比如华为用户群体和苹果用户群体，他们各自因对这个产品认同，在行为、心理上也会有某种相同的特征。因此适当地让用户看到群体相左的意见，也能促进用户更加积极参与到评价中，来表达自己的想法。

除了用户心理学还要从使用场景思考。比如需要用户每天打开我们的网站、App 或小程序，我们应该首先从用户自身的目标需求角度引导，比如"产品经理学习需要每天坚持不懈，才能系统地学好"。之后我们再用经济利益的刺激，比如"每天打开学习，当你成功掌握产品经理知识后，平台会退还你全部（部分）学费"。在这种站在用户角度、为用户考虑的双向刺激下，用户就会很乐意按照我们的逻辑使用产品。同时注意，对于用户的激励、奖励一定要及时通知，让用户实时感受到在平台生活环境中的成长。但是现在市面上的"阅读加分值"之类的刺激，已经使用户产生心理上的惰性，激励效果越来越不明显。因此在设计这部分积分刺激的时候要扩散思维，试着把单向激励变成众人呼应。比如某用户的评论获得好评，除了获得积分也可以动态显示很多人鼓掌、点赞的动画，增加交互的趣味性。类似于你去参加活动，大家对你的某种行为赞扬、鼓励，这种群体效应会提升你继续参与的动力。这方面可以参考直播类产品。

记载成长体系的 KPI 首先要能体现关键业务，如教育培训类的就适合以登陆次数、学习时长、分享数等维度设置任务。虚拟货币可以使用学习币、成长币之类与产品属性关联很强的名称。其次要考虑可持续发展性，比如产品初期要考虑可扩展性，考虑成长值的回收机制。最后还要为运营预留操作空间，比如在成长体系中用户交互时获得的积分和奖励价值过高，那势必会在运营推广活动时使积分和奖励设置水涨船高。

这里还要提一点关于积分体系解耦。比较庞大的公司往往有多种不同产品体系，比如腾讯，当其中一个事业部门要用另一个事业部门的成长体系时，往往涉及复杂的审批流程。因此应尽量适当分离、独立核算成长体系里的积分和虚拟货币。一个产品内的现金积分互换体系需要和运营奖励、用户参与平台互动获得的奖励体系区分开，防止兑奖漏洞，避免出现恶意刷积分兑现的情况。

3.6.4 最重要的工作：用函数校验用户成长模型合理性

首先明确三个概念：第一，产品生命周期；第二，激励维度和分值设计；第三，用户权限等级。

产品生命周期并非指从产品上线到产品死亡，而是指一个用户从使用免费功能达到自己基本需求，到平台引导用户花钱购买产品满足更多需求，并且最终通过引导把用户转化成粉丝种子用户。整个过程为一个周期。

激励维度和分值设计指基于产品的属性和用户使用场景，设置能够刺激用户反复登陆使用产品各个功能的激励措施。

用户权限等级指基于产品的属性和用户使用场景，按照用户完成任务积累的积分，给予不同的奖励。

在实际工作中，这三个维度首先是产品经理自己或会同运营人员根据以往工作经验制定的。此时的合理性有待商榷，需要通过函数运算去判断模型的合理性。

首先看用户体系设计的一个模拟案例，见下表。

① 产品生命周期		365 天	
② 激励维度和分值设计			
注册		8	
登陆	10		
拉新	20		
点赞	12		
评论	10	每天可获得最高分值	100
发帖	10		
打卡	20		
分享	20		
③ 用户权限等级		共 6 级	
等级 1		描述这个等级有什么权限	
等级 2		描述这个等级有什么权限	
等级 3		描述这个等级有什么权限	
等级 4		描述这个等级有什么权限	
等级 5		描述这个等级有什么权限	
等级 6		描述这个等级有什么权限	

等级 6 级，每天总分值 100 分，周期 365 天，总分值 36 500 分。现在这个成长维度设计是否合理，需要我们用函数去做一次求证（见图 3-17）。

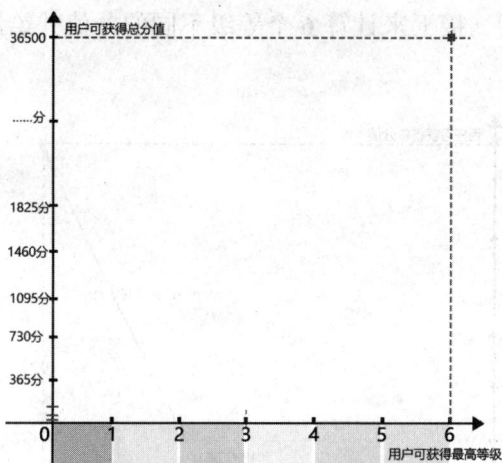

图 3-17 用户成长数据模型之建立假设

这里我们设计一个表达式：$y = a^x + c$

当然，也可以设计使用其他表达式。我们的工作重点是通过函数验证基于经验设计的维度是否合理。如果合理那最好，但是现实情况是经常需要不断调整才能达到标准合理。因此表达式作为调整的标准，可以为调整分值、等级等维度区间起到借鉴标尺的作用。可以尝试设置不同的参数，根据曲线的变化观察是否适应产品的属性。

本书提供的表达式是常用的一种方式，能适应绝大多数的互联网产品用户体系构建需要。其中，x 代表等级。y 代表等级所对应的分值。a 和 c 为待定系数。a 和 c 是确定的常数，$c+1$ 则整个图形向上平移一个单位。a 影响折线的斜率，二者呈正相关。前面几级用户级别分值差相对较小。

现在已知 0 等级对应 0 分值，6 等级对应 36 500 分值。现在把两组数据带入求解，可以求出 a 和 c。下面是解析过程。

$$y = a^x + c$$

带入第一组数据，即 0 等级、0 分和 6 等级、36 500 分，得到如下方程组：

$$\begin{cases} 0 = a^0 + c \\ 36\,500 = a^6 + c \end{cases}$$

可得

$$c = -1$$

$$a = \sqrt[6]{36\,501}$$

最终解析式：

$$y = (\sqrt[6]{36\,501})^x - 1$$

推导出方程式后，接下来计算 6 个等级不同的分值并绘制在坐标系上（见图 3-18）。

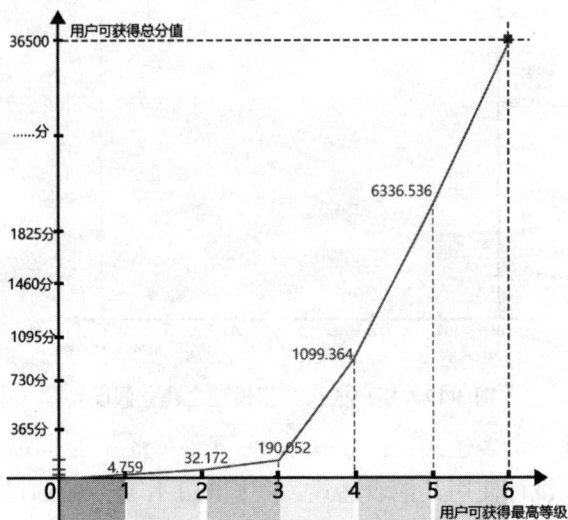

图 3-18　用户成长数据模型之绘制图形

到这一步我们就能直观地看出所设计的用户成长体系增长趋势，下一步我们要考虑每一个区间的合理性（见图 3-19）。

0 ～ 1 区间：首先通过注册快速让用户有了等级，然后设计用户能快速达到的小目标，通过利益刺激引导用户往下一个等级努力。

这个区间的设计重点是用积分加赠送免费产品、服务等切实让利手段吸引用户注册。注册率越高，说明你提供的刺激手段越有效。如果注册率比较低，就要好好思考下提供的免费产品或者服务是不是和用户的心理预期有偏差。

1 ～ 2 区间：从折线图可以看出，用户从一级到二级晋升很快，台阶跨度不高。用户成长体系的前期就是需要这种快速成长，每一级都能让用户快速通过小任务获得利益，真实感受到平台的积分效果。如果用户积累了两个月、三个月的积分依然没有看得见的利益，那用户的积极性就会受到很大打击。

设计重点以获取用户有用信息为基准，如完善头像、邮箱、电话。这些能直接触达用户，方便企业做运营的核心资料，都是这个阶段成长体系设计的重点。这些资料涉及用户隐私，要设计一些有价值的刺激方案，促使用户透露给网站。例如：填写资料可以获得免费课程；填写资料报名可以领取折扣券；等等。只有设计一些有价值的赠与方案，才能促使用户填写涉及自己隐私的一些资料。

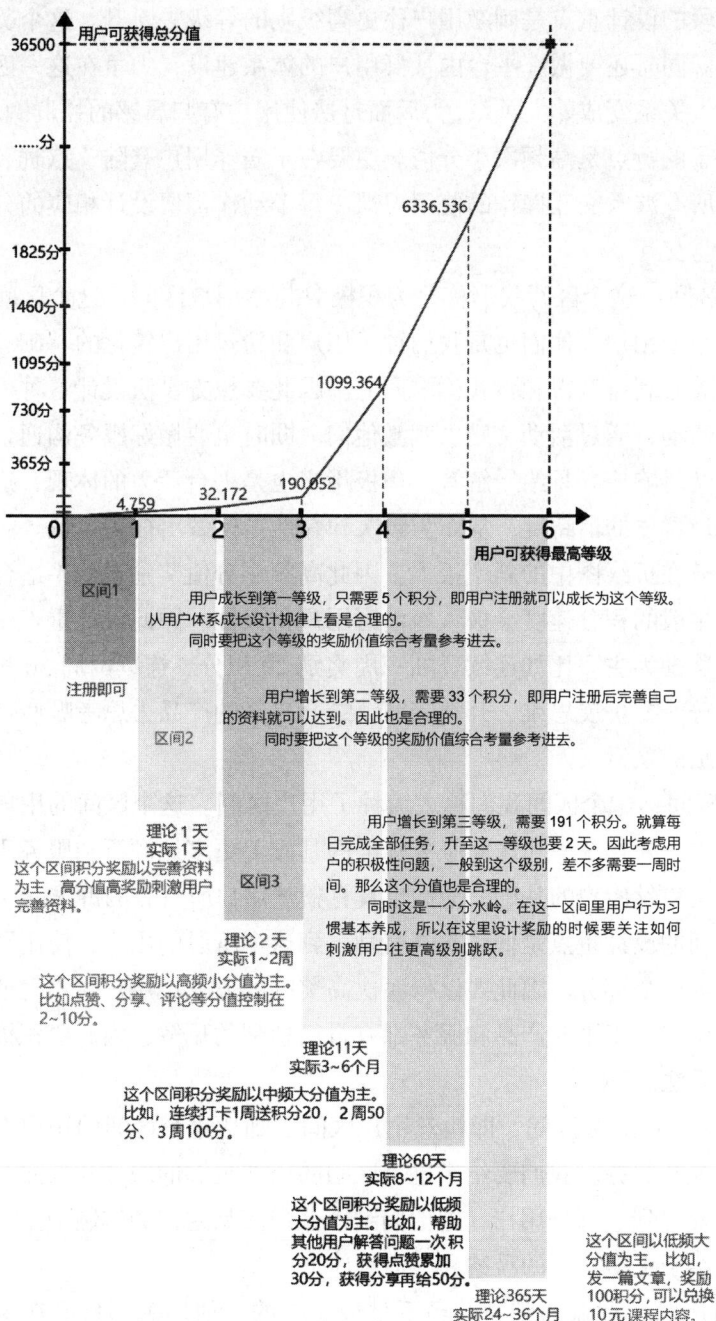

图 3-19　思考每个区间合理性

2～3区间: 这里是关键区间,用户行为习惯到这一步基本可以判断已经养成。除非有强有力的产品和服务体系,否则用户往第四区间成长就很乏力。

这一阶段的设计重点是刺激用户往更高级别的等级去跃升。这个奖励要有足够的吸引力。同时还要做好平台内社群用户的体系建设，力争在这一区间平台内用户从陌生人关系变成熟人关系，为后面打造使用户有归属感的社群圈子打基础。

积分赠予的特点是高频次小分值。主要在于培养用户登陆、点赞、转发、分享、评论等所有涉及交互操作的使用习惯。每个动作都要设计相应的分值去刺激用户点击参与交互。

3～4区间：这个区间我们称之为积极参与型用户区间，这个区间的用户群体为积极参与型用户，他们也是我们种子用户和粉丝用户转化的基础和关键。这部分用户最关心利益获得和自我诉求回应。因此要想方设法设计各种可以使他们有获得感的活动，通过活动奖励去刺激他们。同时也要做好服务沟通，对用户的意见能做到及时响应并且给予解答。积极用户也是平台活力的体现，这个群体能带动整体用户群体的活跃度，从而为频次和黏性指标做出很大贡献。

这个部分在折线图中的斜率很大。因此高频小分值奖励显然不适合这个区间的用户。蜗牛般的积分速度会极大地消磨用户积极性。因此设计重点是这个区间以中频次高奖励为主。比如连续登陆一周奖励20积分、连续两周50积分、连续三周100积分。要扩展思维、开动脑筋，结合自己的产品去思考哪些点可以作为中频次高奖励的项目。

4～5区间：这个区间我们称之为种子用户区间。这个区间的用户是我们产品迭代的根本。要在3～4区间服务标准的基础上更多地倾听和服务用户。同时这类用户也是粉丝用户的基础，他们也具有粉丝用户所具有的诉求。

这个区间的设计重点是低频次高奖励。到这个阶段的用户，使用平台基本已成为其生活的一个部分。因此要以低频次高奖励的方式给用户时不时地来一些惊喜。这部分用户对于平台产品和服务都有自己独到的见解，因此要积极引导他们发表自己的看法。

5～6区间：终极区间，即粉丝用户区间。到达这个区间的用户都非常认可产品的价值观和服务。我们要给予这个区间的用户足够的服务和权限。同时公司任何活动都要想到这部分用户，把他们纳入公司产品迭代的体制中来。利益刺激的同时也要给予更多意见的吸纳和反馈响应。

这类用户对于利益的刺激已经不是最关心的，他们关心自己在这个平台的权威性，即更喜欢成为一个群体内的意见领袖。因此设计的重点是引导这类用户发表自己成体系的观点，并且适当放宽权限，让用户在平台内构建自己的主页和圈子。

　　用户成长体系建设到这里就全部完成了。我们用了一个案例去讲解整个工作逻辑设计方法。在进行正式工作之前一定要结合自己公司的产品属性去做设计。教育类、资讯类、娱乐类……每一个类型在用户体系设计上都会有不同，但是构建的基础框架是一样的。

　　第一，牢记用户成长体系的模块包括"入口""成长形式""计算方法""出口"四部分。

　　第二，牢记函数是验证分值区间合理性的最佳方法。要学会看折线图，清楚每一个区间对应用户属性的功能作用和设计方法。

　　第三，体系设计中善于利用积分、虚拟货币、经验值、等级、身份、权限、成就等不同形式去达到目标。

　　第四，千万不要为了设计而设计。这样出来的结果会让用户在使用过程中摸不着头绪，增加用户使用负担，到最后成长体系不但成了摆设，严重的甚至会影响用户对产品的满意度。

　　第五，一切的设计核心是帮助和引导用户在使用产品过程中更好地达到自己的需求目标，让用户在过程中感受极致体验和愉悦，然后才是引导用户完成公司的商业价值。这个顺序必须要牢记。因此以完成用户目标为设计主轴，以用户使用场景为设计参考是用户成长体系设计过程中的两点规则。

　　用户成长体系设计的完成，以经过用户检验并获得认可为唯一标准。基于这个标准，仅有体系的设计完成还不够。比如虽然设置了用户完善资料就会获得积分或者某种产品、服务的利益奖励，但是实际数据显示用户注册率依然很低，成长体系运作并没有刺激更多用户完善资料。这就说明体系设计出现了问题，需要通过用户调研去询问用户为什么对奖励不感兴趣，根据用户的反馈再去做相应的调整。因此整个用户成长体系要经过用户的实践检验并获得认可，设计工作才算正式结束。

第 4 章

需　求

4.1 需求的定义

从你从事产品经理工作那一刻开始，"需求"这个词就不断在你耳边回荡，伴随你整个产品经理职业生涯。

需求到底是什么？人们如何产生各种各样的需求？我们能不能通过研究其产生的过程掌握其来龙去脉，并应用到工作中？

对需求的研究解读一直是各行各业在探讨的问题，我们来看看他们对需求的定义。

4.1.1 经济学家对需求的定义

经济学家认为，需求指在一定的时期，一个经济主体对一件商品或服务的效用，通常跟经济主体的收入有关。通俗地讲，就是你开发的商品或者服务，能否满足用户使用上或者享受上的目的且一定是他们经济可以承受的。

例如，一块西铁城手表价格 5 000 元，它既能满足用户看时间的目的，又能满足用户一定的商务目的，但是不能满足用户彰显身份的需求。如果用户需要彰显身份就会去买劳力士，这个时候 5 000 元的西铁城手表就不在这个用户的需求范围内。

所以需求涵盖了三个方面，即使用价值、一定时期和经济承受力。

使用价值是先决条件，开发的产品一定要能满足用户的某一项需求，否则产品就没有任何商业价值。产品经理要善用发散思维去扩展使用价值概念。

一定时期指我们在界定目标用户的时候有一个框架。这个框架以用户的年龄、收入、职业、家庭、社会关系、行为习惯等作为分析维度，所以这个框架有时间特性。比如做游戏开发的公司，主要用户群体一定不是跳广场舞的大妈。用户一定会随着年龄的增加、工作、家庭等各种因素变化慢慢跳出用户框架。

经济承受力指任何一款产品，满足用户使用价值是先决条件，但经济承受因素也是我们要考虑的。在全网免费盛行时代，对于收费变现需要隐藏得很深，做到润物细无声。用一个基本功能点去吸引用户，让用户感受到真实的性价比，让用户觉得进一步花钱消费是值得的。

最后谈一下刚需，它是指"目标客户"的真实性、迫切性和无可替代性的需求。有不可替代的单一利益点，才能降低目标顾客的选择成本，这就需要在设计产品时，产品经理必须切实掌握消费者对需求的理解。他们的真实性、迫切性和无可替代性的需求是怎样的。很多时候消费者想法往往和我们有很大不同，类似这样的不一致问题在以后项目中大家会经常遇到。

刚需或痛点会不断地被自己或者周围人提及，当大家都在说刚需的时候，怎么能快速鉴别是真的刚需还是伪需求，需要我们不停地磨炼自己，方法无外乎多做用户调研、竞品分析和市场分析，一定要让自己多听、多看、多思考，思考别人成功的地方的同时也要总结那些失败的案例。

4.1.2 心理学家对需求的定义

假如一个人同时缺乏食物、安全、爱和尊重，那么通常对食物的需求最强烈，其他需求则显得不那么重要。此时人的意识几乎全被饥饿所占据，所有能量都被用来获取食物。在这种极端情况下，人行为的全部意义就是吃，只有当人从生理需要的控制下解放出来时，才可能出现更高级的、社会化程度更高的精神层面的需要。

根据马斯洛需求金字塔（见图 4-1），人类需求分为以下五层。

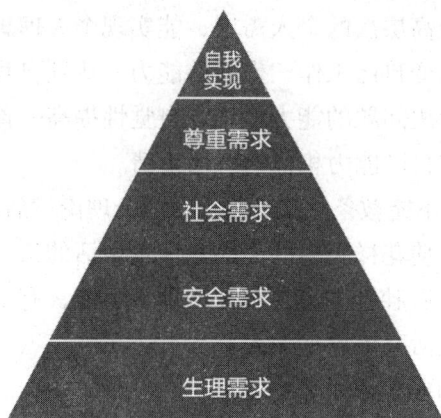

图 4-1 马斯洛需求金字塔

第一层，生理需求。

生理需求得不到满足，人类的生理机能就无法正常运转。换而言之，人类的生命就会因此受到威胁。在这个意义上讲，生理需求是推动人们行动的首要动力。同时生理需求也是创业项目聚集的地方，此类创业产品特点是高频次、低消费、用户基数庞大、技术难度小、实现简单、竞争压力小。典型的 App 产品有大众点评、美团外卖、滴滴等。

第二层，安全需求。

人的感受器官、工作和生活都是在寻求安全，打造让自己安全的环境，甚至可以把科学和哲学家的创造性工作都看成是满足人类安全需求的社会生产活动组成部分。典型的 App 产品有 360、手机安全专家等。

第三层，社会需求。

每个人都希望得到别人的关注、关心和照顾。感情上的需求比生理上的需求更细致，它和一个人的生理特征、经历、教育、宗教信仰等都有关系。典型的 App 产品有微信、QQ、陌陌、探探等。

第四层，尊重需求。

人人都希望自己有稳定的社会地位，个人的能力和成就可以获得社会、周围朋友、同事、亲属的认可。尊重的需求又可以分为内部尊重和外部尊重。内部尊重指一个人希望在各种不同情境中有实力、充满信心，能独立自主，内部尊重就是人的自尊。外部尊重是指一个人希望有地位、有威信，受到别人的尊重、认可、信赖和高度评价。典型的 App 产品有快手等，其点赞、分享功能都可以让用户满足获得尊重的心理诉求。

第五层，自我实现需求。

自我实现需求是最高层次的个人需求，能实现个人理想抱负，发挥个人能力到最大程度，能掌握改变自己工作、生活的能力。达到自我实现境界的人，接受自己也能接受他人，解决问题的能力增强，自觉性提高，善于独立处事，要求不受打扰地独处，完成与自己能力相称的一切事情。

对需求的把握，决不能教条主义，即学了一个理论然后就觉得自己一通百通。在当今社会，经济繁荣使花样繁多的商品充斥着生活的每一个角落，需求也隐藏在这纷纷扰扰之中，最后胜者一定是有深厚理论沉淀，有丰富生活阅历，有多次失败教训，被工作、生活磨炼出来的人。

那么现阶段同学们要牢记以下关键点。

（1）你在为用户解决什么他们不能解决的问题？

（2）用户在使用你的产品或者服务解决自己痛点的时候，能不能达到极致体验？

（3）你的解决方案能不能一直做到无可替代或者同类最优秀？

（4）解决用户痛点之后，你的产品的可扩展性和正向发展性有多强？

记住这些关键点，然后不停地在工作项目中求证、总结，最后升华成自己的思维方式，这才是正确的一步步认识需求、掌握需求、发现需求的成长之路。

4.1.3 从兴趣到需求产生的过程逻辑

需求可以分为刚需和一般需求，随着它产生的过程用户心理是如何变化的呢？

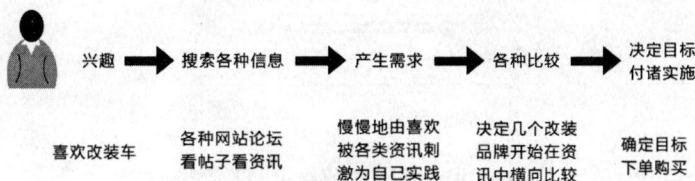

图 4-2 一般需求的产生过程

如图 4-2 所示，生活中很多需求都是通过兴趣产生的。人们先由一个兴趣点开始，继而不断地通过媒体资讯或者论坛帖子关注收集这方面的信息。随着知识的积累，慢慢地也刺激自己越来越想要去尝试。最后开始选择产品并不断地对比各种产品的性价比，最终购买一款自己认为适合的产品。

案例 兴趣转化为真实需求

小张喜欢车，没事就登陆各种汽车网站的论坛。自从小张买了一辆车之后，更是每天刷帖子。没有明确的目的，从脚垫看到手机架，从车膜看到隐形车衣，就是想看看大家都是怎么装饰自己的爱车的。某日看到论坛里大家都在买某一个品牌的脚垫，评论都说 4S 店送的脚垫是劣质品，有污染。小张想，怪不得自己头晕，进到车里总是闻到胶水味，原来是 4S 店送的脚垫有问题。

他开始有意识地关注这方面的帖子，留意什么脚垫质量好，性价比最高。通过不断地对比，他的目标渐渐清晰，锁定了品牌和店。最后小张开着自己的爱车到选定好的店里去给自己的爱车换了一套优质的脚垫。

生活中除了刚需，更需要我们通过社群环境刺激将用户兴趣转化为刚需，这是我们产品经理在构建产品架构的时候要考虑的问题。我们把用户沉淀在自己的平台，除了要更好地为用户提供服务外，还要更好地跟踪用户需求迭代自己的产品，更好地做拉新扩散，不断地刺激用户产生新的需求。

4.2 利用内容挖掘用户新需求

图 4-3 是某公司为某某超市设计的微信小程序首页。简单介绍一下项目背景，这家公司为某某超市做 SaaS.ERP 软件服务时沉淀了大量的 C 端用户，对于互联网公司，如果不将其利用起来就相当于浪费了资源，并且如果能有效地针对沉淀的 C 端用户做深入的需求挖掘，再反馈给超市，也会大大增加公司的竞争力，因此这是一件对大家都有益的事情。

图 4-3　某新零售微信小程序首页

但应该怎么利用这些 C 端用户呢?

首先面临的棘手问题是，用户群体结构复杂，无论是年龄还是职业或者收入都有明显的差别，20 岁的小伙子和 60 岁的大妈、公务员或国企职工和一般打工者、市民和周边农民，他们的需求肯定都不一样，该从哪一个用户群体入手盘活这些资源呢? 另一个需要思考的问题是，传统超市用户在交易场景中并没有使用手机的习惯，因此习惯的培养是一个问题。怎么能让他们在进入超市、核算付款的时候习惯使用手机? 因为我们最终需要在线上平台中去完成需求的深入挖掘和刺激。

我们常讲，你不可能开发一个适应所有人、满足所有人需求的产品，这样的产品几乎不存在。目前所有互联网产品都锁定一个群体作为主要服务对象去做产品开发，而后再逐渐向外扩张用户群体的范围。但是新扩展的用户与老用户群体之间也是有一定关联的，并非突然把一个全新的用户群体纳入原有的产品服务体系中。

面对这些问题，正常工作逻辑是首先做一下细分用户群体建模的工作，把用户给拆分出来，然后梳理超市的用户流量数据，最后结合对用户的调研和超市的客流数据，锁定一个细分用户群体作为主攻方向。

但是现实中往往老板一句"没时间做用户调研"就把规划给打乱了，这个情况产品经理在工作场景中经常会遇到。很多事情并不能按部就班地去做，需要随机应变。若用户调研这条路不通，又该如何去拆分用户群体呢？这个时候如果懂得用户心理学就比较容易解决这个问题了。

根据内容信息流进行操作也是拆分用户的一个有效方法。下一节我们讲一下如何运用心理学知识，用信息流把复杂用户群体按照需求的权重不同给拆分并归类，然后进行精准的需求挖掘。

4.2.1　从人接收信息流的心理递进逻辑设计产品拆分架构

图 4-4 揭示了人对信息的接受最快捷的方式首推图形信息，而后才是短尾文字，最后是长尾文字，知道这个原理，产品逻辑就好设计了。

图 4-4　人类接受信息的心理递进逻辑

假如放一张女孩脸上长满了痘痘和去掉了痘痘的对比照，那用户可以通过图片传递的信息，快速地解读出来这是关于美容和祛痘的内容。如果看到这张图片的用户皮肤很好，那他们能瞬间判断出这篇文章对自己没有用。如果这个用户脸上正在长痘，那么用户会根据自身情况或点击进去看文章，或收藏文章。

如果图片再配合标题，那这个拆分需求的精准程度将会更高。我们就可以通过锁定用户的行为，对用户进行"有需求"和"没有需求"的第一级拆分。

有了第一级拆分后，继续在"有需求"的用户群体中把现实刚需和一般性需求用户给拆分出来。比如现在脸上正在长痘痘的女孩，她的行为动作是点击进去看文章，我们可以通过用户心理学去定义出"点击阅读"这个动作表明这个用户群体的需求是刚需。而收藏文章的用户，她们心里所想的是：这篇文章对我有用，但不是现在。基于心理学，我们也可以判断收藏文章的用户群体为一般需求用户。

经过两级拆分，用户群体就按照没需求、有需求和刚需、一般需求，被内容给细分归类出来，最后可以对不同群体进行精准需求挖掘。

如图 4-5 所示为用户的拆分逻辑。

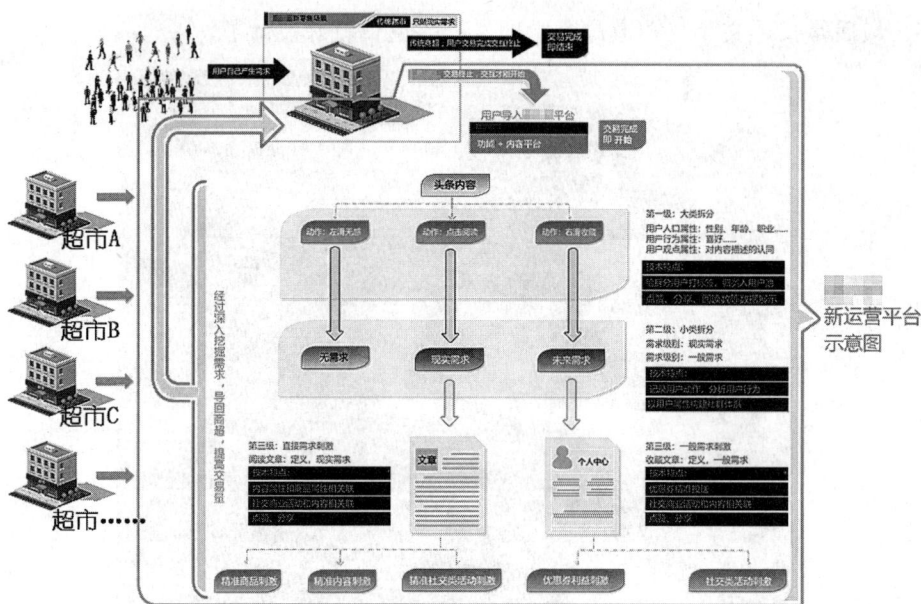

图 4-5　用内容信息流拆分用户群体逻辑

4.2.2　产品功能和交互设计

理解理论逻辑就容易去做功能模块的规划。在这个案例中我们规划出一个功能模块"头条"，如图 4-6 所示，进而设计这个功能模块的交互动作。

第一级拆分，有需求和无需求两大类用户群体。

交互动作：左滑→翻页文章→无需求

第二级拆分，在有需求的用户中细分出刚需和一般需求两类用户。

交互动作：点击→阅读文章→刚需

交互动作：右滑→收藏文章→一般需求

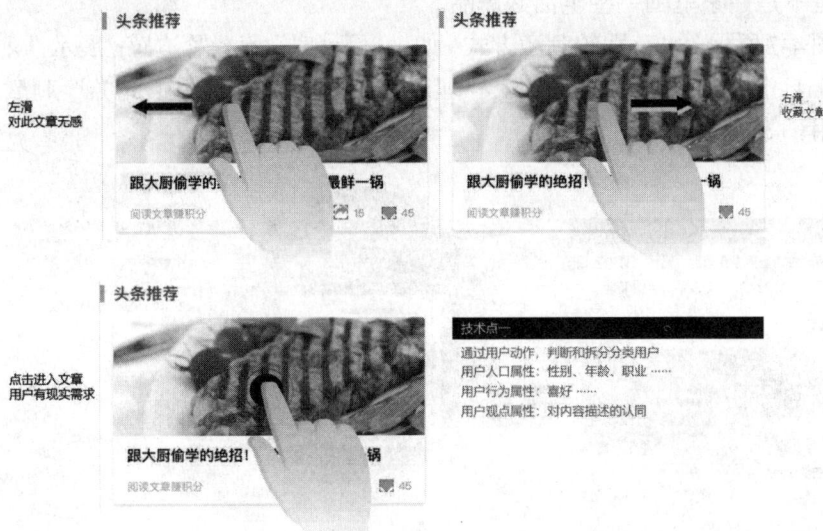

图 4-6 信息流拆分逻辑的交互设计

注意一点，以上操作是按照需求的维度拆分用户，这个目标也是产品设定的第一阶段目标。未来随着用户使用习惯的养成和产品迭代发展，仅仅依靠单一需求维度并不能很好地做到精准挖掘需求，因此我们要理解，第一阶段目标是根据当下用户没有养成使用手机的习惯以及用户群体复杂而不容易定位的现实情况所制定的。

未来我们在数据沉淀的基础上细分用户将要做到更加精准，推送和需求挖掘将更加有效，同时也可以根据某一特定细分用户群体打通购物场景下的社交。任何产品只有打通社交，把平台内的用户由陌生人关系变成熟人关系，才能为提高互联网产品的黏性和频次打下良好基础。

4.2.3　用户拆分后的精准需求挖掘

1. 用户一般需求情况下的需求再挖掘

用户右滑收藏文章是用户觉得这篇文章有用但不迫切需要的情形，用户先收藏以备不时之需。所以一般需求一定会和用户生活的某个场景关联在一起。

考虑到产品终极目标是把平台上的用户通过需求刺激再次带回超市进行购物消费，所以针对一般需求我们就不能做精准的产品刺激，因为用户此时的需求并不是最迫切的。这时最佳的刺激方式就是"让利"，在一般需求产品设计上可以弹出"优惠券"，比如"满 100 元减 10 元"，要给定时间限制，如"领取优惠券

24 小时内要消费"，那么用户看到折扣如此之大，就会赶紧领券，然后盘算着下班后是不是往家里囤一些生活必需品。

如图 4-7 所示，也有别的刺激方式，如："倒计时"营造紧迫感；展示"×××人领券"打消用户疑虑，激发从众心理；展示"×××人用了此券"刺激用户赶紧使用；等等。

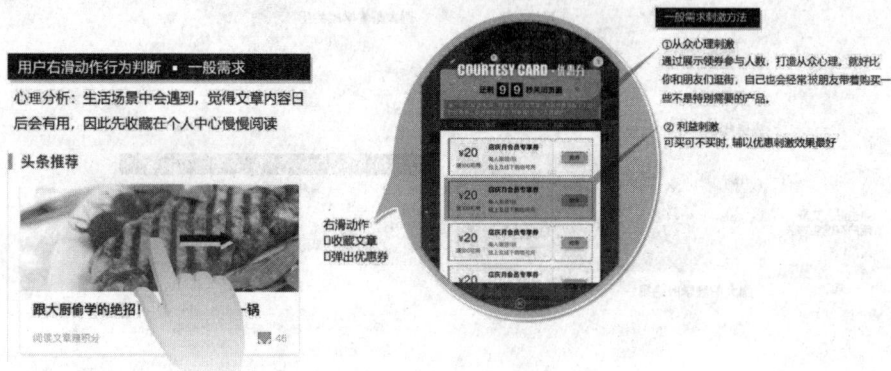

图 4-7　一般需求下的需求深入挖掘

2. 用户刚需情况下的需求挖掘

用户点击观看文章，基于用户心理学，说明这篇文字内容刚好切中了用户的痛点，这个时候一定要推荐和内容关联紧密的商品，那么用户就会因为文章强烈的代入感而产生购买并使用文章所描述的商品的行为。

需求刺激成败，在于你对自己所面对的用户了解的程度。了解越深，你的产品架构越能抓住人心，如果仅仅流于表面地对自己的用户做一些浅显了解，那么你会发现做的很多功能架构用户并不"感冒"，也不买账，要有钻研精神。

古人讲"知己知彼，百战不殆"，所谓知己就是指先深入了解自己掌握什么资源，拥有什么优势，能做什么事情。所谓知彼就是指对你的对手做一次深入的了解，剖析他们的优点和弱点，一定要在动手之前想好怎么做。

以上我们用一个实际案例去讲解需求深入挖掘。注意每一种商业形态都不尽相同，大家在学习过程中应注重理解原理，切忌生搬硬套表面逻辑。

4.3　消费者购买心理决策

消费者购买心理决策是指消费者在内、外部各种因素的刺激下，产生一系列心理活动并最终做出购买决策和行为。

内部因素包括：

（1）产品本身：功能、性能、外观、质量等。

（2）商家及其营销刺激：品牌信誉、价格折扣、饥饿营销、粉丝营销、促销等。

（3）消费者个人情况变化：生病、结婚、生子等。

（4）社会文化：流行趋势、节日送礼、社会热点等。

（5）自然环境变化：冷、热等。

如图4-8所示，消费者购买决策步骤为：外部刺激→心理活动→购买行为，而"双十一"的成功就在于商家的刺激。

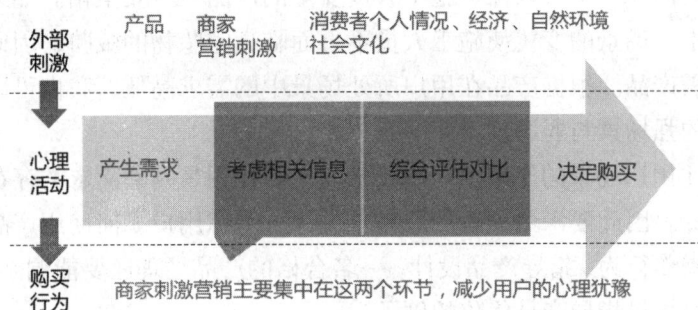

外部刺激

产品　商家　　消费者个人情况、经济、自然环境
　　　营销刺激　社会文化

心理活动

产生需求　考虑相关信息　综合评估对比　决定购买

购买行为

商家刺激营销主要集中在这两个环节，减少用户的心理犹豫

图 4-8　商家营销刺激模型

减少用户心理犹豫的方法就是营造"稀缺"的紧张氛围，在页面上展示已售完的热门产品，激发用户的遗憾心理，导致用户看到另一件即将售罄的产品时会倾向迅速购买。比如唯品会设置用户添加进购物车的商品20分钟不买就被清空的操作，这和别的电商不太一样，就是要人为提高用户选择商品的时间成本。放置在购物车的商品本身可以看作是用户强烈需求，就算没被马上买走，也是用户经过思考觉得对该商品有很大需求的，所以设定在一定时间段内用户不买就清空的操作会增加用户焦虑感，在此基础上，还可以适当利用用户的"心理账户"，减少"舍不得"。例如，同样是支出1 000元，比起为自己买衣服，送给准备举办婚礼的朋友时我们犹豫得更少。也就是说，在进行人情或情感维系支出时，"舍不得"的心理会减弱，因此可以引导用户将产品与服务赠予他人。

另一个小技巧是巧用"捆绑"。这一技巧的核心就是凑单获得更大优惠，运用利益刺激，快速阻断用户逻辑思考，使用户直接进入消费决策中。例如，搭配购买，买相机搭配买相机包，如单买相机包很贵，对比搭配让利会让用户觉得包很便宜；打包销售，适用于消耗型日用品，批量购买优惠更多；折扣拆分，如买东西打折，分享购买商品则再次打折。

除此以外还需要考虑定价策略。比如"一件 20 元，两件 38 元"感觉降价不足，缺少诚意，并且在表述中代表钱的数字不断增大，也会让用户觉得贵。如果定价为 34 元一件，"满 68 减 30"，实际两件也是 38 元，但是前大后小的数字表达，会让用户感觉优惠力度大。实操中可以根据实际情况选择展示折扣或折后价。

用户场景也是必须考虑的部分。用户场景要素包括时间、地点、环境、特定用户类型、用户需求、用户满足需求的方式等。用户场景和用户需求是相互联系的。举个例子，需求是"安全帽"。以下是场景描述。

在建筑工地，由于存在高空坠物的可能性，施工人员便有了人身安全防护的需求，此时就需要一个可以保护施工人员安全的产品——安全帽。如果施工人员下班回到家中，场景的变化使施工人员不再面临高空坠物的威胁，因此安全帽也不再成为必需产品。根据产品在用户所处场景中的需求高低，我们可以将用户场景分为需求的强场景与弱场景。

注意关注用户场景的作用。用户场景的主要作用是判断需求的存在必要性和明确用户目标。因此要深刻理解产品需求，深入考虑用户如何使用产品。可以通过观察用户操作行为，指导产品设计。一名合格的产品经理还要能洞察用户心理。

举个用户场景指导产品优化的例子。

如 ×× 词霸。

原场景：
手机浏览软件 A 遇到不认识的单词 → 在 A 复制单词 → 打开 B 翻译软件 → 在 B 软件中粘贴单词进行翻译

优化场景：
手机浏览软件 A 遇到不认识的单词 → 在 A 复制单词 → ×× 词霸弹出"是否翻译单词？"

微博频繁下拉。

频繁刷新微博 → 弹出"刷不出微博了？快去热门微博拯救你吧！" → 点击之后进入"发现热门微博"。

这个功能是基于用户无聊的时候频繁刷微博，想看更多新内容的需求。微博的产品经理发现用户有这样的需求之后，不但帮助用户实现需求，还推广了产品的其他功能内容，会让用户觉得产品很人性化。

最后要注意有关用户评分的部分。用户评分最佳使用场景应该是：很好地享受了产品使用价值后获得了满足感，这个时候弹出评分评论，用户会乐意去参与。试想一下用户正在着急找不到路，打开了地图 App，可是 App 却首先弹出了"给我评分吧"，用户一定会不耐烦地关掉，甚至一怒之下卸载。

在产品设计中应该多加考虑用户的使用场景。比如地图 App 定位的例子，一般用户都希望在当前的位置显示当前的信息。所以我们可以直接把位置定位在用户所在的区域，而不用弹出一个对话框"您目前的位置在北京，是否切换"，因为 90% 以上的用户使用地图时，都是基于所在地的位置需求，少数需要浏览异地地图的用户可以引导他去左上角点击切换位置。

下表所示为优秀的产品与及格的产品的区别。

及格的产品	优秀的产品
能把流程想完整，把该有的元素放上去	流程极致简便且完整
有耐心的用户一步步坚持可以完成任务	不管什么用户，都可简单完成任务
在思考产品方案时会考虑用户完成任务	在思考产品方案时会考虑用户如何愉悦完成任务

4.4 需求理论学习必须和深入社会及用户群体中体验相结合

所谓需求的理论无论多么完善，如果脱离实际没有生活积淀，最终也仅仅是纸上谈兵，对你的生意、项目、工作没有一点儿作用。唯有深入社会中亲身体验、深入到用户群体中切实感受，了解他们的焦虑，了解他们的渴求，只有感同身受地经历过，才能真正理解他们的诉求，才能设计出解决问题的产品或服务。

无论你是产品经理还是老板，无论你工作多少年、多么有经验，深入到用户群体中是你永远不能忽略的事情。与其坐在办公室冥思苦想或和团队成员拍脑袋胡乱做项目规划，不如踏踏实实深入用户，和他们交流，倾听他们诉说。这样的信息才是最真实最有价值的。

第 5 章

用户心理学

5.1　聪明但不受控制的"潜意识"

是什么让用户"点击""分享"或"点赞"？几乎所有网站都是基于某种商业目的建立的。电子商务网站希望我们选择并且购买商品，非营利网站希望我们参与公益活动，靠广告收益的网站希望我们访问并且点击广告，想通过出售网站本身获利的网站希望获取很多的注册用户。

为了让用户点击，最好的诱导并非四平八稳的陈述。设计流程逻辑能否帮助用户快速达到需求，是设计平台好坏的一个重要指标。现在互联网用户明显存在冲动型、偶发型和从众型行为，很多网络行为本身就是无意识的。

因此要谨记两条：

第一，用户逻辑思维介入越深，交易的成功率越低。

第二，用户选择越多，达成交易成功性越小。

在整个流程逻辑设计中，要设法阻断用户的逻辑思维的觉醒和接入，让感性战胜理智，达到冲动决策的目的。

5.2　不同维度拆解心理学在项目中的应用

5.2.1　归属感和社会认同

大多数人认为自己是独立思考者，然而事实上适应和归属的需求在人性中根深蒂固。人们希望适应并且融入大众，这意愿如此强烈，以至于人们一旦处于社会群体中，首先会去观察他人以决定自己如何行事。

《无动于衷的旁观者，他们为什么不帮忙》这本书记录了一个试验：让人在街道上假装"癫痫发作"看是否有人来帮忙。试验涉及不同数量的旁观者。当仅有一名旁观者的时候，这名旁观者有 85% 的概率会选择帮忙。但是当有 5 ～ 8 名旁观者的时候，只有 31% 的人会选择帮忙。这个试验得出的结论是，当特定环境中有其他人时，多数人倾向先观察其他人的行为再决定自己的行为，这时候经常没有人采取行动，如图 5-1 所示。

想象一下为了买一台性价比高的电视机，你站在大型超市的电视机展台前，花一天时间咨询了几十个人，别人的意见使你最终决定买哪一个品牌的电视机。例子听起来很荒唐不实际，但在互联网时代就是真实发生的事。当人们确定购买目标后，往往会在网上用一天甚至几天时间不断浏览商品和评论、评分。网上其他用户的反馈更加方便地让你知道别人的意见。互联网可以让人们方便地阅读陌生人的评论，并且这些评论会影响我们是否购买、买什么以及何时购买。

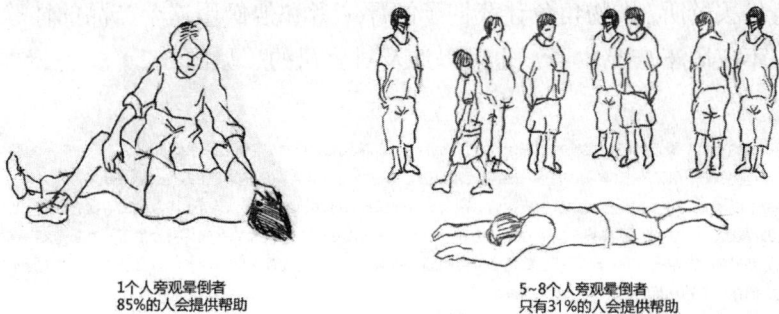

1个人旁观晕倒者
85%的人会提供帮助

5~8个人旁观晕倒者
只有31%的人会提供帮助

图 5-1　情景试验

这些评论来自哪里，评论者的喜好、性格都不重要，重要的是我们看到了评论并且我们还相信了这些评论。如果我们看到一个满分 5 分的商品只有 1 星的评价，基本不会仔细看它。这就是社会认同在发挥作用。

网上的评论和评价相当于你在实体店听到别人对某一件商品的议论。如果旁边的人在吐槽这个商品，那么你八成已经感觉这个商品不好了。如果某一个商品围了一堆人都说好，那么你肯定也已被感染了。

电商网站如果在产品展现第一页没有"评价条数""星级"等能打造社会认同的元素，而需要点击进入才能看到，那么该产品就错过了最好的展示方式。评价维度越丰富，评价人的性格特点越像浏览者，评价人数越多，社会认同的影响就越强。还要注意在构建产品逻辑时，层级越多意味着用户跳出节点越多，意味着跳出率越高、用户留存越少。因此极致简单的逻辑层级是我们设计产品时所追寻的标准。

网站推荐产品同样有很好的促进作用。曾有实验调查推荐是否会影响用户的购买情况，选择了相机和旅游两款产品。当推荐特定商品的时候，该商品的销量会比没有被推荐的商品多 20%。如果推荐的是旅游目的地，该目的地被选择的次数会比没有被推荐的目的地多 10%。如果附上推荐目的地的照片，那么该目的地被选择的次数会增加 20%。

我们无意识地做了决定之后，哪些元素会让我们觉得自己做的决定是理智的？

"数据""表格""图形""统计"能产生一种效果：让我们告诉自己，自己的选择是明智的。所以在向投资人汇报项目的时候，这些元素都是促使投资人愿意投资的决定性元素。

评论的最佳传达和被人接受的方式是故事描述。要学会给用户讲故事，比起生硬地宣讲这个产品有多好，讲故事的方式用户接受程度更高。最强有力的评论是包含叙述和故事情节的。故事情节的代入感、场景感会快速地让浏览者以故事主角的身份去聆听。人物角色让我们了解评论者和他们用这个产品的体验或原因。评论可以不仅限于产品本身，也可以涉及对公司的（见图5-2）。

★★★★★

国庆节假期购买的相机，最近才带出去旅游，所以现在才来评价，不得不说a7r2的成像超出了我的预想。

之前使用的是佳能60D，用了将近6年就决定买一台全画幅机器，也有考虑过5D4，但是觉得不方便旅行带所以购入本台机

器。总的来说，画质确实可以和全画幅旗舰单反比肩，晚上拍摄夜景有五轴防抖的加成，手持也可以拍出不错的画质，ISO打得较高

在防抖和机器降噪之后，噪点也不算很多。4000w的像素的相片，在放大裁切中有很大的优势。视频拍摄一直都是a系列的强项，也

就没有什么好多说的了。唯一我认为不习惯的就是操控性问题，感觉比单反还是要差一些，调参没那么便捷，还有电池续航稍微比

单反差一些，但是一天用标配的两块电池也是足够的了。

下面几张图就是上周末旅行的时候拍的，图四是同学抓拍的楼主本人。

a7RM2系列 【热销】24-70mm蔡司套装   2017-10-30 16:06   举报   👍 40   💬 27

[购买24天后追评]

补图，之前评价的图审核没过，那就多晒几张图吧

图 5-2　讲故事

评论的被信任层级大致可分为以下几种。

第一级，受众认识的人的故事最能影响受众，但是基本不会在网上遇见，没有可操作性。

第二级，如果不认识，但描述的角色、人名、公司名等属性和受众的属性相仿，来让受众从自身角度想象对方，这样的故事同样有用。

第三级，影响再小一点的是受众不认识对方且无从想象，这样的故事也能增加一定的信任感。

第四级，影响最小的是受众不认识对方且无从想象，并且只有评分。

我们要明白用户在看什么。社会认同不仅影响我们的购买决策，也会影响用户在网上的其他行为。比如我们在看一段评论人气很高的视频，不仅有评分，还有用户为视频所做的评价（见图5-3）。

展示有多少用户在网站上有特定的行为是很有说服力的。图5-4所示例子展现了观看特定内容的用户数量，以及展示其

人气：800+　星级：🖤🖤🖤🖤　｜　评论1221+

图 5-3　人气和评论能有效提升观看量

他用户都在做什么。

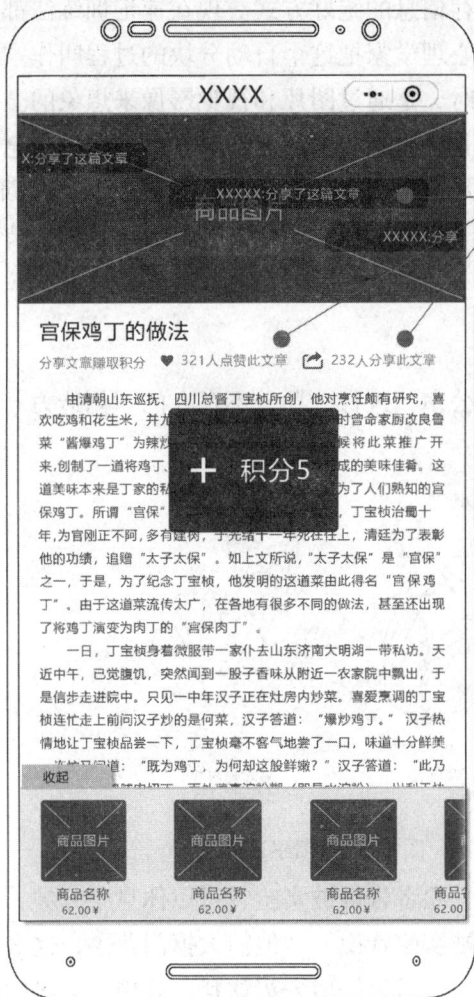

图 5-4　观看人数能产生从众效应

当我们直观地看到他人对商品的使用评价或对浏览内容做出的操作时，我们也会或多或少地受其影响，可能会基于从众心理做出相似的行为。如果"他人"和自己属于同一个社群圈子则效果更强。归属感对我们吸引力很大。

假如你的目标用户是公司白领，那在实操中就应该放公司白领的照片，这就等于提醒用户"这些人很像我，我应该做他们正在做的事情"。还有一种是放置目标用户希望成为的角色的照片，这是在提示用户"他们很有吸引力"，他们做了什么我也应该这样去做。

如果你想得到听众的注意，那么讲故事吧。在做研讨会或者演讲的时候用"我来给大家讲一个故事"或"从前"这两句短语开头，总会使人瞪大眼睛全神贯注起来。故事是处理信息和储存信息的绝好方式。现在速记训练法都是把听到的信息用故事场景做快速记忆。心理学家把这个自动分块的过程叫作"事件结构化理解"。当我们想象一个故事时，是通过图片和视觉影像来想象的。大脑的可视化部分占据了它一半的能力，其中新脑的大部分都是在处理视觉信息，我们的视觉记忆比其他记忆深刻也就不足为奇，这叫"图片优势效应"。所以最好的方式是，多用"你"这个词去抓用户。多使用相似照片并撰写故事，用情节描述去吸引用户感同身受。

5.2.2　负债感和稀缺感

场景：在一间很热的办公室，进行一场并不存在的"创造力"调查报告（见图 5-5）。

实验者　　　　被实验者

图 5-5　负债感试验

实验进行了一段时间，实验者告诉被实验者可以休息十分钟。然后实验者出去买了两瓶汽水回来，告诉被实验者说："他们太抠门儿了，这么热的办公室，出去倒水，饮水机竟然坏了。所以只好出去买饮料。我想这么热的办公室你也很渴吧，所以也买了瓶给你。"然后接着进行并不存在的实验直到实验结束。结束后实验者说："我经营一家买彩票的网站，你愿意在我的网站买张彩票吗？"（一张彩票最低 10 元，饮料的价值是 3 元）被实验者这时有 85% 以上会不假思索地答应。

我们认为报答别人的帮忙或者互换礼物是出于爱，但大多数其实是由于负债感。如果你收到别人的礼物或者被人帮助，就会刺激你产生负债感，你会希望通过自己的礼物或者帮助回报给别人。也许你认为是友善待人，但主要是为了消除自己心里的负债感。这在很大程度上是一种无意识的行为，而且会非常强烈。心理学上称之为"互惠"。

负债感对人类的生存有益。如果一个人给他人提供住所和食物会触发接受者的负债感。其实赠予者无意识地也在期待，如果未来自己有需要了，也会获得别人的帮助。这种互惠心理鼓励群体中的个体之间互相帮助，这样的帮助使得群体发展壮大。

互惠不代表我们送出的礼物或帮助会立刻得到回赠，而是指我们送出去的礼物会激发对方的负债感，使他们下意识地想通过回赠或者帮助来避免这种负债感。这种感觉是挥之不去的，并且人们通常会回赠比自己得到的礼物或帮助更大价值的东西，否则负债感依旧会萦绕在他们心头。

实验表明，被试者买彩票的概率是实验者不给被试者买汽水的 2 倍。尽管彩票的价值要高于一瓶汽水，因为被试者接受了实验者的礼物，激发了负债感，被试者想要通过更高价值的回赠消除这种负债感。

在日常生活中接受别人说"不"其实也是一种赠予。假如参加一场慈善捐赠会。当主持人说"为了社区的健身事业每个人捐赠 100 元"的时候很多与会者都表达了反对，因为觉得 100 元太多了。与会者和主办方进行了交涉，主办方把捐赠数降到了 30 元。结果人们选择捐赠 30 元的比例大大增加。因为主办方的让步会让与会者产生一种"负债感"。与会者会考虑：我本身就是来参加慈善捐赠的，但是由于金额高出预期所以我拒绝，但是主办方通情达理接受了我的意见，因此我应该捐赠，要不然自己会觉得不好意思。

这在谈判中叫"让步技巧"。当你对对方说"不"并且对方接受了，相当于对方赠送了你一份礼物，而你会因为产生负债感而想要给予回报。这个技巧在于对方开始时用一个比较高的数额让你拒绝，而后同意你的"不"，达到我"赠予你"的心理效果，最后再用一个缩减了的方案消除你的"负债感"。

让步也可以构建承诺。如果你在街上被问是否愿意做一天"义务监护员"带领小朋友去游乐园玩一天，仅有 17% 的人会同意。如果一开始问题变成"你是否愿意，每周做两小时的小朋友顾问并持续两年"，那么几乎每个人都会拒绝，此时再提出第一个问题，50% 的人会同意做一天"义务监护员"，这就是让步的作用。经过让步使被试者有更大的概率愿意承诺。

但要注意操作"让步技巧"的时候，开始的条件要合理，如果太离奇，第二步就不会起作用。在现实案例中网站上的免运费就是一种让步技巧。

网站上的赠送有技巧，免费的礼物是很有用的，如果网站无条件为用户提供免费礼物或者服务就会触发互惠。比如卖吉他网站免费提供"吉他教学"，培训网站免费提供"试听课程"。这时候用户还没有购买行为，但用户通过获得免费教学材料或者上了免费课程会大大地增加用户在网站消费的概率。即使没有马上决定购买，以后如果用户有需求，也会优先考虑你的网站。这种免费的方式也能提高用户贡献自己信息的概率，比如填写表格。

推荐有价值的相关联商品也会被看作有用的信息，展示同类型产品也会被看作是有用的信息或者礼物（见图5-6）。

图5-6　推荐相关信息也会被看作有用的信息

无条件的给予非常有效，同时要求回报也同样奏效——尤其是当你提供给用户的信息是他们确实需要的有价值信息时（见图5-7）。

下面我们谈谈"稀缺感"。用这个战术最多的企业就是小米和苹果。想想那些需要预约才能买到的小米产品和需要彻夜排队才能拿到手的苹果产品，你就明白为什么他们喜欢用人为造成的"稀缺感"来提升自己的产品影响力。

人们总是觉得稀缺的东西一定更有价值，我们更倾向于拥有那些难以获得的东西。电商网站往往人为地用名额、数量或时间营造稀缺感，勾起用户的购买欲望，促使用户尽快下单。比如："限时优惠！倒计时3分钟"；某旅行团购网站会在名额上做手脚，往往显示"仅剩6个名额！报名从速"；赠品是有限额的，先买先得送完为止。

在单位时间段内开放少数人的注册权限，也会提高用户在网站上的注册率。如果某商品或服务是免费的，且所有人都知道、都可以得到，那么这样的商品价值感就很小。如果提高用户感受到的获得商品的价值感，那他们会更愿意去获得，同时也更愿意帮助你扩散和传播。因为在帮助你扩散的同时可以彰显自己的价值："这是稀缺的，只有很少部分人有，我就是这个少部分中的一员。"

所以适当地让用户付费获得信息或者因为自身的工作获得信息，适当地增加用户获取信息的难度，会让人觉得自己所获得的信息价值更大。适当地封杀用户，让用户觉得一件东西很不容易得到，那么用户会更加想要。就像某电动汽车第二代产品发放邀请码，有老用户邀请码才有资格购买。

一分钱一分货，我们无意识地追求贵的东西，无意识地把贵的东西和质量好联系在一起。所以电商在做战术打法的时候，免费和适当提高价格战略结合在一起做才能得到事半功倍的效果。免费的打法获取大面积用户，再设置一定门槛让用户觉得有价值，提高交易率。适当找个合适的理由拉高产品价格，让用户觉得你贵是因为你好。

图 5-7　免费课满足用户下载 App 的最初核心目标

5.2.3 太多选择用户就会不选择

如果只有几个选择，我们会希望选择越多越好。但研究表明，选择的增加对促进用户做出决策的效果并不像我们想象得那么好。太多的选择只会让用户驻足不前，最终不做任何选择。研究发现过多选择使人们变得更保守，太多选择会刺激用户的逻辑思维，用户会认为仓促选择可能会错失更好的商品。这种情况下人们可能采取一种简化策略：要么随便选一种，要么什么都不选。

品尝果酱实验发现，如果让消费者在品尝 6 种还是 24 种果酱中挑选一种，人们都愿意选择更多的品尝机会。可是真正决定购买的时候，在 6 种果酱中做出购买决定的是在 24 种果酱中做出购买决定的 10 倍。

实验是在加州斯坦福大学附近的一个超市中进行的。工作人员在超市里设置了两个试吃摊位，一个有 6 种口味的果酱，另一个有 24 种口味的果酱。结果显示，有 24 种口味的摊位吸引的顾客较多，242 位经过的客人中 60% 会停下来试吃，而 260 位经过 6 种口味的摊位的客人中停下来试吃的只有 40%。不过最终的结果却出乎人们的意料，6 种口味的摊位前停下的顾客中有 30% 的人至少买了一瓶果酱，而在有 24 种口味的摊位前停下试吃者中只有 3% 的人购买了果酱。得出的结论我们可以很好地应用在线下的推广活动中：

吸引人流→尽可能展示多种多样的商品供大家免费试用。

达成交易→告诉大家这么多商品中，只有几种是可以购买的，打破消费者面临过多选择的心理障碍，提高交易率。

5.2.4 我们内心的人物角色如何形成以及如何与用户建立承诺

心理人物角色指人在生产生活中不断磨炼和积累的各种经验的归纳和总结。这些经验聚在一起逐渐形成一个特定的人物角色，展示出来就是我们在日常生活中所扮演的不同社会角色。

心理人物角色在做决定的时候很重要，原因是我们努力让自己的决策前后一致。换句话说，我们会因为需要让自己的内心人物角色前后一致而做一些决定。这就意味着一个"自我人物角色"被激活后，他的行为也比较容易预测。因为一旦我们用自己内心某一个人物角色做出了决定，我们就会试图在后续的决策中与这个人物角色保持一致。即后续会更倾向于做出符合这个人物角色的决定或者行为。

在实际工作中我们要谨记，任何一个用户在初次用我们网站或 App 的时候，他的心里还没有所谓的人物角色，用户内心此时是空白的，这是最关键的时期。

从用户接触你的网站的一刹那起，我们对用户的心理刺激就开始了。如果这个刺激和塑造是正向的，那随着用户越来越多次上我们网站或通过 App 使用我们的产品或服务，慢慢在其内心就会形成"我喜欢，我认可，我信任"的人物角色。

一旦我们成功地在用户心里塑造起一个信任的人物角色和我们交流，用户就会在以后的决策中保持这个信任的角色的前后一致性。做到这一步，你所搭建的网站才是一个正向发展的成功网站。

那么我们是否会做出完全不符合自己"人物角色"的行为或者决定呢？在不触及根本利益的时候，是有这种可能性存在的。人物角色会基于环境做出相应调整，这就意味着用户也会适当地调整自己心理的人物角色去适应外部的变化。

基于这个心理人物角色原理，在与用户达成交易的时候我们可以把交易设计成不同的维度。如果先让用户做出一些小的承诺，然后再进行大的交易，承诺就容易达成。因为用户决策往往会无意识地与最初决策时的人物角色保持一致。

在实战中网站怎么操作呢？为了触发用户在网站上的特定行为，网站需要激发会进行这种行为的人物角色。

举个例子，一个人几乎不参加捐款活动，但是喜欢玩益智类小游戏。他的朋友推荐了一个可以玩益智类游戏的网站给他。他每赢一次就会为一个贫困地区捐赠一桶水。他决定试一试自己的游戏水平，最终游戏结束他赢了 50 次，并且得知自己为国家贫困地区捐赠了 50 桶水。通过这种方式激发和塑造了"现在你也是帮助其他人的人了"。此时网站如果再次直接向他提出捐赠的要求，他的参加意愿已经大大增强。

网站拥有者需要增加用户行为的公开性，在网站写下使用商品的评论就是一种承诺的表现，并且公开性更加增强了这种承诺的效果，即用户暗示自己"我是信任这个网站的人""我是购买这个产品的人"，在以后使用网站的过程中，行为会与之前构建的"自我人物角色"保持一致，即"我是信任这个网站的人"。但是切记负面的评论同样杀伤力巨大，因为用户在写负面评论的时候就是在塑造"我讨厌这个网站"的人物角色。

5.2.5　相对于得不到，人们更害怕失去

看下面一个实验：

A：被试者试驾配套齐全的汽车，实验者告知其价格，并询问他们愿意去掉什么配置以降低价格获得汽车。

B：被试者试驾没有任何配套设施的汽车，实验者告诉他们价格以及各种配套设施的价格，最后询问被试者想要增加什么样的配置。

测试结果是情况 A 的被试者更愿意花费更多的钱去添加配置。而 B 组花费就会大大降低，因为 A 组的被试者已经体验了，换句话说就是拥有过了，所以他们不想再失去。

这就是"宜减不宜加"原则。电商网站在展示商品的时候，一般都会默认配置不错的版本，这是运用了害怕失去定律，因为人们往往不愿意体会失去的感觉。

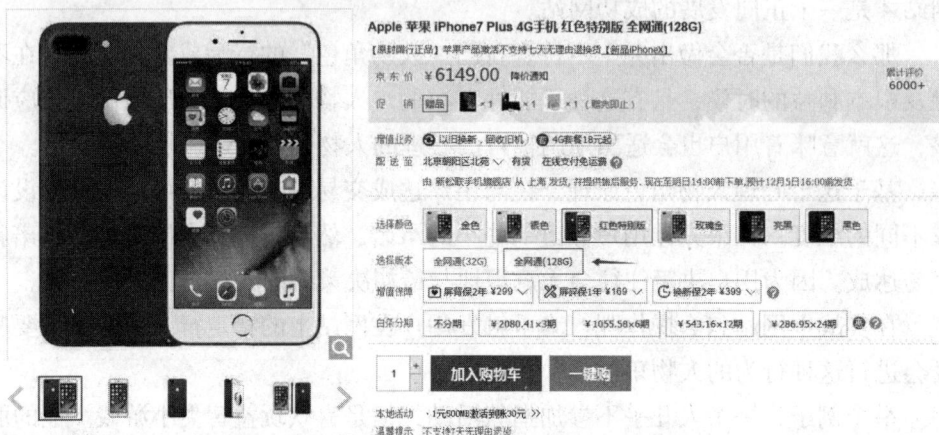

图 5-8　电商总是喜欢默认给你最好的配置
（图片来源：京东截屏）

如果开始就默认低配置低价格，那用户的花钱意愿就没有那么强烈了。为了促使用户花更多的钱，需要在网上展示最好的配置（或者服务），最好是一段视频，因为用户可以看到并感受到。如果随后意识到自己无法购买或者享受到这样的服务，就像是失去了什么。

我们更关注那些可能让我们失去些什么的情况。对失去的恐惧比对成功的渴望更能激励我们。

大脑可以在潜意识中迅速捕捉到导致失去的情况。如果事件与感情关联，我们对事件的反应会更深刻。

5.2.6　社交化

人类是群居动物，无论怎么进化，这个原始属性都会深深扎根在我们的脑海中。所以一个高黏性和高使用频次的网站，在社交化上的架构必然是完整的。在用户因为刚需使用你的网站之后，我们需要进一步通过社交化架构把用户黏在平台上。让用户在你的产品中找到"社会认同感"。

所以如果不懂用户心理学，不会从用户心理深层角度去设计互联网产品架构，那么最终开发出来的产品后续发展就会遇到很大的瓶颈。因为用户才是我们的核心，所有的产品架构、流程、逻辑都是围绕用户开展的。

用户的心理认可级别：

（1）觉得不错→用户登陆网站，能快速达到他们的目的。做好这点考验用户调研的能力、流程逻辑的设计能力。

（2）觉得很好→用户登陆网站，不但能快速达到他们的目的，并且超出他们预期。做好这点考验用户调研和流程逻辑的设计能力以及服务的能力。

（3）觉得离不开→用户登陆网站，不但能快速达到他们的目的，并且超出他们预期，而且能随时解决他们新的问题。做好这点考验用户调研和流程逻辑的设计能力以及服务的能力，还考验社群和价值观重塑的能力。

用户心理学的理论也同样适用于传统行业。当客户第一次进店门，就相当于到了一个网站平台。服务人员的引导就相当于网站的流程和逻辑。店里陈设的商品也必须能让客户快速、准确地看到自己想要的商品。在店里放置的广告，也必须是用户关心和想要看到或者有指引意义的内容。最后你所经营的商店也要有能聚集用户社群的能力，与此同时，能为用户群体塑造一个价值观。用户的目标、行为、社群、观点四个关键维度，同样是传统行业需要探究清楚的。

第 6 章

商业需求文档和
市场需求文档

6.1 商业需求文档

商业需求文档（BRD）将展现你的项目有什么样的商业价值，如何用有力的论据来说服你的老板或者决策者、投资人认可你的项目并为之慷慨投入资金。BRD的核心是清楚描述项目核心商业价值解决了哪些细分用户群体的什么需求。

优秀的商业需求文档可以让决策层充分被报告的观点所吸引，财务主管或许会因为报告呈现的低投入高产出的经济效益预测而蠢蠢欲动。BRD需要产品经理像对待产品需求文档（PRD）一样，应用市场调查、宏观的用户调研以及需求分析等各种手段来充分阐述你所策划的商业活动独特的核心价值。

首先应该把聆听者当作你的用户，了解他们的心理诉求，讲他们想要听的话。

战略型角色一般是企业的老板、CEO（首席执行官）、COO（首席运营官）、直属VP（副总裁）这类人，通常能够决定你负责产品在企业内受到重视的程度，让你的项目畅通无阻。是否将你的项目纳入整个公司的战略体系规划中也由这个层面的人决定。

这一层面的决策者通常眼界都比较开阔，战略眼光高，看得远，抗风险能力强。他们通常注重短期效益，而且也不仅仅关注单一效益，会通盘考虑潜在市场或新兴市场是否有长期投资的价值，未来潜力和风险是什么，等等。

充分掌握以上信息，项目获得审批通过概率就很大了，剩下的就看你对报告细节的把握能力了。强调一下数据、图形、柱状图等元素，会更容易让人们下意识地认为自己是经过深思熟虑做出的决定，以提高项目通过机会。确定报告的大纲，充分论述报告各方面的重点，学会沟通和表达，用最简洁的语言、条理清晰的数据和图形来帮助你陈述整个报告的核心部分。

资本型角色是项目研发经费决定者，自然以CFO（首席财务官）、财务总监之类为主。他们最关心的是你项目的投入产出。

市场型角色一般是提供未来市场营销和商业运营方面的支持人员，通常以市场总监、运营总监之类为主。他们关心有没有成熟的推广渠道以及竞争对手的情况和外部环境如何，有没有营销资源，市场占有情况，市场空间有多大，等等。如果有成熟的渠道，营销工作就容易开展，反之项目难度会大增或根本就无法落实。有没有竞争对手，则要考虑我们是先发还是后发，做互联网产品先发绝对具有优势，如果是后发，还要考虑竞争对手有多强大，同类产品的运营情况，我们有没有跟他们在市场上直接竞争的实力，如果没有，那差异化在哪里，等等。外部环境通常指行业环境、市场环境以及政策环境。对市场占有情况和市场空间的关注是相似的，就是要看市场有多大的"蛋糕"可以吃。

研发型角色指技术主管，他们关心的是技术实现问题。

决策模型告诉你那些具有决策关键位置的人，在听你宣讲的时候重点在哪里，宣讲的时候应该从哪个点入手开始讲起。所以商业需求文档不要过于站在自己的角度写，要充分了解决策层的诉求，在宣讲项目核心价值的时候要能兼顾对决策者关心的问题给予一定程度的解答，等对方提问时根据问题进一步深入回答。注意讲述时详略得当。

最后我们再讲一下做报告的过程。

（1）会议开始的主题陈述。需要给与会领导宏观介绍下产品要做什么，解决什么问题，满足用户什么需求。

（2）为什么你要做、你能做，从自身讲起，再到市场空间、竞争对手和市场环境。

（3）如何一步步实现宏观规划，包括产品规划、研发计划和运营计划。

（4）需要多少资源，包括人力成本、软硬件成本、运营成本。

（5）最终能获得什么收益，从利润层面、用户层面、市场占有层面进行介绍。

（6）自己的风险评估。

6.1.1　商业需求文档的模板架构

1．产品介绍

（1）用一句话清晰定义你的产品，简单明了，切中主题。

（2）简单、明确表达产品有什么创新，解决用户哪些痛点，填补了市场哪些空白或完善了市场哪些方面。

（3）概括你的产品竞争优势。

（4）概括你需要什么样的团队配置。如果已经有团队，讲你的团队为什么能做出来、需要多少时间。

（5）概括你的产品需要多少时间完成收支平衡，多久产生利润。

（6）概括你需要什么样的资源。

2．产品商业模式

概述你的商业模式靠什么挣钱。此处最好绘制商业模式画布。

3．产品市场分析

（1）市场分析文档可以作为附件。

（2）概括宏观行业趋势。

（3）微观细分市场。

（4）切入市场方式以及如何发展。

4．竞争对手分析

（1）这个层面的竞品分析在于宏观层面，如竞争对手背景、资本情况、产品线情况等。

（2）如何切入。

5．团队

（1）如果有团队，详细介绍团队情况以及优势；如果没有，介绍需要什么样的团队配置。

（2）评估出开发周期。

6．产品线路图

（1）功能模块。

（2）时间安排。

7．财务计划

（1）收入来源和渠道。

（2）收支平衡的条件。

6.1.2　树状产品路线图规划方法

产品路线图可以提供一个优化过的产品改进或者新产品项目清单，并且显示每一个项目上线的时间。一个完善的产品路线图可以从两个角度实现：按照公司愿景指明大目标，同时又足够灵活，能适应瞬息万变的市场和用户变化，这是纵向的管理。好的产品路线图是从宏观到微观的整体方案描述。同时我们还需要注意市场上发生了什么，以建立横向的管理。

（1）哪一个想法是自己的团队想出来的？

（2）哪些反馈是客户提出的？

（3）从市场或者新客户群体中学到了什么？

通过纵向和横向的方法才能保证创建出来的路线图既能足够灵活地根据市场情况做出变化，又确保你在朝着愿景方向开发产品并实现对公司很重要的大目标。

我们试着用一棵树去梳理产品路线图和目标。树的主干是产品核心功能，承载着用户的刚需或痛点。这些功能也是完成企业商业目标的核心组成部分。

举个例子，如果我们的目标是在下个月中增加我们的用户，这样的计划并不十分有帮助，因为它无法明确衡量。我们需要给出一个明确的目标，比如将我们的客户数在 2019 年 1 月 31 日前增加 10 000 个。有了这样明确的目标之后，才能确保所有路线图上的项目得到正向实施，保证树状结构上的主干和分支都是为了实现这些目标。

目标 1	下个月用户增加 10 000 人
目标 2	下个季度文章阅读量达到 2 000+

我们可以跟团队、公司内部不同的利益相关者甚至客户一起讨论、绘制这个产品树。把团队集中起来，收集来自销售、运营、开发等的不同意见，然后在白板上画出一棵大树来（见图 6-1）。

树的主干表示核心功能，这是绝对必备的功能，也是项目现有的核心功能。树枝表示可以延伸开、赋予产品更多功能点、赋予用户更多使用价值的内容。而树根则表示开发这棵树所需的硬件设施。

让每个人头脑风暴一下，把想到的一切都写在便利贴上并贴到树上，一起协商这些具体功能或者想法应该怎么发展。其中一些意见可能涉及绝对核心，需要成为树干的核心基础，这些内容就得先开发。而其他的内容就可以放到树枝更远一点的分支上。

作为根基的硬件也很重要，因为这是开发者有发言权的地方。

这样做的好处在于，例如，有个销售说我们要是能够实现客户提出的某项

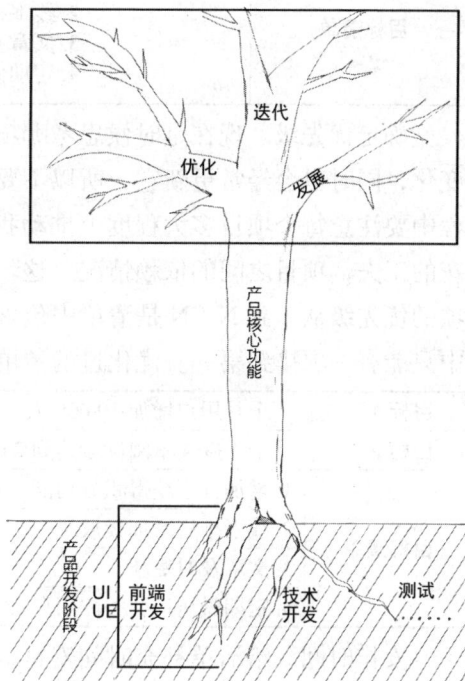

图 6-1　产品树模型

功能就更好了。如果技术开发人员仅仅生硬地拒绝，可能会引起团队成员之间的纷争。如果拿这棵产品树做例子说："如果我们想实现这个功能，就得从根基开始修改，投入大量人力和时间，也要面临改动底层架构导致整个系统稳定性变差的风险。所以这个功能是不是最紧迫的，请销售同事深思熟虑后我们再继续评估。"这样解释可以让不懂技术的同事也明白，一个功能的满足绝不仅仅是提出需求这么简单。

集合集体的智慧得到的就是一张树型的产品规划图，这棵树是不是平衡一目了然。每个人是不是都决定朝着一个特定的方向发展？你的硬件是不是足以支

撑众多新功能需求的实现？这是让大家参与到产品管理中来的一个很好的可视化方法。

产品树画出来后要在清单中列出梳理出来的项目或者可能探索的想法。这个清单中的每一项都要和上面确定的商业目标的实现有联系。所以要简单描述下每一项是如何推进上述目标的，并删除任何不能推动最终目标的项目。具体见下表。

目标1	下个月用户增加 10 000 人		
目标2	下个季度文章阅读量达到 2 000+		
目标清单	1. 增加分享获得积分功能 2. 线下推广增加投放量 3. 文章及时更新 4. 定期做访谈，关注用户最关心的知识		

确定优先级。现在是时候思考哪项先做哪项后做了。路线图以后很有可能会变化，同时也会经常更新它，所以不要担心第一次做得不完美。在确定优先级过程中要注意每个项目多大程度上推动我们更靠近路线图目标。注明每一项所需要花的工夫，项目之间的依赖情况。这一步得到的结果是一个优化过的清单。每一项的优先级从 1 到 N（N 是清单中包含的项目总数）。记住，优先级排序的结果中只能有一项排到第一。优化过的清单见下表。

目标1	下个月用户增加 10 000 人		
目标2	下个季度文章阅读量达到 2 000+		
目标清单	1. 增加分享获得积分功能	优先级	5
	2. 线下推广增加投放量	优先级	5
	3. 文章及时更新	优先级	4
	4. 定期做访谈，关注用户最关心的知识	优先级	2

安排时间。给清单补充时间安排，见下表。

目标1	下个月用户增加 10 000 人				
目标2	下个季度文章阅读量达到 2 000+				
目标清单	1. 增加分享获得积分功能	优先级	5	启动时间	会议结束马上启动
	2. 线下推广增加投放量	优先级	5	启动时间	会议结束马上启动
	3. 文章及时更新	优先级	4	启动时间	7 月 24 日
	4. 定期做访谈，关注用户最关心的知识	优先级	2	启动时间	9 月初

产品路线图的更新不要太频繁。隔两三个月就更新路线图就太频繁了。小一点儿的调整会有，但不建议频繁大改。这会让团队成员无法真正理解产品究竟在往哪个方向发展。

产品经理控制路线图，别人不应该随意增删，但是应该提供适当的透明度，要理解这是基于很多人的提议做出来的，不是产品经理一个人说了算的。

产品经理应该把整个路线图展示给内部团队看。除了产品经理自己了解每一个细节外，也要让合作者提前了解进展。在向老板、董事会或者客户展示路线图版本时可能要考虑削减一些东西，全盘展示会有泄露给竞争对手信息的风险。

最后总结一下：产品树就是一个树状结构的产品发展规划图。首先列出了所要做的新功能以及现有产品待改进的地方；其次评判出每一项的优先级；再次说明产品计划，何时做什么项目；最后将路线图分享给其他人，让团队成员知道项目的方向、进展和规划。

6.1.3　商业模式画布

在 BRD 里面，商业模式画布是较为常见的内容。通过对商业模式的梳理、学习以及实践，我们可以更好地在宏观层面思考产品涉及的方方面面，去做深入的理解，洞察每一个细节点，协调和综合各方的资源做综合考量，为产品的后续发展打好基础。

画布：用来描述商业模式，使商业模式可视化，是评估商业模式以及改变商业模式的通用语言。

商业模式：用以描述企业如何创造价值、传递价值和获取价值过程的方式。

商业模式画布 9 要点：

（1）用户细分。

☑　以用户为中心；

☑　我们正在为谁创造价值；

☑　谁是我们最重要的客户。

（2）价值主张 / 用户需求。

☑　我们应该向客户传递什么样的价值；

☑　我们正在帮助客户解决哪一类的难题；

☑　我们正在满足哪些客户的需求；

☑　我们正在提供给客户细分群体哪些系列产品和服务。

（3）渠道沟通。

☑　通过哪些渠道可以接触我们的客户细分群体；

☑　接触他们的方法是什么，渠道如何整合；

☑　哪些渠道最有效，哪些渠道成本效益最好；

☑ 如何把我们的渠道与客户的例行程序进行整合。

（4）客户关系。

☑ 我们每个用户细分群体希望与我们建立和保持何种关系；

☑ 哪些关系我们已经建立了；

☑ 这些关系成本如何；

☑ 如何把客户关系与平台商业模式进行整合。

（5）收入来源。

☑ 什么样的价值能让用户愿意付费；

☑ 他们现在付费买什么；

☑ 他们是如何支付费用的；

☑ 他们更愿意如何支付费用；

☑ 每个月各收入来源占收入的比例是多少。

（6）核心资源。

☑ 我们的价值主张需要什么样的核心资源（核心竞争力）；

☑ 我们的渠道需要什么样的核心资源；

☑ 维护我们的用户关系需要什么样的核心资源。

（7）关键业务。

☑ 我们的价值主张需要哪些关键业务；

☑ 我们的渠道通道需要哪些关键业务；

☑ 维护我们的用户关系需要哪些关键业务。

（8）重要伙伴 / 合作伙伴。

☑ 谁是我们的重要伙伴；

☑ 谁是我们的重要供应商；

☑ 我们正从伙伴那里获取哪些核心资源；

☑ 合作伙伴都执行哪些关键业务。

（9）成本结构。

☑ 什么是我们商业模式中最重要的固有成本；

☑ 哪些核心资源花费最多；

☑ 哪些关键业务花费最多。

商业模式画布最终状态见下表。

重要伙伴 / 合作伙伴	关键业务	价值主张 / 用户需求	客户关系	用户细分
• 谁是我们的重要伙伴 • 谁是我们的重要供应商 • 我们正从伙伴那里获取哪些核心资源 • 合作伙伴都执行哪些关键业务	• 我们的价值主张需要哪些关键业务 • 我们的渠道通道需要哪些关键业务 • 维护我们的用户关系需要哪些关键业务 **核心资源** • 我们的价值主张需要什么样的核心资源（核心竞争力） • 我们的渠道需要什么样的核心资源 • 维护我们的用户关系需要什么样的核心资源	• 我们应该向客户传递什么样的价值 • 我们正在帮助客户解决哪一类的难题 • 我们正在满足哪些客户的需求 • 我们正在提供给客户细分群体哪些系列产品和服务	• 用户细分群体希望与我们建立和保持何种关系 • 哪些关系我们已经建立了 • 这些关系成本如何 • 如何把客户关系与平台商业模式进行整合 **渠道沟通** • 通过哪些渠道可以接触我们的客户细分群体 • 接触他们的方法是什么，渠道如何整合 • 哪些渠道最有效，哪些渠道成本效益最好 • 如何把我们的渠道与客户的例行程序进行整合	• 以用户为中心 • 我们正在为谁创造价值 • 谁是我们最重要的客户

成 本 结 构	收 入 来 源
• 什么是我们商业模式中最重要的固有成本 • 哪些核心资源花费最多 • 哪些关键业务花费最多	• 什么样的价值能让用户愿意付费 • 他们现在付费买什么 • 他们是如何支付费用的 • 他们更愿意如何支付费用 • 每个月各收入来源占收入的比例是多少

商业模式画布实例如图 6-2 所示。

合作伙伴	关键业务	价值主张	客户关系	客户细分
■ 目标客户，也是合作伙伴。他们是平台使用者，也是资源提供者	■ 建设网站 ■ 数据分析，统计报表 ■ 用户资源共享 **资源和优势** ■ 自己的互联网工作经验，互联网各个岗位专业的朋友 ■ 有亲友办幼儿园、开超市、开美容院，可以深知道他们需求	**抓住传统商家** ■ 资金匮乏，无法建设网站 ■ 技术有限，无法做数据分析沉淀 ■ 经营成本大，减小营销成本 ■ 商户共联，减小获取用户的成本	■ 简便快捷建站 ■ 数据分析随时掌握用户增长。精准控制营销成本 ■ 商家间用户信息共享 **销售渠道** ■ 各地市免费举办营销课程讲座，吸纳用户 ■ 网络推广	■ 居住：农家乐类商家 ■ 生活：健身房、KTV、餐饮 ■ 文化：幼儿培训机构、社会职业培训机构、幼儿园、家政、家教 ■ 所有传统商家

成本结构	收益来源
■ 开发团队人力成本、软硬件成本、场地成本 ■ 时间成本（时间拖得越久，成本越高，被模仿情况越容易出现。一旦被模仿，竞争环境压力变大，又会促使进行优化架构，从而成本继续上升）	■ 数据库的使用。用户分级别，除去免费使用次数后，再次使用需要收费 ■ 数据库为商家提供精准营销，比如打折券，比如打广告 ■ 平台的广告收入

图 6-2　商业模式画布实例

6.1.4 商业需求文档案例

案例 Airbnb 商业计划书

Airbnb 早期的商业计划书简单明了，只有 14 页 PPT，但却清晰阐明了商业模型和能够解决的问题。下面我们点评一下 Airbnb 的商业计划书。

第 1 页：简单描述产品内容，清晰易懂。

第 2 页：当前市场和用户的痛点。

第 3 页：Airbnb 的解决办法。

第 4 页：相关网站数据，验证市场可行性。

第 5 页：市场规模。

第 6 页：Airbnb 已上线的产品。

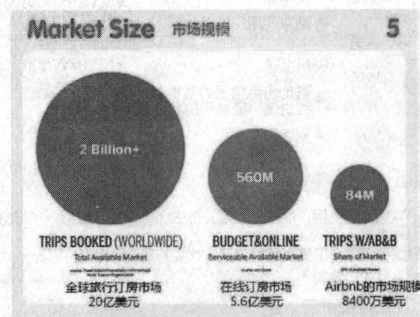

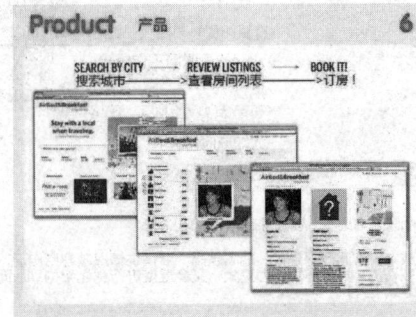

第 7 页：Airbnb 一开始就有清晰的盈利模式。

第 8 页：如何进行推广。

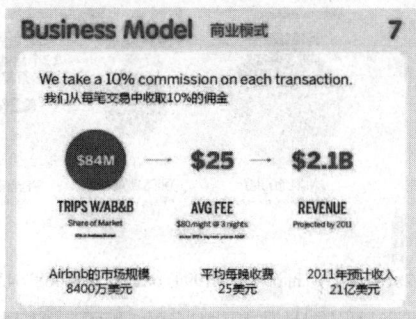

第 9 页：了解各个竞争对手。

第 10 页：秘密武器，和别人不一样的地方。

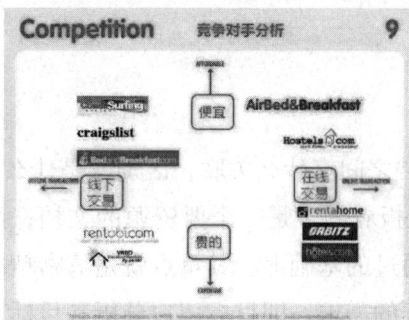

第 11 页：核心团队分工明确，职能互补。

第 12 页：说明已经引起各界关注，有事实依据。

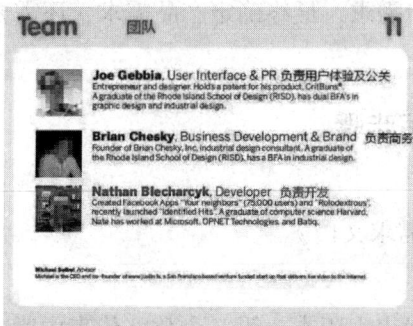

第 13 页：用户的正面反馈。

第 14 页：清晰的融资条件和目标。

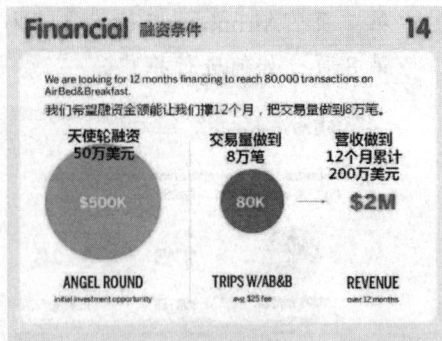

资料来源：Airbnb 天使轮融资 BP 只有这 14 页 [EB/OL]．（2016-05-03）．http://www.199it.com/archives/468764.html.

要点总结： 简洁；多用图表，数据；切忌使用花里胡哨的动画，容易影响投资人思考甚至会引起投资人厌烦；在尽可能短的时间把事情描述清楚。

6.2　市场需求文档

市场需求文档（MRD）和商业需求文档之间有什么关联，区别又是什么？

总结一句话就是 BRD 是给投资人或老板看的，是一个要资源的文档；而市场需求文档建立在商业需求文档已经评审通过的基础上，其重点就是清晰精准地分析目标客户的需求以及为什么会存在这样的需求，即目标用户分析和目标市场分析。

因此在市场需求文档中需要做细分用户建模的工作，将面对的主要用户群体做一个模型即可。然后根据模型梳理出用户需求，最终确定产品需求，还需要阐明整个产品的规划。

6.2.1　Word 文档类市场需求文档撰写步骤

1. 给文档起一个响亮便于记忆的名字

例如，可以命名为《×××项目市场需求文档》。

2. 在首页做一个版本管理

版本管理（V 代表版本，第一个数字代表大版本，第二个数字代表中版本，第三个数字代表小版本）：

V.2.0：第一个数字变化代表平台框架改变。界定为大版本改变。

V.2.1：第二个数字变化代表平台框架不改变，添加功能。界定为中版本的改变。

V.2.1.1：第三个数字变化代表平台架构不改变，功能不改变，只是做优化完善。界定为小版本的改变。

下表可用来对版本进行管理。

文档版本	撰写时间	变 更 人	属性 / 备注	审 核 人
V1.0.0	2019.1.1	詹曦	撰写文档	×××
V1.1.0	⋮	⋮	⋮	⋮
V2.0.1	⋮	⋮	⋮	⋮

注：撰写时间点为结束点。

下表为市场需求文档撰写维度。

名　　称	起一个切中主题的名字
版　　本	做好版本管理（V1.0.0）
用户问题、产品机会	因为互联网发展很快，所以要设计好产品的节奏和时间节点。要在MRD中描述产品需要什么样的节奏周期。比如制订三个月的周期去更新迭代
目标市场分析	市场规模、市场特征、发展趋势可参考行业报告，如艾瑞、CNNIC（中国互联网络信息中心）等机构定期发布的行业报告；互联网的壹些事、36氪、虎啸网等都是互联网信息更新比较快的媒体；百度指数、百度统计也会发布一些市场规模、特征等数据
竞 品 分 析	功能架构、主打需求、弱点
用　　户	用户调研、用户画像、细分用户群体的锁定以及需求梳理

6.2.2　市场需求文档撰写实例

案例　《××× 项目市场需求文档》

文档版本	撰写时间	变 更 人	属性/备注	审 核 人
V1.0.0	2019.1.1	×××	撰写文档	×××
V1.1.0	⋮	×××	撰写文档	×××
V2.0.1	⋮	×××	撰写文档	×××

一、项目背景

某某音乐随身听是某音乐软件公司推出的一款 App，是一种新型的音乐体验平台。用户通过这款 App 可以实现对手机中存储的音乐文件进行播放等操作，并可以实现在线试听和下载。

（一）新产品市场价值

战略：

☑ 基于该软件 PC 端的用户知名度与影响力研发出手机版，实现产品品牌价值从互联网到移动终端的延伸。

☑ 随着用户的不断积累又有本身在音乐搜索上的巨大技术优势，创建以音乐娱乐为产品核心价值、以手机为载体的手机音乐大型互动社区。

☑ 社区运作日益成熟，接踵而至的资源合作、广告投放、品牌宣传等使得此 App 不只是一个工具，同时也是商品交易、活动发布、软件推广、明星访谈发布等的平台。

用户：

☑ PC 用户群。

☑ 手机上网用户。

☑ 音乐爱好者用户。

产品：

☑ 海量并精准的在线音乐搜索、音频搜索与视频搜索匹配加歌词校正。

☑ 人性化的音乐下载。（断点续传、下载速度、在线音乐）

☑ 音乐周边的丰富价值。（铃声制作、音乐电台、音乐游戏）

☑ 软件设置娱乐化。（自定义背景、版式、可控菜单）

☑ 及时的音乐信息。（演唱会、新专辑发布、音乐会等）

盈利：

☑ 与某公司合作的铃声下载业务。

☑ 与某搜索对接的搜索排名业务。

☑ 相关的招商广告收入。

（二）SWOT 分析

优 势	劣 势	机 遇	威 胁
• 根据实际情况，把每一维度列举出来。根据实际情况设置坐标轴。权重最重的在 5 分，最轻的在 1 分。给每一维度打分，然后绘制扇形图 • 根据公司实际情况，选择是否逐条进行简要说明			
• 该音乐软件在 PC 端的品牌知名度和用户量（权重5） • 某某为其提供的后台资源支撑（权重5）	• 对该音乐软件品牌认知停留在播放器（权重5） • 目前公司无限收入的实际情况，资金、人力（权重4）	• 手机播放时长格局混乱，未出现托拉斯（权重4） • 移动资费下降（权重4）	• 竞品已经抢先进入该市场领域（权重5）
得分 =10	得分 =9	得分 =8	得分 =5

最终根据梳理的维度，我们用软件做出 SWOT 分析图。

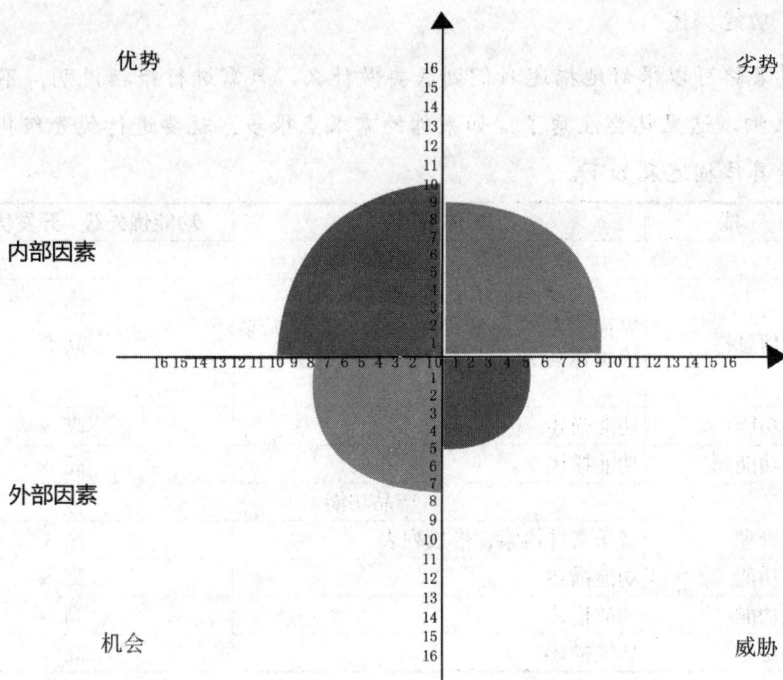

优势　　　　　　　　　　　　　　　劣势

内部因素

外部因素

机会　　　　　　　　　　　　　　　威胁

SWOT 分析

二、可行性分析（注意这一部分可以在商业需求文档中）

（一）前期调研数据

这里要提供前期调研信息和数据作为项目立项的支撑，包括针对主要功能点的用户需求分析、市场调查结论以及支持的数据，如果没有数据此项可以忽略。

（二）项目预期目标

要明确项目的预期目标、对产品的改进或功能点的效果预期以及主要的 KPI 指标。如果项目前期可以确定上线后的评估方法，那么统计报表的数据、线上服务器的运行数据、用户调查等都可以在此描述。还可以包括上线时间、使用率、安装成功率。

三、系统概述

某音乐 App 在手机终端部署 Windows mobile/Synbian/Java。用户基于手机的 GPRS/EDGE/CDMA1X/CDMA2000/WCDMA/TD-SCDMA 网络制式，进行本地音乐、在线音乐、本地下载等多种使用类型的手机联网类客户端软件。客户端将采用 CS+BS 的软件设计结构。

四、功能描述

通过表格可以很好地描述我们到底要做什么。只需进行概括说明，不需要像PRD那么细。这里就要注意了，如果你的需求点很多，就要进行优先级排序。

功能具体描述表如下。

功　　能	具体描述	功能优先级/开发优先级
基础功能		
客户信息栏	界面底部纵向滚动显示的广告栏，系统可以告知用户最近的系统升级	高 5
某某功能	功能描述	高 ×
某某功能	功能描述	高 ×
产品功能		
文件管理	音乐文件检索，形成列表	高 3
某某功能	功能描述	高 ×
某某功能	功能描述	高 ×
某某功能	功能描述	高 ×

五、产品前景

（一）核心目标

KPI：用户使用量是多少——细分"安装量""卸载量""日活数"……

ROI：用户使用量是多少——细分"安装量""卸载量""日活数"……

（二）产品构成

上面的系统结构图、物理网络结构图、功能具体描述表都是产品构成的部分。

六、非功能性需求

☑　性能需求，包括时间特性要求、系统容量要求等。

☑　可靠性需求，产品在规定条件下使用时保持规定性能水平的能力。

☑　可维护性需求，包括易分析性、易变更性等要求。

☑　安全需求，产品在规定的使用环境中实现可接受的风险能力。

☑　安装需求，描述产品在规定环境中安装和卸载的能力。

七、市场需求文档中的产品规划路线图

在市场需求文档中，可以根据情况在开篇针对市场现状、用户群体以及自己的项目切入点做一个概要描述。也可以设置一个表格（见下表）将产品的任务节点做一个拆分，便于在项目路演时让聆听者明白发展路径。

产品路线图	
第一期，实现什么大目标	
拆分小目标	排期规划
拆分小目标	排期规划
拆分小目标	排期规划
第二期，实现什么大目标	
拆分小目标	排期规划
拆分小目标	排期规划
拆分小目标	排期规划

产品路线图有多种形式，还可以是图形，其核心在于要把任何节点和时间进度计划讲清楚。如果有 UI 人员，那么可以设计漂亮的图形做路演说明；如果没有，也可以简单如表中所示，用表格形式将目标和时间节点对应说明。

6.2.3　思维导图梳理市场需求文档

在工作中并非所有的公司都会让你写一份完整的市场分析文档。很多公司讲敏捷开发，因此运用思维导图快速梳理需求也是在工作中常用的一种方法。这种方法更像产品规划，在思维导图中需要有场景分析、用户遇到的问题以及解决方案。

第 7 章

市场分析和竞品分析

7.1 市场分析概述和方法

市场分析是产品经理的基本功，决定产品经理未来的成长。如果市场分析能力强，成长为团队主管或产品总监的机会就大；如果市场分析能力弱，甚至在做市场分析时总是出现偏差，常会造成公司投入资源和人力开发出来的产品因无人问津而浪费。

做市场分析首先要学会跟踪行业报告，分析报告是最基础的方法之一。某些平台经常会发一些行业发展趋势之类的报告，也经常会有专栏去讲解某一领域的发展前景或问题，要经常去关注、去分析。切记不要到了工作需要的时候才去看，要做到经常关注、搜集、分析、积累，做到心中时时有市场。

这里提供一些产品经理经常会参考的网站：① CNNIC（中国互联网络信息中心，见图 7-1），②互联网的壹些事（见图 7-2），③ 36 氪，④虎嗅网（见图 7-3），⑤数据分析网。

图 7-1　CNNIC 行业报告
（图片来源：中国互联网络信息中心）

图 7-2　"互联网的壹些事"行业报告
（图片来源：互联网的壹些事）

图 7-3 "虎啸网"行业报告
（图片来源：虎啸网）

要依照以下 7 点进行市场分析。

（1）整体市场价值有多大。

（2）用户基数有多少。

（3）行业整体的盈利商业模式。

（4）多少公司在做。

（5）每家公司的盈亏情况。

（6）重点公司的主营业务、客户群体以及弱点。

（7）未来行业发展潜力和风险情况。

切记市场分析报告绝对不是去网上下载一份分析报告，再简单说两句"这可以"就行了。产品经理做市场分析报告，一定要将自己产品作为出发点，分析用户需求是什么，产品功能架构、功能点承载了哪些细分用户群体的哪些需求点，市场的大趋势是什么，用户基数有多大，大家都用什么技术抓哪些需求点，明年市场走势是什么，哪些技术影响了用户的行为习惯，行业发展走向，等等。结合自身去综合分析行业报告，宏观上找出自己公司和产品的发展方向，微观上定位出未来功能框架的发展规划。

7.2 市场分析报告模板及案例

案例 2017 年互联网 IT 职业培训市场分析报告

版　本		撰　写　人		时　间	
备　注					
我们 ×× 公司 ××× 产品已经发展有 × 年时间，用户发展变化、群体定位需要重新梳理。随着技术的……发展，交互、流程逻辑也发生了……变化。基于以上背景，领导安排我做市场分析报告。					

一、市场用户概况

毕业生就业的结构性失衡愈加突出。每年高校毕业生的人数不断增加，2016年达到765万人。大学生"就业难"现象突显，就业压力催生海量市场空间。

传统职业培训的特点是地域性、集中性、服务和教学质量因不同地域而造成的差异化。互联网的发展，为传统教育开辟了一个新的增长空间和发展模式，打破了时间和空间局限，可以让全国各地的朋友都享受到优质的教师资源。同时双师制度也很好地弥补了线上教育监控和互动的短板。

线上扩张、去名师化、标准化教学是线上教育为传统线下教育机构带来的重要转变，也可以说是互联网教育的特点。同时教学标准，服务标准化，可以在企业扩张过程中起到推动作用。特别是在接入终端移动化、去中心化、去中介化、学习碎片化为特点的后互联网时代，用户学习的自我驱动力促使职业教育领域成为在线化程度最高的细分市场。

二、在线职业培训的市场规模、学费价格区间及产品规划

职业培训目前占了整个中国在线教育市场的29.8%的市场份额，仅次于高等教育（见下图）。

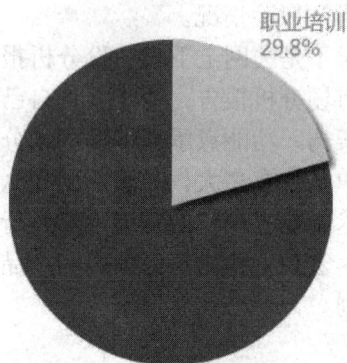

职业培训
29.8%

中国在线教育市场

中国在线职业培训市场从2011年开始进入高速增长阶段，2010—2014年的复合增长率达42.5%。2014年市场规模为251亿元人民币。预计2015—2017年在线职业教育增速为56%、49%、41%。

2017年整个市场规模将达到823亿元。

超过25%的用户愿意支付每学期超过4 000元的课程费用（见下图）。

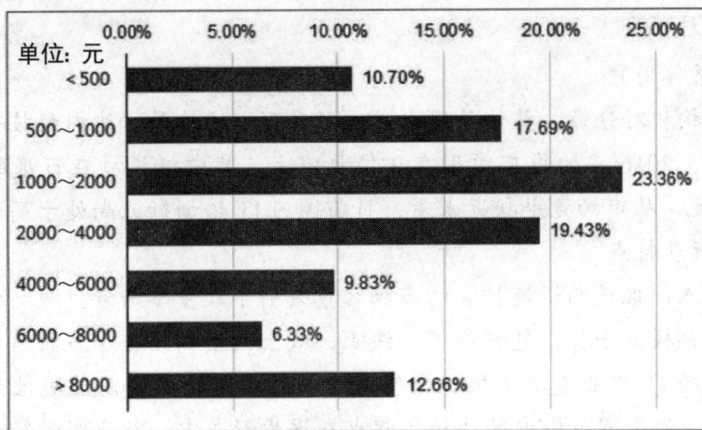

根据上面数据，我们在做自己产品规划的时候，就要有针对性地在三个价格区间来做规划。第一个价格区间在 1 000 ～ 2 000 元。第二个价格区间在 2 000 ～ 4 000 元。第三个价格区间在 8 000 元以上。下面我分别就三个价格区间的产品规划谈一些自己的建议。

1 000 ～ 2 000 元价位区间建议以视频学习为主，因为视频课程的录制有一次开发多次使用的特点，所以我们可以低成本地去获取承载用户。另一方面我们可以大面积地在这个价位做用户沉淀，然后基于用户学习课程的不同需求进行下一步的分发逻辑。

基于以上设计，这个价位的视频课程要按照知识难度划分为面向零基础人群的基础课程和面向有 3 年左右工作经验人群的完整体系课程。

根据我们公司现在教师规模和技术人员的配置，做两个体系架构的课程是最合理的。基础课程控制在 1 000 元以内，最合理的价位在 699 元，而完整体系课程价格在 1 999 元。如果教师资源够用，还可以开辟一个线上学习、定期线下集中解决问题的半线上方式，课程收费在 3 999 元以及 16 800 元的高端实体班。设计模型如下图所示。

这样我们就可以把 60.48% 的用户涵盖在我们的平台架构下（见下图）。

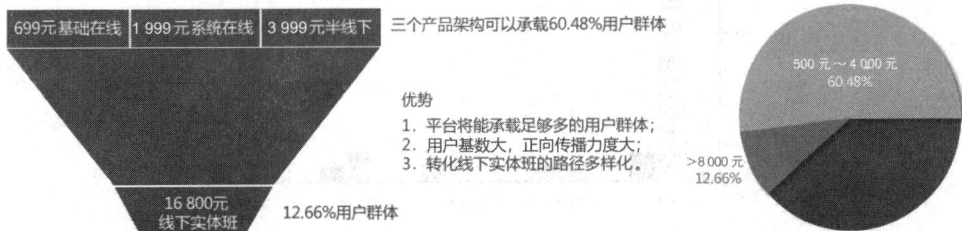

三、用户

（一）总体用户

市场结构相对分散，整体呈现出"一超多强"的格局。达内科技一马当先成为行业龙头，2016 年的推广费用在 3 亿元以上，其中仅投放在百度的推广费用就是 2.5 亿元。从市场竞争状况来看，目前国内 IT 培训行业尚处于高速发展期。

（二）行业特点

（1）进入门槛低与迅速扩大的市场容量吸引了众多参与者。

（2）培训模式多样，包括线下、线上、线上线下相结合等多种培训模式。

大部分的 IT 职业类培训机构仍然是传统的线下模式，以区域性为主，规模相对比较小，但全国范围内的连锁品牌也在逐步形成中。与此同时行业内企业竞争激烈，同质化竞争现象较为明显，市场集中度也偏低。

从前文的数据可以看到，线下实体班依然是大家角逐的主要场所。因为职业培训的用户目标明确，要求学习效果立竿见影，线下实体班的现场监控、现场教学互动的特点才能达到及时评估学生效果、实时跟进学生学习以方便实时调整自己的教学计划的目的。这是线上教育所达不到的。

因此，细分用户工作就显得尤为重要。我们要通过用户调研的形式把用户群体给细分出来。

比如，零基础兴趣学习、零基础专业学习、有基础侧重学习等。那么零基础兴趣学习的这部分细分用户，我们可以通过在线 699 元的课程去满足他们的需求。有基础侧重学习的这部分细分用户，我们也可以在线提供相应的专题知识讲解去满足他们的需求。而零基础专业学习用户，我们就可以用线下实体班去承载这部分用户的需求。

总之一定要把细分用户给做出来，锁定精准用户才能真正规划出最合适的产品。

（3）培训机构的城市布局和占比。部分 IT 培训机构情况如下图所示。

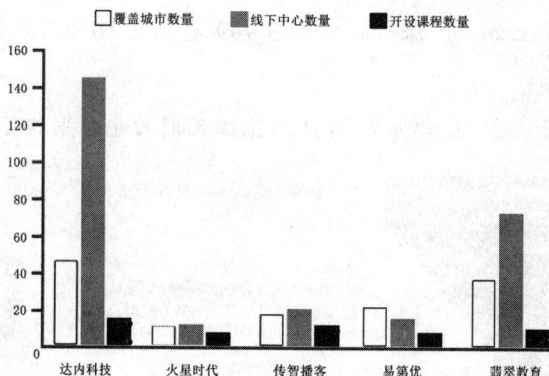

在城市占有方面，达内做的是最大的，覆盖了超过 50 个城市，教育中心达到近 150 家。第二是翡翠教育，覆盖了将近 40 个城市，培训中心 70 多家。其他的是第三梯队的。但是无论是哪个梯队，基本上都覆盖到了北上广深这样的一线城市。

（4）营收情况和净利润。达内科技处于金字塔顶端，2016 年实现营业收入 15.80 亿元，净利润 2.4185 亿元。火星时代 2016 年实现收入 4.02 亿元，同比增长 52%，净利润 0.6075 亿元。

新三板挂牌企业中 2016 年营业收入靠前的公司还包括传智播客和易第优，分别实现营业收入 5.37 亿元、1.35 亿元，净利润 1.0113 亿元、0.1170 亿元。

IT 领域被上市公司收购的规模较大的有翡翠教育，2016 年实现营业收入 2.92 亿元，净利润 0.1260 亿元。主要培训机构营业收入（单位：亿元）如下图所示。

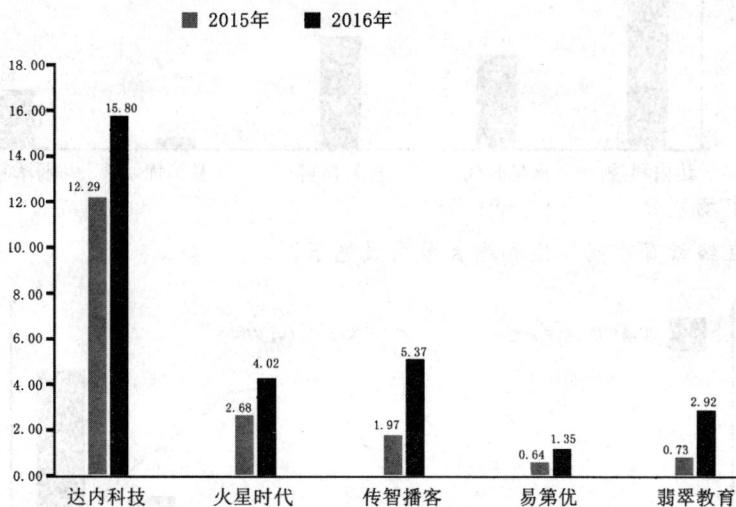

主要培训机构净利润（单位：亿元）如下图所示。

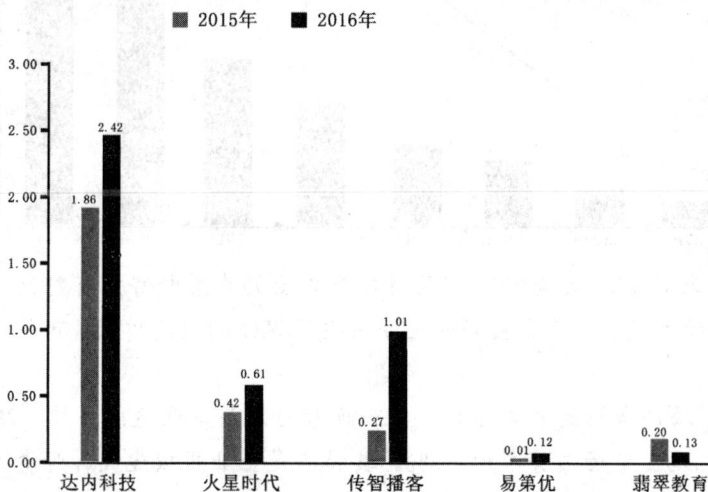

（5）用户占有情况。主要 IT 培训机构 2017 年招生数量（单位：人）如下图所示。

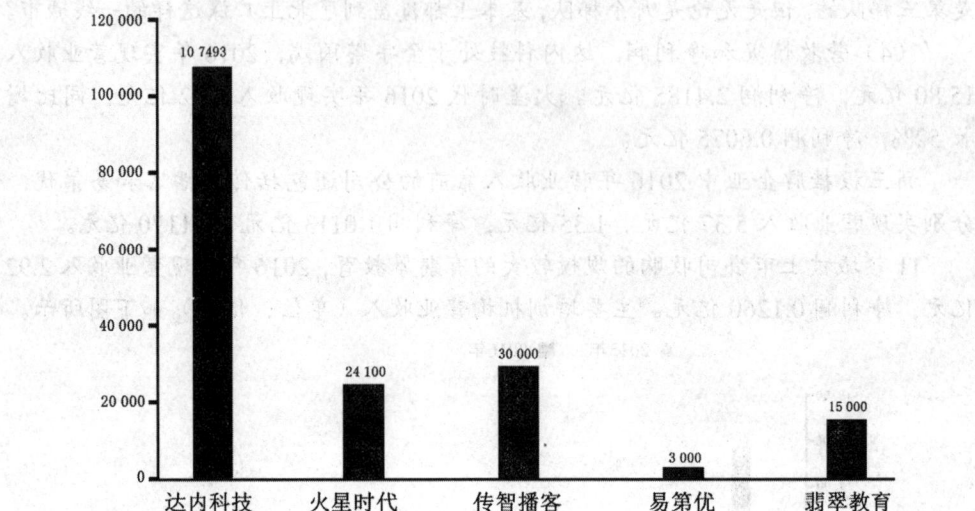

四、市场划分

中国在线教育市场规模和增长率曲线见下图。

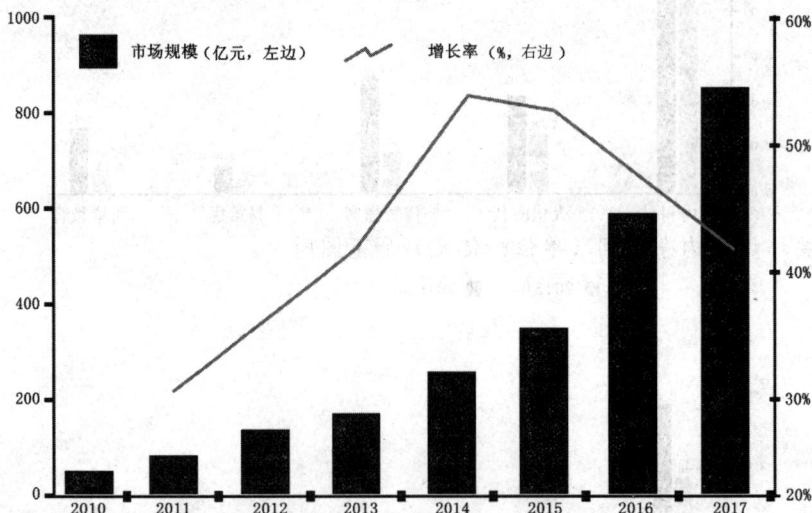

预计未来 IT 职业培训市场将呈现优胜劣汰的发展趋势，有特色、师资力量雄厚、业务模式完善、声誉良好的企业将实现规模的快速扩张，市场份额将进一步集中。

根据 IT 培训市场的竞争格局，第一阵营为龙头企业达内科技，2017 年营业收入约 20 亿元，市场占有率约 7.5%。其特点是企业规模庞大、师资力量多，尽管讲师质量参差不齐，但仍占领了全国中高端培训市场。经过 15 年的运营，凭借"双师模式＋校企合作＋就业输出"的商业模式占据发展先机，而且遥遥领先于第二阵营的竞争对手。

第二阵营主要为一部分全国性线下机构和部分内容实力较为突出的线上培训机构，整体营业收入规模在 1 亿～6 亿元。这个阵营的基本特点是行业经验比较丰富，有一定的师资和科研团队力量，商业模式相对成熟，具有一定的品牌优势，渠道能力出众，业内口碑较好。

第三阵营包括大量传统线下区域型经营培训机构和纯线上的中小型 IT 培训机构，营业收入规模在千万元级别。处于该阵营的企业数量众多，具有局部产品或者地区优势，产品整体竞争优势明显弱于前两个阵营，渠道实力较弱，品牌力量不够突出，教育体系、培训体系、用户体系正逐步完善。

五、本公司展望

本公司处在竞争最为激烈的北京，论财力和技术团队自身无法和达内、翡翠教育这样的巨头企业正面竞争。那么自己唯一的优势就是小班加精致一对一教学。教学效果好和理论体系化是唯一的优势，也是大机构无法模仿的。因此我们公司唯一的胜算就在这里，争取把小班、精致教学、学习成功率作为我们的主打优势和特点发挥到极致。

具体操作如下。

（1）把用户群体进行细分。

（2）针对不同的细分用户群体，去做产品规划，录制视频课程。

（3）线下是我们的强项，要保持住；但是半线下教育将是我们的突破口。

半线下教育产品开发规划，请参见附件《半线下产品的产品策略和商业打法》……

算上附件这部分，我们的市场分析报告就写完整了。最后再一次强调撰写市场分析报告的流程。

（1）收集资料和数据。

（2）站在自身公司或产品的角度，依据收集到的资料信息和数据去撰写报告。

（3）要能发现问题、发现商机。

① 发现我们面临的问题有哪些，市场环境、竞争环境、用户行为变化分别如何。

② 发现我们的商机在哪里，突破点在哪里。

（4）规划和解决方案。

① 用户层面规划。

②产品层面规划。

（5）总结。

7.3 竞品分析概述

竞品分析指通过分析竞争对手的功能架构、运营策略、细分用户，找出对手的优势和弱点，确定产品功能架构和切入的需求点，以及市场打法和运营战略，这是产品经理经常做的工作。通过学习关注行业竞品的发展变化，关注你所负责的产品周围同类相关产品的发展情况，进行总结分析，为自身产品提供指导性思路和方向参考。

系统地对竞争对手的优势和劣势进行分析和评价要达到如下目的。

（1）确定自身项目方向。制定产品的长期战略规划和产品各条子产品线的布局，提供相对客观的参考依据。

（2）帮助自身产品实现市场定位。随时了解竞争对手的产品和市场动态，如果挖掘数据的渠道可靠稳定，根据相关数据信息，可以判断出对方的战略意图和调整方向。同时掌握对手资本背景、市场和用户细分群体的需求以及对手产品运营策略。

（3）为自身产品设计提供功能可用性、关键技术等方面的参考。同时指导自身快速调整，以保持产品的市场前瞻性，为提高市场的占有率提供方向性指导。

（4）提高产品差异化程度。竞品分析是长时间持续积累、不断挖掘和分析沉淀的一个过程。新立项的产品缺少积累和沉淀，没有形成较为完整的系统化思维和客观稳定的方向，所以需要分析对手成熟的产品去校对自身产品的方方面面。

7.3.1 做竞品分析之前要明白的事情

在利用各种工具进行竞品分析之前，首先要对竞品进行描述，可以采取宏观、定性、定量的描述路径。

1. 三方面描述

（1）宏观描述。对我们的产品和竞争的产品做一个概括性的宏观的描述。

（2）定性分析。基于自己的判断和经验讲解我们的产品和竞品差距在哪里，先做一个定性的分析，并在后面的定量分析中佐证或者修正自己的定性结论。

（3）定量分析。通过数据分析揭示出我们的产品和竞品的差距在哪里、有多

大，同时进行详细的功能分析，从最细微的流程逻辑开始，结合对手锁定的细分
用户群体一步步进行分析。

2．不同竞品分析维度所对应的工作

（1）如果竞品分析维度定在战略层面，那么在实际工作中主要涉及撰写商业
需求文档、用竞品分析去完善文档等内容。

（2）如果竞品分析维度定在商业模式层面、用户群体层面或产品功能层面，
那么在实际工作中主要涉及撰写市场需求文档、用竞品分析去完善市场需求文档
中功能架构的部分。

（3）如果竞品分析维度定在产品功能、交互和界面层面，那么在实际工作中
涉及新功能的规划和流程逻辑的设计。

3．竞品选择

（1）直接竞争者。产品相同且满足同一目标群体的需求。

（2）间接竞争者。产品可能不同，但是目标用户群体一致。

（3）潜在竞争者。拥有相关领域雄厚资源的企业，也可能是横向产业相关者，
或者是为同类型产品提供某种服务的企业主体或者上下游企业。

7.3.2　竞品分析具体方法

1．SWOT 四象限分析法

SWOT 分析包括优势（Strengths）、劣势（Weaknesses）、机会（Opportunities）、
威胁（Threats）分析。

SWOT 分析法因人而异。进行 SWOT 分析的时候必须对公司的优势与劣势
有客观的认识，区分公司的现状与前景，进行全面考虑，与竞争对手进行比较。
注意保持 SWOT 分析法的简洁化，避免复杂化与过度分析。

SWOT 分析有四种不同类型的组合，下面以某电商网站为例进行讲解。

（1）概述自己网站。

×××网是国内首家电商平台，致力于打造全国首选网络零售商圈。平台
业务跨越 C2C/B2C 两大部分。20×× 年 × 月 × 日，×××网正式上线运营。
互联网出版许可证：新出网证（京）字 00×× × 号京 ICP 备 × × × × × × × × 号。
网址为 www.xxxx.com。

- ☑　日均访问量 × × 人次
- ☑　在线商品数 × × 件
- ☑　单日交易峰值 × ×
- ☑　平均每分钟成交商品 × × 件

☑ 我们占市场份额为××

☑ 进驻商家总数为××

（2）自己公司及竞品公司 SWOT 分析（见下表）。

自己公司 SWOT 分析（权重 1～5）

优　势	劣　势	机　遇	威　胁
1. 知名度高（权重 3） 2. 企业形象好（权重 2） 3. 资源丰富（权重 1） 4. 便捷购物流程（权重 2）	1. 水货、假货（权重 5） 2. 基础服务不完善（权重 2） 3. 模式易复制（权重 1） 4. 商家资源流失（权重 1）	1. 政府扶持（权重 5） 2. 全民创业（权重 5） 3. 国外金融危机（权重 2）	1. 竞品多（权重 1） 2. 微信支付强势（权重 2） 3. 法律不完善（权重 1）
得分 = 8	得分 = 9	得分 = 12	得分 = 4

竞品××× 公司 SWOT 分析（权重 1～5）

优　势	劣　势	机　遇	威　胁
1. 知名度高（权重 3） 2. 企业形象好（权重 5） 3. 资源丰富（权重 1） 4. 物流迅速（权重 4）	1. 水货、假货（权重 1） 2. 基础服务（权重 3） 3. 模式易复制（权重 1） 4. 商家资源流失（权重 2）	1. 政府扶持（权重 1） 2. 全民创业（权重 1） 3. 国外金融危机（权重 3）	1. 竞品多（权重 1） 2. 微信支付强势（权重 2） 3. 法律不完善（权重 1） 4. 垂直类电商崛起（权重 5）
得分 = 13	得分 = 7	得分 = 5	得分 = 9

双方的分析结果最后都用图形展现出来，可以直观地看到我们和竞品网站在四个区间的区别，如图 7-4 所示。再基于这个图形去研究我们的战略打法。

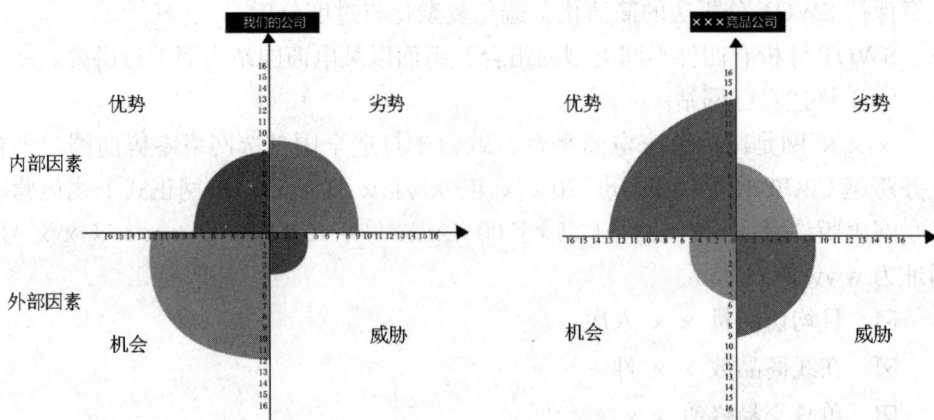

图 7-4　SWOT 分析数据对比表

总结一下，我们的优势比竞品公司小，我们的劣势比竞品公司大，但是我们面临的机会相比竞品公司大，我们受到的威胁相比竞品公司小。

（3）我们可以采用的战略。基于以上分析我们可以采取的竞争战略是应把自身优势发挥得更加突出。做大，做强，把×××电商网站做成用户上网购物的首选网站。

更精细的分析还有比如直接影响消费者购物；比如以商品种类、购物环境、物流配送等基础交易服务为核心；实行广告、推广服务、交易数据的云计算、信用评价增值业务等举措；调整评价体系、交流流程、商品管理、交易数据，增加支付平台；开放数据，与上游厂商、卖家进行合作，开发出更适合消费者的商品；防范假货，主动清理假货，实现商品的质量升级等方面。

竞争战略的写法，基本上也是从以上四个维度出发去完善，每一点都要有分析和数据支撑为最佳。

2．$APPEALS 分析法

$APPEALS 分析法分为以下 8 个维度。

（1）$: 指代产品价格——客户愿意为这个产品付出多少钱。

（2）A: 指代可获得性——客户整个购买经历，包括他们购买的渠道。

（3）P: 指代包装——视觉评估 / 捆绑。

（4）P: 指代性能——需要什么样的功能 / 性能。

（5）E: 指代易用性——易用性的构成，如安装 / 管理等。

（6）A: 指代保证——由整个产品 / 服务所提供。

（7）L: 指代生命周期成本——什么样的生命周期成本可以影响客户购买产品。

（8）S: 指代社会接受程度——什么"形象"可以促进客户购买产品，客户是如何获得这样的信息的。

制作方法是先将权重数据录入 Excel 表（见图 7-5），再生成较为直观的雷达图（见图 7-6）。

这 8 个维度我们在实际操作中应按照自己公司的情况做一些调整，并且设置根据实际情况做一个权重的分配。

	A	B	C	D	E	F	G
1			权重	我的产品	竞品1	竞品2	竞品3
2	$价格	价格	15%	9	6	7	5
3	A可获得性	渠道	10%	8	5	6	4
4	P包装	视觉	10%	6	8	7	6
5	P性能	功能	20%	7	6	3	9
6	E易用性	交互效果	25%	5	5	8	3
7	A保证	售后服务	10%	4	3	4	2
8	L生命周期成本	内容	5%	4	4	3	3
9	S社会接受程度	影响	5%	5	3	2	8

图 7-5 $APPEALS 分析法

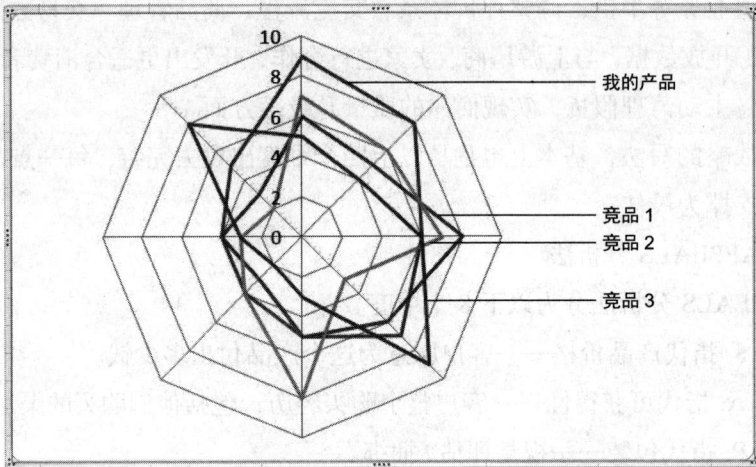

图 7-6 $APPEALS 雷达图

第 8 章

产品功能规划
和导航设计

8.1 互联网平台在商业重构中的作用

互联网平台最重要的作用是沉淀用户，根据用户场景做商业和产品价值重构，其次是在已沉淀的用户群体中做拉新架构。

传统商业模式用户只有自身产生需求并到店里消费，商户才可以接触用户。交易终止也意味着交流终止，这是传统经营最大的弊端。用户群体形态是流动的，传统经营者很难跟踪了解用户行为习惯，也很难对用户在使用商品或服务过程中的各种意见及时进行反馈并更新迭代自己的商品或服务。即便店门口放置了"意见本"，拥有填写意愿的用户也少之又少。因为用户很多意见并不是当时产生的，更多是使用之后的体验。如果体验不好，大部分用户往往选择以后不再光顾。

所以商业重构第一步是沉淀用户，和用户交流，进而可以做到随时跟进用户，及时反馈，及时改进服务，最终和用户共同进行产品迭代和价值观的塑造。我们可以把互联网平台讲得再直白一点，给大家一个可以衡量的标准方案。

8.1.1 搭建互联网平台要点

搭建平台必须满足以下五点。

（1）平台要有客户模块。能收集用户资料、收发信息、和用户互动。

（2）平台要有投诉跟踪模块。能快速对用户的反馈意见做出响应。

（3）平台要有体系化的数据收集模块。这里除了用户人口属性的信息收集外，还包括用户行为收集。行为数据包括以下几个方面。

① 每一个用户的使用时间段和硬件设备（电脑或手机）。

② 每一个用户每次进入平台的浏览逻辑路径以及在每一个商品前停留的时间。

③ 入口集中的地方以及流程逻辑中跳出率最高的地方。

④ 用户购物习惯——哪些商品或服务购买量最大，哪些小。

⑤ 用户支付方式。

⑥ 用户社群传播的途径方式。

⑦ 用户价值观点的收集。

⑧ 用户对于交流功能模块的使用频次。

以上是基本的数据要求，还有很多数据维度会根据商业形态不同侧重点也不同。比如：美容健身类我们更多去分析消费时间、频次、服务项目和消费商品；幼儿艺术培训我们分析的是培训项目和时间以及课程复购率。

（4）用户之间的交流模块要完善。

（5）商品或服务向外扩散拉新的功能模块要完善。

综合上面五条可以明显看到，一个合格的互联网产品要秉持开放包容的态度，讲究融入用户、与用户共同成长，一起塑造价值观。在技术上讲究数据沉淀分析和需求深入挖掘，平台要能沉淀承载某一类细分用户群体（包括企业和用户、用户和用户）交流属性，要能快速达成这类用户群体的某种需求。在交互逻辑上讲究能在快速满足某一细分用户群体需求的同时，也能很好地衔接引导用户完成公司的商业逻辑，产生利润。最后还要具有正向的成长生态环境，在停掉资金做渠道推广后平台本身不会停止成长，依然会具有较强的自我扩张、吸引新用户的能力。只有达到这样的效果，你所开发的项目才是真正意义上具有互联网思维和运作方式的互联网产品。

8.1.2　规划互联网平台之前需先梳理产品或服务

上一节我们给出了平台构建的关键要素。但是传统企业在规划自己网站、App 或微信小程序的时候依然会有疑问：除了书中给出的要素，要契合、满足自己公司业务需求，我们还应该具备什么功能？

网站平台、App、小程序这类互联网平台的功能规划必须从两个层面去分析。

第一层，要结合自己公司现有资源、产品或服务。

第二层，明确这些产品或者服务能满足哪个用户群体的什么需求。

举个例子，一家传统艺术培训教室想要搭建自己的 App，那首先要做的应该是梳理自己能生产什么样的课程，这些课程的形态又如何，哪些适合线上，哪些适合线下。线上课程是做录播课还是直播课，线下课程在线上如何展示宣传。梳理清楚这些后再梳理用户，包括和用户接触的渠道有哪些，这些渠道最佳展示宣传方式有哪些。

基础教育受众包含学生和家长两个群体。学生群体你要考虑到录播课、直播课的上课方式以及作业、预习、复习等学习模块。家长层面你要考虑效果跟踪和展示模块。孩子父母出钱了，他肯定想知道自己这个钱花得值不值，孩子在培训机构到底学习到知识没有。这些是商业核心模块，这个平台还要有支付购买模块、客户体系模块以及公司层面的宣传推广相关模块，然后根据梳理出来的各种要素规划平台的功能。

梳理过程中要带着问题。第一确定自己的核心资源是什么，第二这些资源能开发什么样的产品或服务，第三这些产品或服务能满足用户什么样的需求，第四这些产品或服务适合的形态是线上还是线下，或者相互结合在一起。把这四个问题想明白之后，才可以进一步规划自己的平台功能。

8.2 好的导航设计是平台成功的一半

导航系统是一个网站平台的基础。让用户在导航系统中清楚地认识到流程逻辑结构和自己所处的位置，为用户解释"我从哪里来""将要到哪里去"。如图 8-1 所示图片记录了用户的访问路径，用户可以通过它返回上一级任何一个节点，一般网站左上角的 logo 可以使用户一步回到首页。

图 8-1　用户访问路径

在导航结构中层级的数目为深度，每一层的数目为广度。这里我们要考虑平衡。导航架构层级过深，用户需要多次点击才能达到目的。在互联网平台多一次点击就会多流失一些用户，用户也不太可能从第二层级的目录判断出第五层级的内容，同时过深的层级也易令用户迷失在架构中。如图 8-2 所示为导航架构层级过深情形。

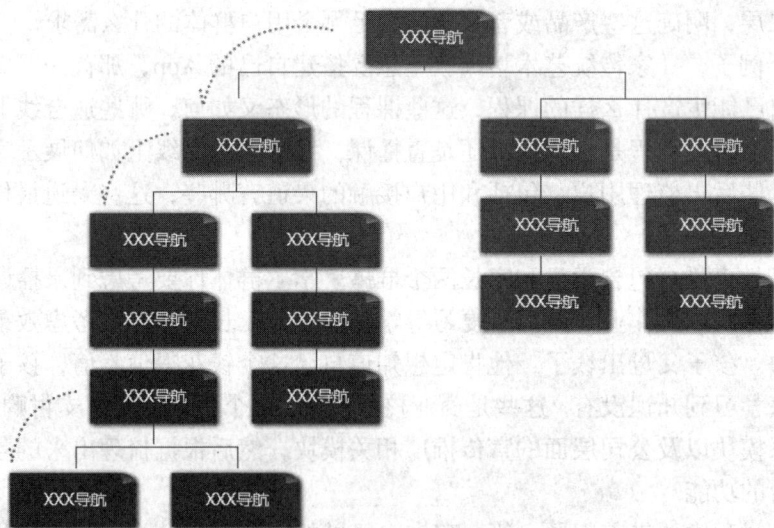

图 8-2　导航模型架构过深

导航架构延展过于分散（见图 8-3），虽然用户平面上扫视的成本要低得多，也利于用户发现有用信息，但是如果广度超过用户可以接受的范围，用户必须一次阅读很多项才能在其中进行选择，也会大大增加用户的负担。一般来说超过 7 个选项用户就很难记住了。所以导航设计要合理地进行分组，在分组的时候注意深度和广度的平衡。要明确每一个层次的功能焦点，让用户知道当前的层级有哪些内容、自己的目标在哪里。深度和广度平衡的导航，用户不必面临过多选择，通过每一个选项的名称就可以明确自己要去的地方，在选择正确的方向下逐层关注下一级的内容，快速准确达到自己的目标。

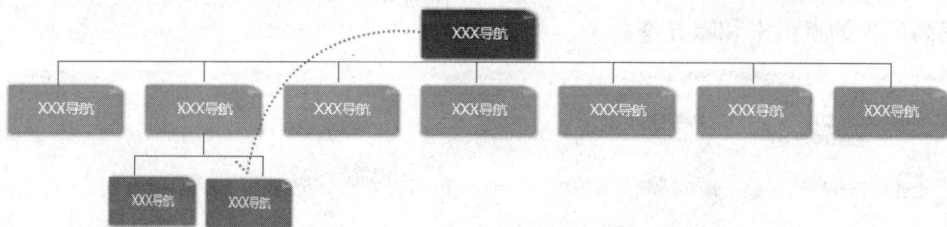

图 8-3　导航模型架构过于分散

图 8-4 为某保健品电子商务网站分类导航。在用户调研时发现用户在购买保健品时，最重要的选择维度是 "适用人群" 和 "功效"，所以副导航设计选择了用户最为关注的这两个维度。以 "人群" 为第三级， "功效" 为第二级，虽然导航中所有选项同时被展示出来，但是清晰的视觉焦点可以让用户快速地在选择第一个层级的同时浏览相应第二个层级结构。

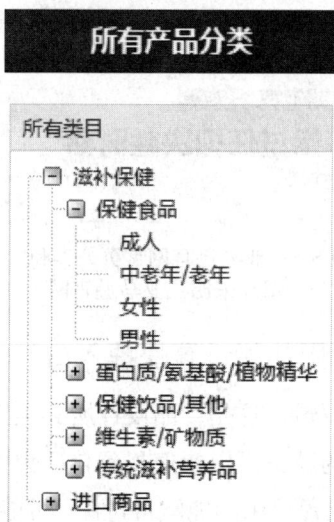

图 8-4　分类导航

8.2.1　用户所需信息和商业推广信息达成平衡

设计导航，既要了解用户的需求，也要了解我们自己的商业目的。用户目标和商业目标肯定不会完全一致，因此要重点考虑如何进行平衡。我们看看"亚马逊"的例子（见图8-5）。当用户进入网站选择商品时，并不会被铺天盖地的广告所困扰，而是在用户选择的附近默默地推送出和用户选择商品属性一致的商品。这样的广告推广更接近用户的目标，也就更容易被用户所接受和认可，易于提高广告的点击率和曝光率。

图 8-5　亚马逊官网首页分类和广告
（图片来源：亚马逊官网）

8.2.2　为重要功能和常用功能设置快捷入口

导航结构清晰、合乎逻辑，这是产品设计所必须达到的要求。如果用户有明确的目标，那么凭借清晰的逻辑可以快速找到自己想要的内容。而当用户只是进行随意浏览时，如果重要或者常用功能藏得过深，可能会令他们对网站失去兴趣。

我们看看"天猫"这个例子（见图8-6）。从逻辑上来讲"购物车"属于"我的淘宝"这个模块下，左侧导航也清晰反映了这点，但是无论对网站还是对用户，购物车功能都是重中之重，所以"购物车"被提出来设计了快捷入口。从这个逻辑上看"购物车"和"我的淘宝"似乎成了平级关系。但是用户在使用的时候并不会考虑产品逻辑关系，只是希望在需要的时候能快速地找到它（见图 8-7）。

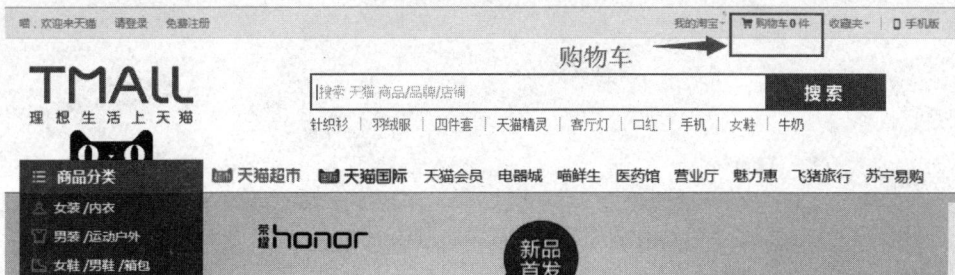

图 8-6　天猫官网导航架构
（图片来源：天猫官网）

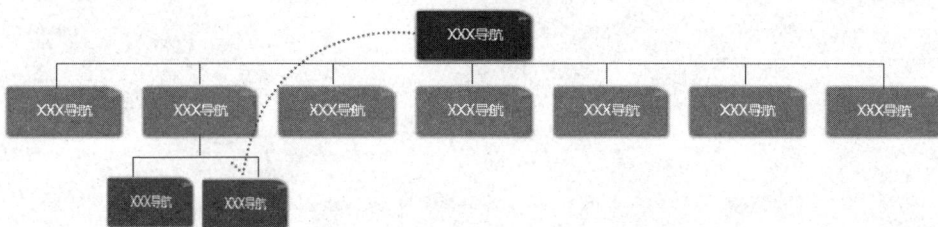

图 8-7　导航快捷入口模型（一）

为重要功能和常用功能设置快捷入口，也需要权衡。快捷入口过多，产品架构会变得混乱复杂，给用户造成困扰，反而会降低使用效率（见图 8-8）。

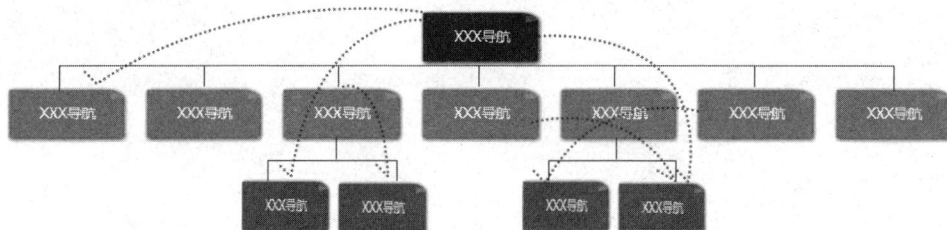

图 8-8　导航快捷入口模型（二）

第 9 章

原型设计注意要点及交互设计和说明撰写

9.1　原型绘制注意要点

原型是项目方案的产品化表达，是产品经理的重要产出物之一，也是项目团队参考、评估的依据。它是产品功能与内容的示意图，既包含静态页面样式（线框图），也包含动态的操作效果（交互说明）。

在原型之前的方案都是面向市场及用户的构思和策划，对产品的功能需求都是描述性的。因此在原型之前我们还需要再对产品的信息内容和功能结构进行一次梳理，只有形成轮廓框架概念，才能更好地入手设计。

低保真原型可以是纸面原型，也可以是线框图；高保真原型在外观与操作上与最终产品基本一致，包含详细精准的内容。纸面原型（见图9-1）可塑性强，可以快速修改和重建，帮助产品和团队成员验证产品功能、交互、逻辑的可行性。

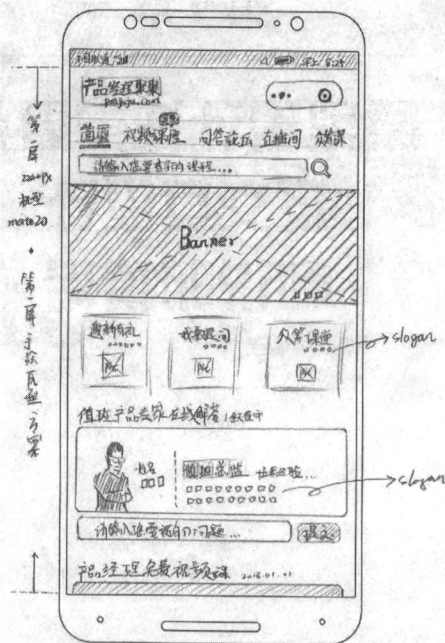

图 9-1　纸面原型

注：手写内容有错别字，为保证原样呈现，未做修改。

原型的使用者有前端技术、后端技术、UI/UE、运营等。为了让团队成员都理解你的产品，原型务必要清楚表达产品功能规划、流程逻辑以及标注行文规范。原型是产品的形象化展示，所以原型绘制好后我们还需要完善产品的业务逻辑，同时可能还会涉及一些原型的调整。

完善产品业务逻辑的同时可以开展相关的体验设计工作，这时候 UI/UE 会协同产品完成视觉和交互方面的工作。所有工作完成后，产品经理就会把上述内容整合成 PRD 并提交项目评审会，通过后产品就可以进入开发阶段。

9.1.1　简要说明与信息结构——变更日志

由于原型的设计不能一步到位，一般需要反复沟通修改，所以版本的归档记录——变更日志就很重要。其有助于团队成员了解每次更改的内容以及项目的进度。变更日志示例如下表所示。

日　　期	变更内容	变更原因	备　　注
2017.1.23	增加侧边栏	需求的扩展性	
2017.2.4	搜索关键词加粗展示	之前未考虑到	交互规范修改
2017.8.1	分类页增加购物车入口	评审结果	上线后检测结果

9.1.2　简要说明与信息结构——版本说明

与变更日志类似，只不过变更日志以天为单位，而版本说明以版本号为单位。适合快速迭代且迭代周期比较固定的项目。下面两个表是版本说明示例。

版本号：V1.0.1
1. 修改了"我的收藏"和播放记录列表
2. 修改了"课程列表"中的说明
3. 增加了"意见反馈"页面

版本号：V1.2.0
1. 增加"订阅"功能
2. 增加"抽奖"功能

9.1.3　原型设计应注意的细节

优秀的原型设计标准为逻辑清晰的线框图。如果为了省事在原型中大量使用截图，会严重干扰 UI 的工作。同时设计原型时应该注意合理布局，文字和版式的设计要尽量遵循已经成熟的案例，尊重用户的浏览习惯。

首屏是最重要的区域，一定要根据实际尺寸绘制原型，避免原型与产品相互矛盾的情况（见图 9-2）。

记录 Web 端首屏高度 　　　　　　　　　　　　　　记录移动端首屏高度

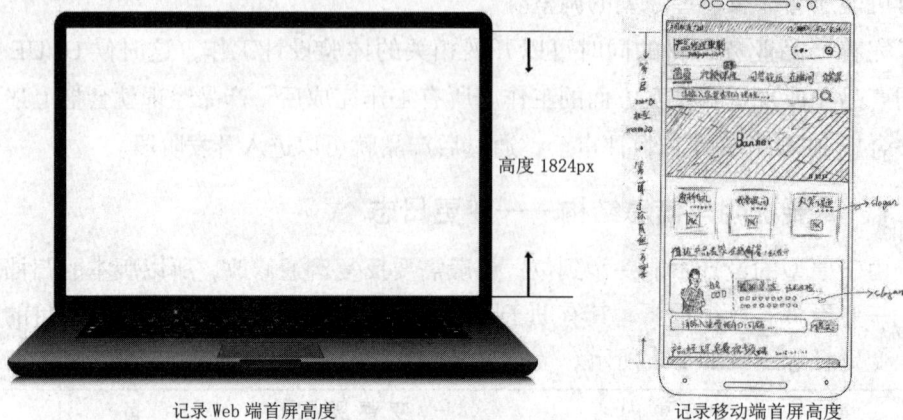

图 9-2　首屏高度

9.1.4　UI 设计规范文档

基于细分用户模型，按照用户属性设计一套UI规范文档。这样可以提高效率，避免在 UI 层面的前后表现上出现混乱。

类　　别		交互稿样式举例
操作★★★	重要操作	按钮
	普通操作	A
	消极操作	E
链接★★	重点突出的链接	A
	普通的链接	B
	不重要的链接	C
文本★	重要的文本（标题）	B
	普通的文本	C
	不重要的文本	D
提示	错误的提示	F

如图 9-3 所示为 UI 规范。

图 9-3　UI 规范

9.1.5 特殊情况处理

在实际工作中，有时候产品经理给出的逻辑界面清晰的设计图，在经 UI 设计之后，效果会大打折扣，如图 9-4 所示。造成这一情况的原因是产品经理自身版式设计业务能力匮乏，线框图只有黑、白、灰，营造了虚假的整体感。但是经过设计之后色彩增多，一些低级的错误就会被表现出来。比如，图例 banner 图片的位置就错误地放在了一起，失去了对称和平衡感。因此产品经理一定要掌握一些基础的版式设计和色彩知识，产品经理要掌握了解设计趋势，如留白增多、渐变减少、视觉扁平化、用空隙和留白区隔版块，去掉不必要的视觉元素。

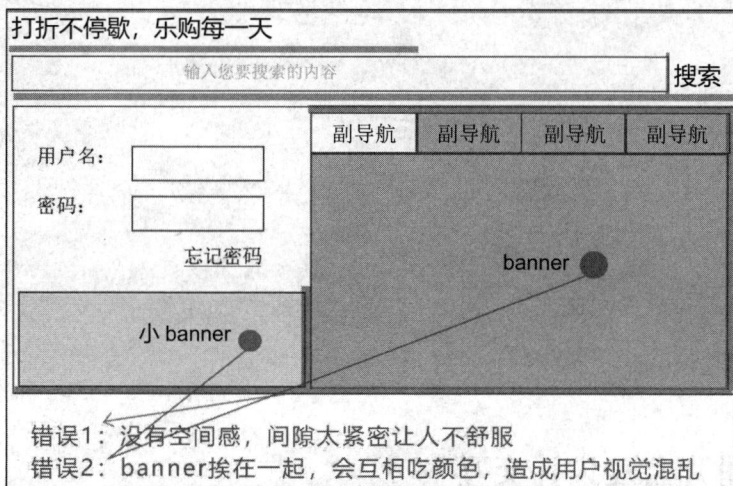

图 9-4 产品经理经验不足常犯的错误

9.2 功能、内容规划原则

我们在组织界面时，必须明确信息层级，在版式上按照内容属性做出区分。在规划功能或内容之前先了解一下热力图（以特殊高亮的形式显示访客热衷的页面区域）。热力图（见图 9-5）反映出用户群体在平台上的操作热点和非热点区域。中国网民的阅读习惯一般是从左到右，从上到下，所以我们一般都是根据网民这个行为习惯去规划布局。当然也可以通过版式设计、色彩的方式去引导用户按照我们设计的逻辑去操作，这就要求我们与 UI/UE 协商进行。

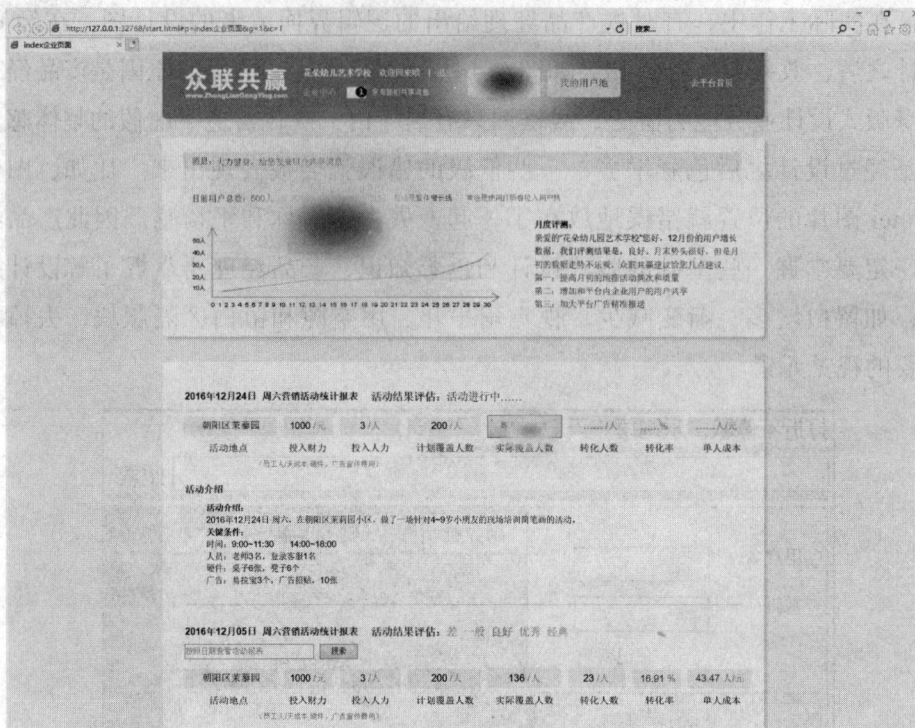

图 9-5　热力图

9.3　从用户角度设计交互

9.3.1　相似性引导

图 9-6 通过大小、色彩、形态、视觉元素等相似因素牵引用户的视觉，引导用户的操作。

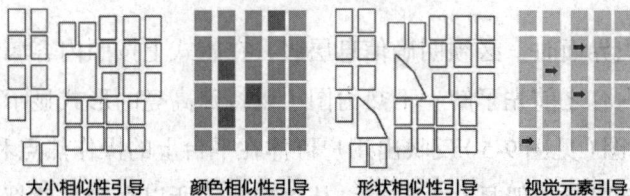

大小相似性引导　　颜色相似性引导　　形状相似性引导　　视觉元素引导

图 9-6　相似性引导模型

9.3.2 方向性引导

清晰的视觉线条可以建立起方向性，如图 9-7 中，线条型箭头标示出当前课程的标签。

图 9-7 方向性引导

清晰的操作路径、行动路径具有清晰的指向性。图 9-8 中，左图示例操作路径混乱，右图示例操作路径清晰。

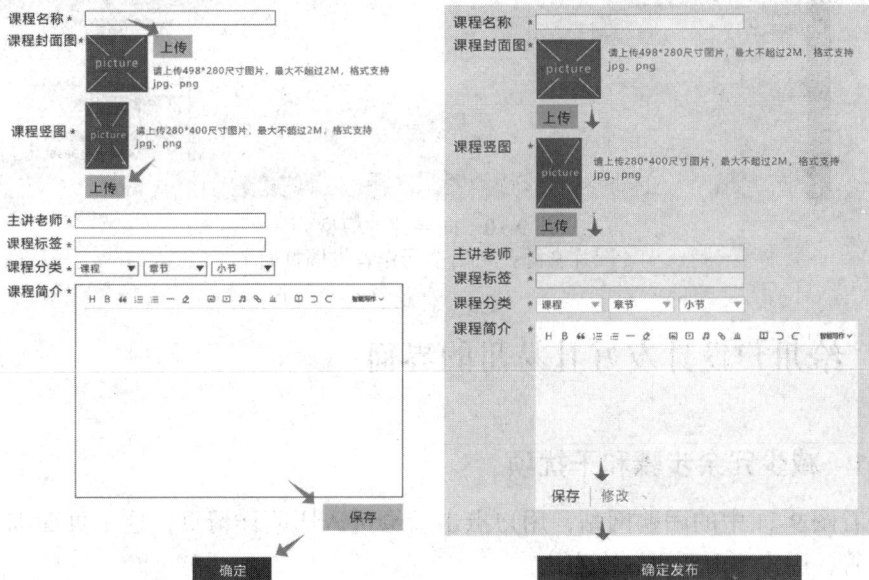

图 9-8 行动路径引导

9.3.3 运动元素引导

有趣的引导对互联网用户的体验有很大帮助，用户都愿意被引导完成任务，减少自己的思考成本。某网站的课程介绍如图 9-9 所示，就是利用运动元素——奔跑的恐龙去对用户的视觉进行引导。

图 9-9　运动元素引导

9.3.4 向导控件

向导控件是一种常用的交互方式(见图 9-10)，用来引导用户完成多步骤操作。

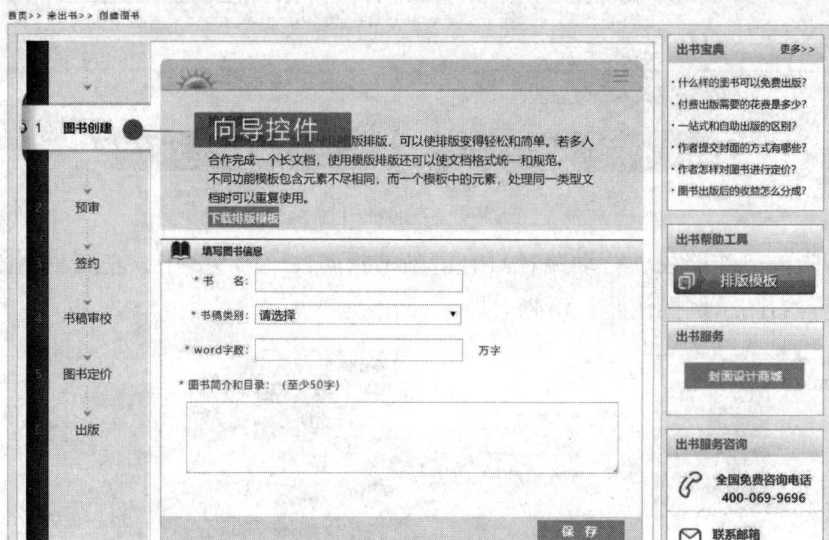

图 9-10　向导控件模型
（图片来源：来出书网作者投稿页面）

9.4　给用户设计友好且易用的界面

9.4.1 减少冗余步骤和干扰项

看图 9-11 中的团购网站，用户点击后会进入团购详情页，这个页面细节信息完善，用户不需要再一次点击。

试想用户点击进入网站后，若页面缺少店铺地址、电话、营业时间、消费限制、配菜、是否需要预约等信息，用户如果要得到这些信息必须再次点击"去看看"，这就增加了用户的操作步骤。在网站上多一次点击意味着多一分用户流失的可能。

图 9-11　减少冗余模型

在设计 App 应用的时候，要用最简单的功能和最快捷的流程，让用户快速、便捷地达到目的。速度越快，用户体验越好。

9.4.2　将复杂的操作交给系统

图 9-12 展示的是一款地图的应用，如果用户询问路线，"起点"和"终点"是必要环节。某款地图 App 会利用定位功能自动将定位点设置为"我的位置"，减少用户的操作。

图 9-12　导航
（图片来源：高德地图截屏）

将一些复杂的操作转移给系统，就是为了让机器变得更智能一些。无论是记录"用户名"还是自动识别用户"ID"调出所在城市，自动补全信息等常见的交互细节都是通过增加系统工作解放用户，让应用变得友好、简便、快捷。

试想一下，当你在互联网上费了好大劲填写完一个表单，结果突然手一抖，错按了退出键或者网络掉线，必须要重新填写。面对这种情况，你的心情会如何？

站在用户的角度思考，在设计产品时就需要通过优化操作过程、即时保存用户填写的内容等方式避免这种情况的发生（见图9-13）。

图 9-13　掉线保存以及用户操作过程中的提示、默认等优化

9.5　通过布置版式让页面层次清晰起来

很多时候因为业务需要，页面必须呈现很多元素，这时我们要设法使其井然有序。

将要呈现的大段信息分解成易于理解的信息模块，以"用户想看什么"和"我想让用户看什么"为内容模块排列优先级。再根据用户的浏览习惯，将不同优先级的信息放置在相应位置。

（1）逻辑相关的内容在视觉上分为一组。图9-14通过设计很好地从视觉上进行逻辑分组。

因此，只有成体系的培训知识架构，才能培养出专业的产品经理

从建立系统的产品经理互联网思维基础，到完善的工作理论，再到具体的方法论，以腾讯、阿里、360、快手等实际案例
为蓝本，带领学员从理论过渡到实战，多维度把学员培养成综合性实战型的专业人才……

图 9-14　逻辑相同内容归为一组

（2）内容或者重要程度不同的部分，要在视觉上体现差异性。（见图 9-15）

（3）逻辑上有包含关系的内容，要在视觉上进行嵌套。图 9-16 通过不同颜色背景可以清楚看到页面内容的层级关系。一级大包含整体介绍课程学完后的效

果和整个职业发展前景；二级小包含强调数据的展示，告诉用户产品经理未来的
发展前景。

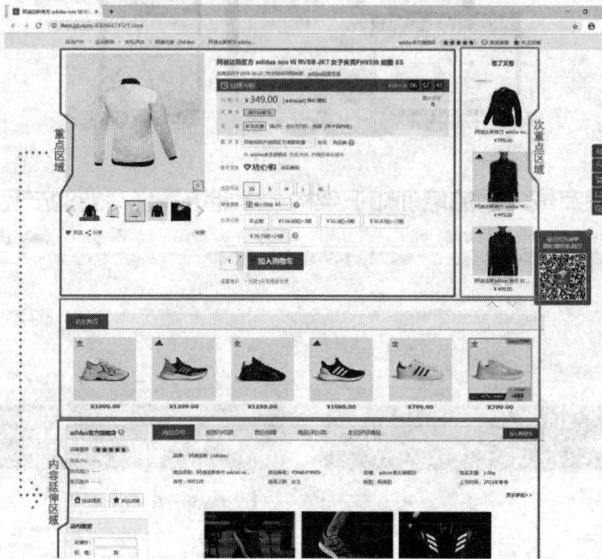

图 9-15　不同权重内容归为不同区域（一）

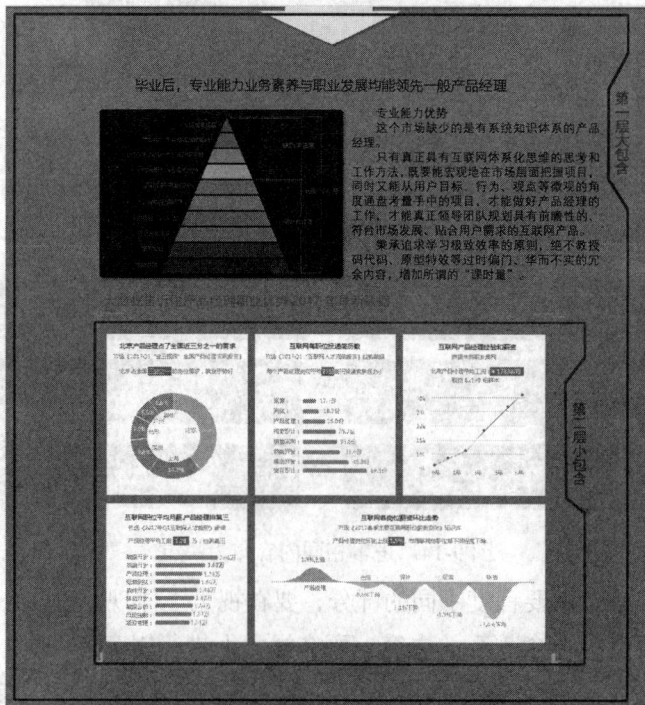

图 9-16　不同权重内容归为不同区域（二）

（4）让重点信息"跳出来"，将次要信息"藏起来"。

电商网站的评论模块，用户首先想看到的是对商品的综合评分，然后扫描每一条评论的标题和个人评分，只有在看到自己感兴趣的评价时才会深入地去看。所以设计上我们就要考虑这种递进关系，让重点信息"跳出来"，如图 9-17 展示的那样。

图 9-17　重点信息跳出来
（图片来源：京东官网）

将次要信息"藏起来"（见图 9-18）。

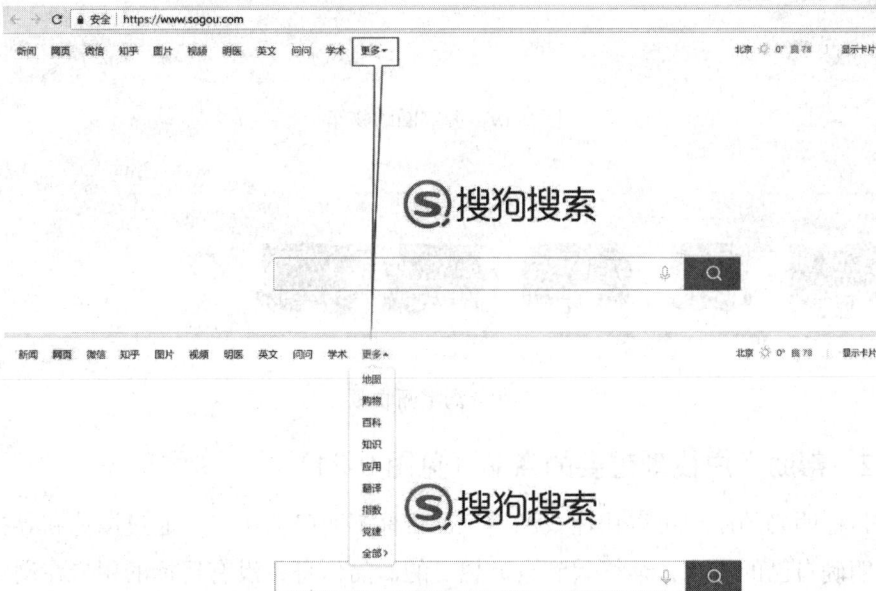

图 9-18　次要信息藏起来
（图片来源：搜狗搜索首页）

9.6 理性规划感性的界面

9.6.1 以人为本的界面

以人为本的界面了解用户，知道用户需求，保证页面逻辑可以让用户顺利达到目的。

目标明确的用户使用产品时会一步步完成任务，而目标不明确的用户，则需要更多的展示和引导来使用户尝试操作以完成任务。比如淘宝的"购物车"（见图 9-19）和"收藏夹"（见图 9-20）。购物车里的商品，用户购买的意愿更强烈，所以界面元素我们要规划得简洁明了，便于引导用户更快完成付款。而收藏夹的商品用户购买的欲望小，我们就应该适度地突出商品图片、评论、人气等能够刺激用户下决心购买的因素。

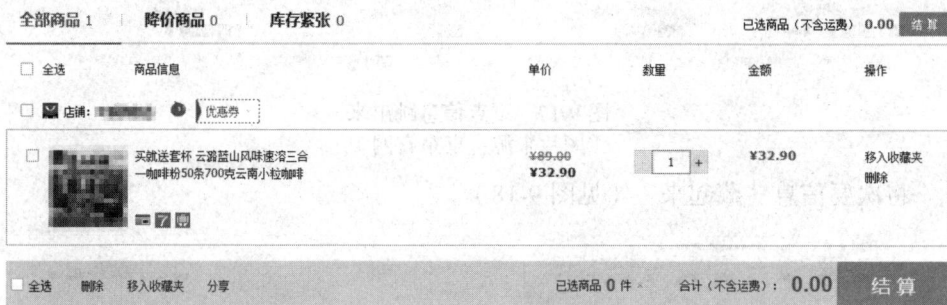

图 9-19 淘宝网购物车

图 9-20 淘宝网收藏夹

9.6.2 帮助用户找到想要的商品（见图 9-21）

目标明确的用户可以快速找到信息；目标不明确的用户，通过浏览和寻找一点点明确自己的需求，最终找到自己想要的商品信息；没有目标的用户在浏览中激发需求。

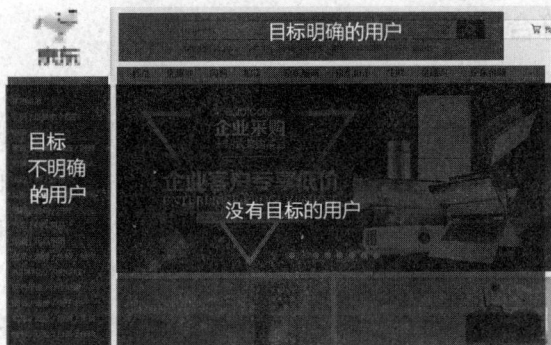

图 9-21 用户目的模型
（图片来源：京东首页）

9.6.3 吸引无清晰目标的用户

如图 9-22 所示是新浪老版微博登录或注册页面，对于想要登录的用户，逻辑和关键要点呈现都没有任何问题。但是对于缺少注册意愿、只是随意浏览的用户，这个页面就不能吸引他们了。新改版（见图 9-23）之后的微博页面给出了很多推荐内容，其使闲逛类型用户的转化率有所提升。因为新版除了登录注册还提供了更多内容信息。

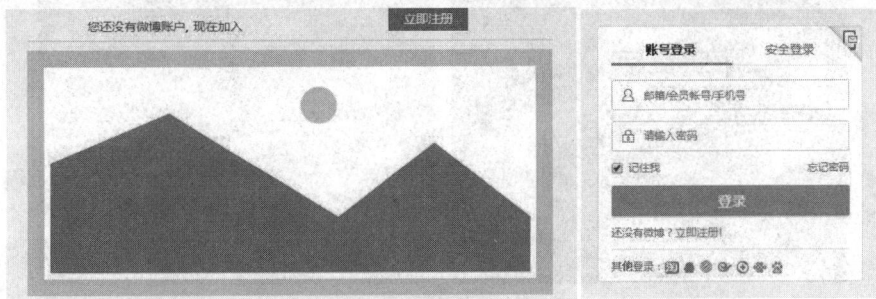

图 9-22 新浪老版微博登录页面

图 9-23 新浪新版微博登录页面

9.6.4 设计要符合用户心理模型

观察图 9-24 展示的 App 天气预报页面，虽然逻辑上没有什么问题，也满足了用户要求的简单易用的特点，但是在把握用户心理上做得不够，比如寒冷的天气却使用了暖色（右图）。所以我们要根据用户的使用场景和心理模型去设计互联网产品，让用户不用仔细看数值就已经从颜色上感觉到当天的温度。这才是我们追求的最佳的互联网产品设计。

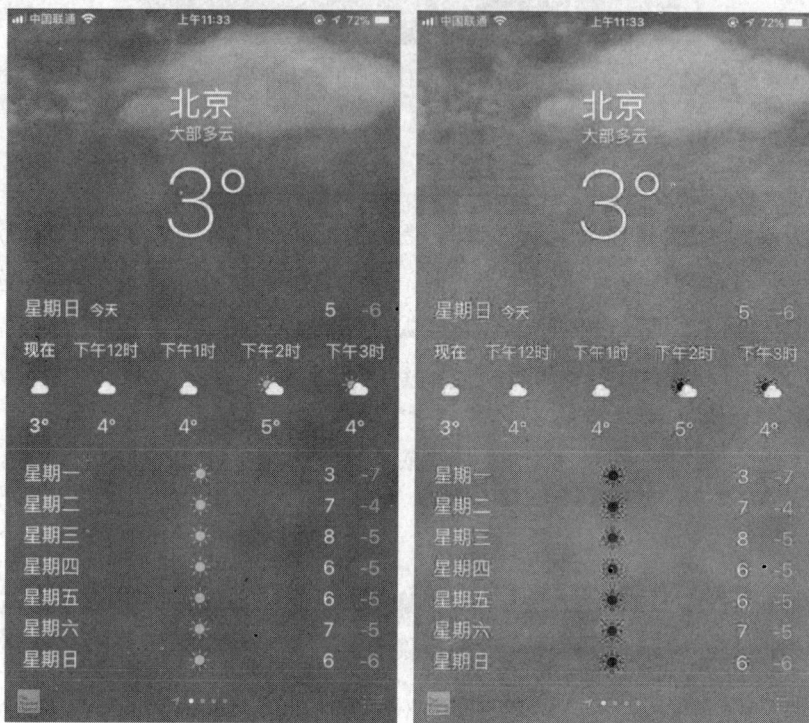

图 9-24 天气应用页面
（图片来源：iPhone 手机截屏）

9.6.5 拟物化的视觉

想方设法俘获用户。界面元素要能够和用户目标需求的心理预期达成一致，如图 9-25 展示的那样，让用户看到界面能够产生认同感，与界面产生情感互动，从而引导用户积极地操作。比如某些 App 备忘录应用设计，界面细腻地模拟了纸张和皮革的材质，光照、边角、装订线、画笔笔触都表现出其在真实世界里该有的样子，让用户有一种亲切感，有一种想要使用的冲动。

最初的拟物化设计是为了降低用户的学习成本，引导用户正确地操作。但是随着人们越来越多地使用电子产品，对虚拟界面的接受程度越来越高，不再那么需要拟物化的引导。同时拟物化界面对于细节的处理过于精细，也给用户造成视觉上的负担，所以人们越来越倾向于简约的扁平化设计。

但是用户的喜好也不是一成不变的。具体在项目中是使用拟物化的设计还是使用简约扁平化的设计，需要深入地进行用户调研，在倾听用户意见的基础上和 UI 进行沟通并最终做出决定。

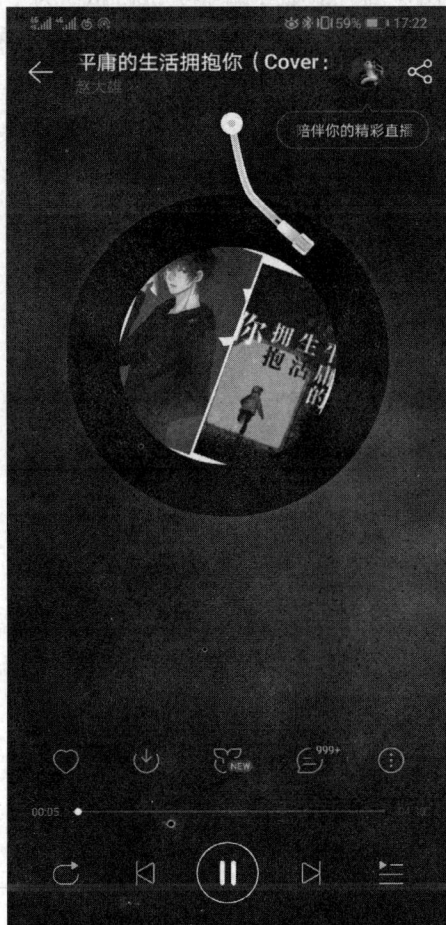

图 9-25　网易云音乐拟物化设计

9.6.6　隐喻化的操作

如图 9-26 所示，当应用的可视化对象和操作与现实世界中的对象和操作类似时，用户能快速领会到如何使用。

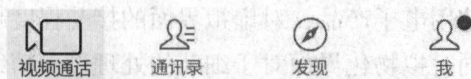

图 9-26 可视化对象对应现实

9.6.7 贴心的设计、可控的感受

数据显示，如果没有任何提示，80% 的用户等待超过 2 秒就会直接关闭窗口。如果画面有加载提示，用户离开的概率就会大大降低。为了增加用户的可控感觉，界面还需要预先提供提示，向用户提示将要进行的步骤。还有很多即时通信应用程序可以向用户展示对方的状态，比如"对方正在输入中……"让用户能感知对方的存在，缓解等待的焦虑。如图 9-27 所示的下载进度条，会让用户从心理上觉得这是一件可控制的事情，以达到增加等待概率的目的。

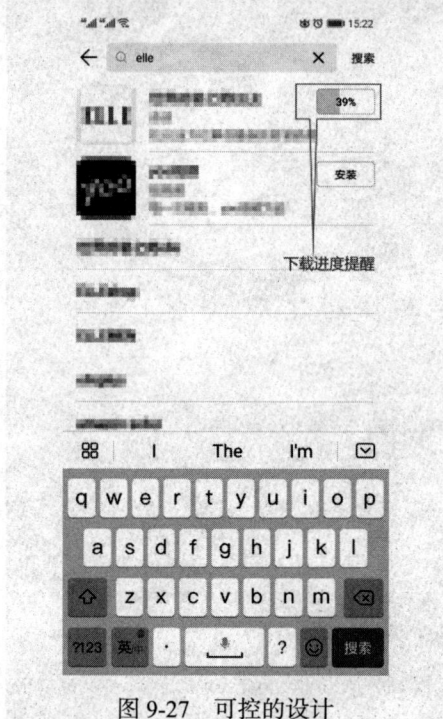

图 9-27 可控的设计

9.6.8 积极的反馈

人在表达后总是希望得到积极的反馈，如果在操作后网站长时间没有响应，用户就会有被忽略的感觉。积极的反馈可以提升用户的愉悦感，特别是新进来的用户更需要这样的体验。如图 9-28 所示的京东客服对话框，就算无人响应，系统也会自动回复编辑好的内容，以提高用户的使用感受。

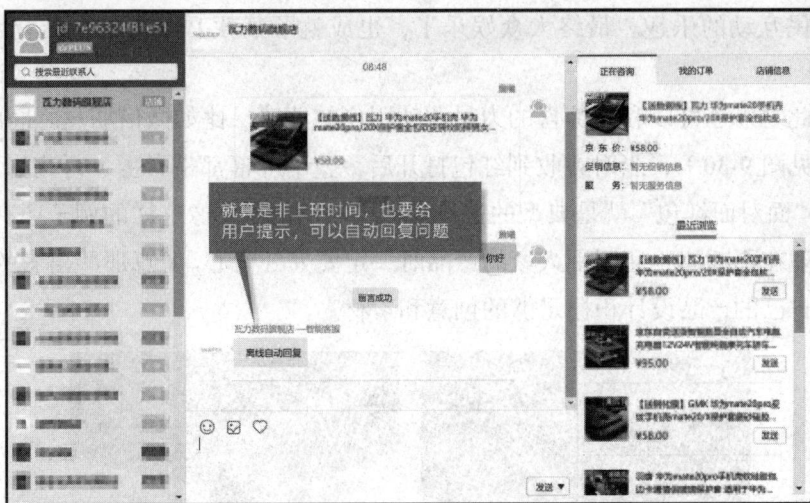

图 9-28　京东的客服页面

9.6.9　贴心的提醒

及时给出用户操作失误的提醒是减少用户烦恼、提升用户体验最基本的方法。特别是在移动端时代，屏幕小，在用户操作输入时间、成本都很高的情况下，如果不能及时对用户的操作给出相应的提醒，那么用户在受到挫折后跳出概率就会相当大。如图 9-29 所示，在需要对用户进行提示的地方，都做了提示。

图 9-29　贴心的提醒

9.6.10　调动用户的情感，增加互动的乐趣

现在 H5 技术已经很成熟。还记得青年节的时候朋友圈疯狂传播的"那时我也年轻过"的 App P 图吗？这就是在借助技术手段调动某一类用户群体的情感，

增加全民互动的乐趣。最终大众娱乐了，也成就了某款 P 图 App 的传播和用户沉淀。

除此之外还可以利用惊喜的力量调动用户的情感。比如微信朋友之间的红包往来（见图 9-30），当对方收到红包打开后，整个屏幕都是彩蛋。再比如情景的烘托，"面对面红包"就是典型的情景烘托成功的例子。像这样的例子还有很多，产品经理在不断体验使用别人家的产品时一定要处处留心。留意那些出彩的地方，为未来自己的产品设计积攒足够的创意和素材。

图 9-30　烘托气氛

9.7　撰写规范的交互说明

原型不仅包含线框图，还包含非常重要的交互说明，很多开发人员不愿意去操作你的原型，耗费时间去体验如何交互，更愿意你给他解释每一个功能的流程逻辑和交互。所以逻辑清晰的交互说明是提高团队协作效率的关键所在。

如图 9-31 所示是线框原型与交互说明实例图。

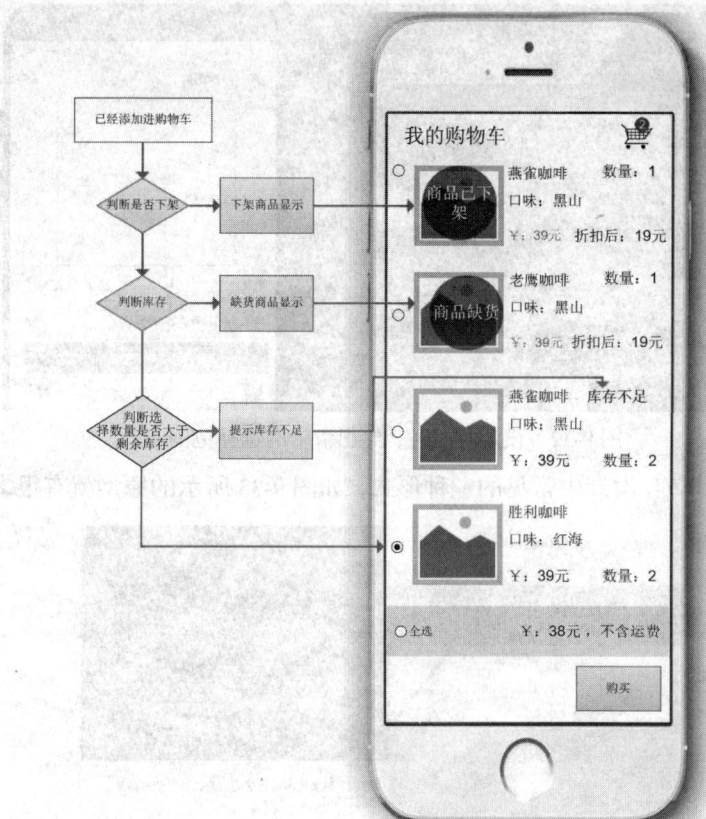

图 9-31　原型图加解释说明

原型既包含静态页面样式，也包含动态操作效果。线框图代表静态部分，而交互说明则代表动态部分。

交互说明是原型中不可缺少的内容。逻辑严密、内容详细的交互说明会让原型更专业。例如：文字数与显示规则为十字以内的全部显示，十字以上的仅显示前十个文字并以"……"结尾；再比如按钮操作分三种动态，分别是"点击前""点击中"和"点击后"，"点击前"某某状态和颜色，"点击中"某某状态和颜色，"点击后"某某状态和颜色；再比如点击页面某内容，出现什么反馈，等等。

9.7.1　交互说明之规则限制（包含数据范围值、数据极限值）

当页面出现"下拉菜单""筛选按钮""滑块""输入字符"等控件时，必须清楚标注它们的取值范围，否则开发人员不清楚该如何设定（见图 9-32）。

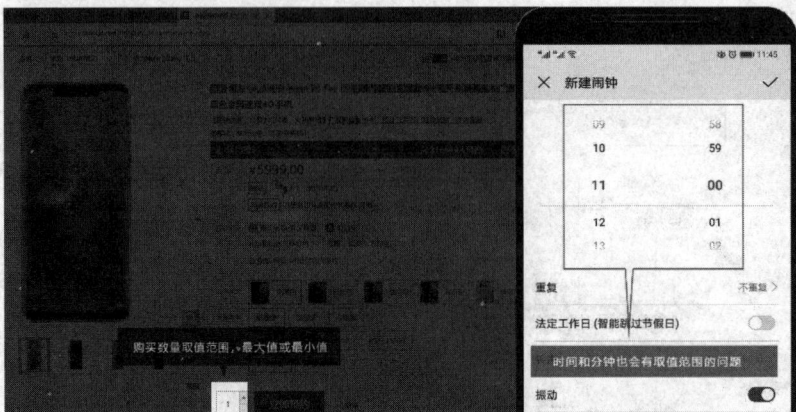

图 9-32　设定时间时，给出清晰的选择范围

输入文字是交互设计中常见的一种形式，如图 9-33 所示的原型就有很多不足。

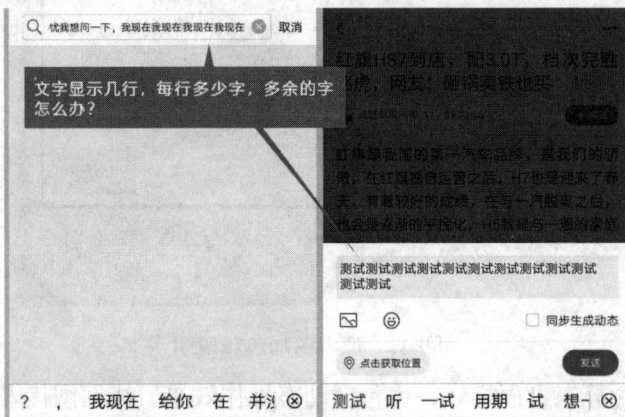

图 9-33　极限值说明（一）

限制范围值即数据显示限制多少字符，超过极限值如何显示（见图 9-34）。

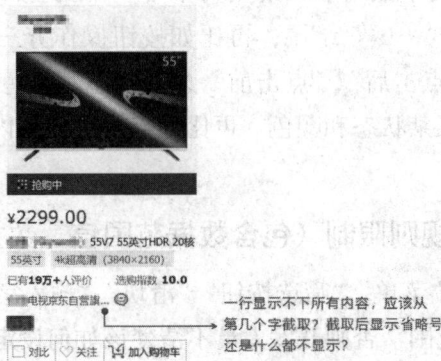

图 9-34　极限值说明（二）

9.7.2　"默认状态""常见状态""特殊状态"

1．默认状态

指默认的"文字""数据""选项"等内容。如图 9-35 所示为常见的默认状态。

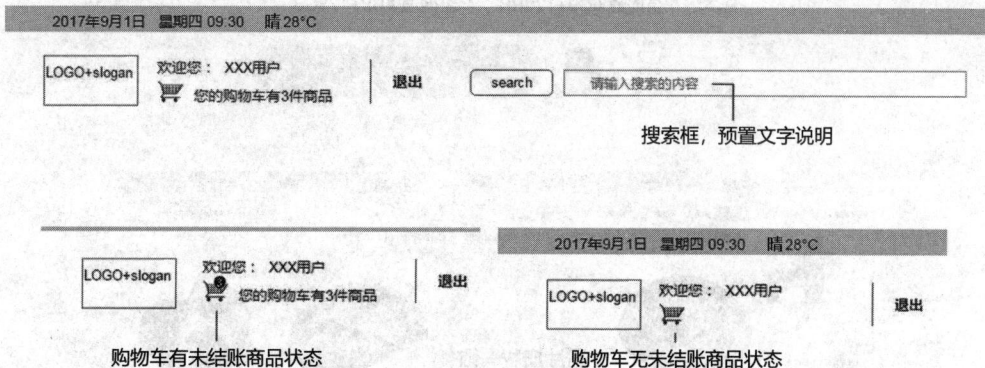

图 9-35　默认状态

2．常见状态

常见状态是某一模块经常遇到的一些状态，这些状态都需要在原型上展示出来。比如：一个如图 9-36 所示的普通的积分模块，一般会出现"未登录""登录后未签到""登录后已签到"三种状态。

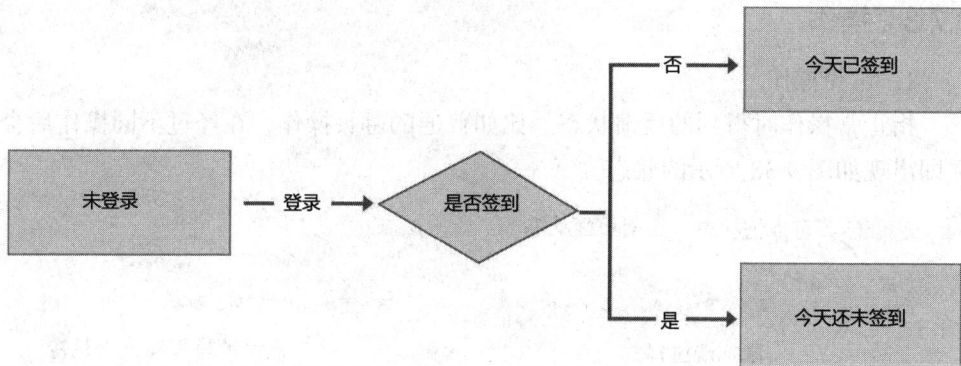

图 9-36　常见状态

3．特殊状态

特殊状态指有违逻辑常理的状态，如图 9-37 所示为电商缺货状态、图片加载失败状态等。

除了列出来的这些，实际项目中还有很多状态都需要在原型图中加以说明。

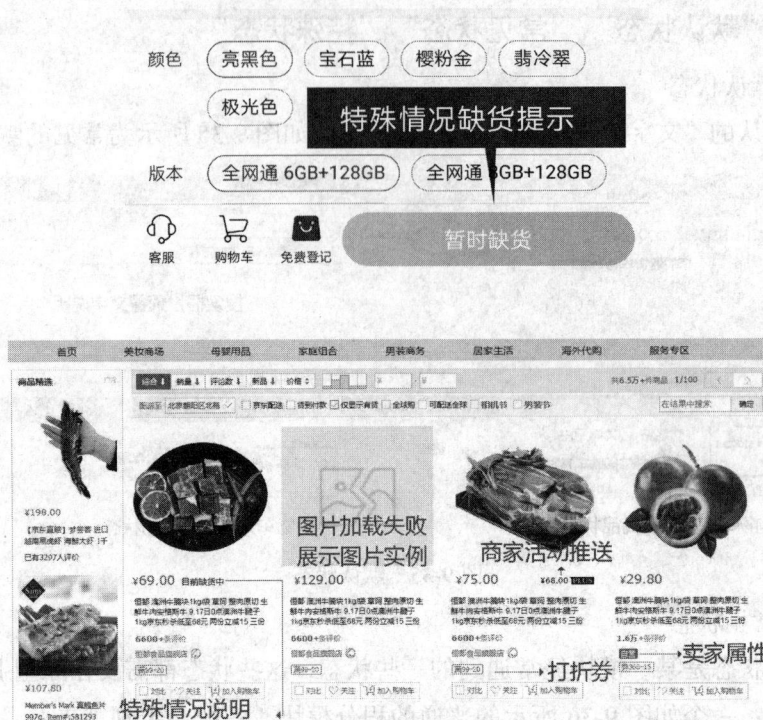

图 9-37　原型中各种说明

9.7.3　操作

1. 常见操作

指正常操作时得到的反馈状态。比如普通的翻页操作，在经过不同操作后会立即出现如图 9-38 所示的状态。

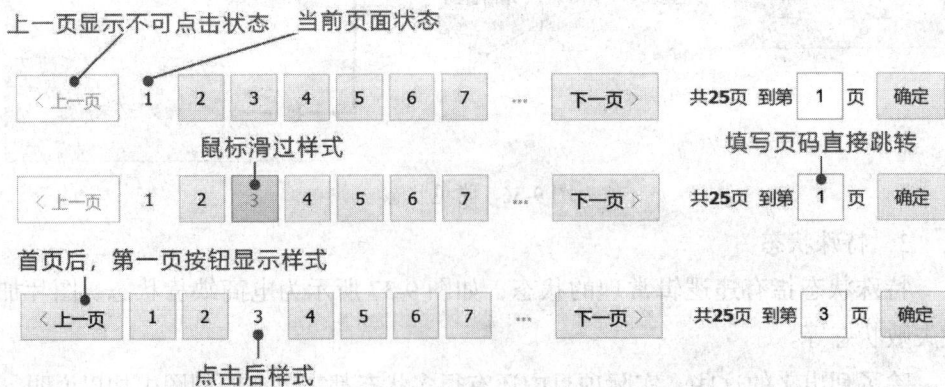

图 9-38　不同状态显示

2．特殊极端情况下的操作

如果勾选了两个人，再勾选第三个人怎么办？

如果勾选"张××"下面区块中会显示"张××"的信息，这个时候允许修改"张××"的身份信息吗？修改后"张××"状态还保持"勾选"吗？

如果修改"张××"身份证号之外的信息，"张××"状态还保持"勾选"吗？

提交表单后覆盖原来储存的信息吗？

若修改的生日信息、性别和身份证上的不一致怎么办？

面对复杂情况需要与技术人员探讨和沟通清楚后再把交互说明写清楚。表单中作者的扩展实例如图 9-39 所示。

3．误操作

虽然在设计原型时尽量避免用户出错，但是仍要考虑用户误操作后我们怎么应对，以帮助用户弥补错误。除了如图 9-40 所示的误操作，现实项目中还会有很多意想不到的情况。这里我们可以用头脑风暴和竞品分析的方式做出梳理，并给出用户误操作的解决方案。

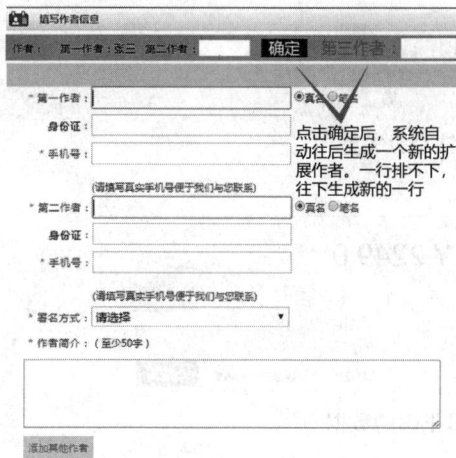

图 9-39　复杂情况要考虑清楚

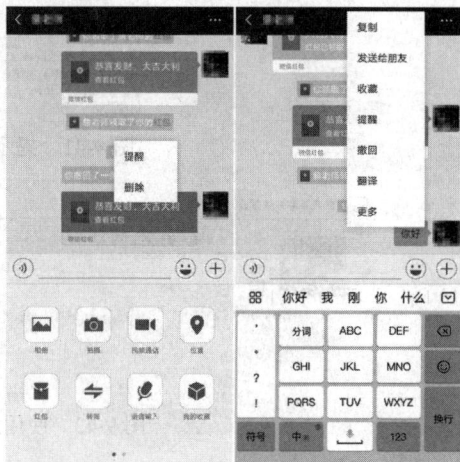

图 9-40　误操作解决方案

9.7.4　反馈

用户操作后得到的反馈动作包含"提示""跳转""动画"等。

1．提示

主要指操作后，系统反馈给用户的文字说明等信息，如图 9-41 所示。

2．原型尽量使用真实且符合逻辑的数据内容

比如实例上使用不真实的内容，开发人员会因为价格、优惠、小计之间是什么关系产生很大困扰。如图 9-42 所示就是错误的案例，原型中没有合理的价格，商品价格和结算价格也没有逻辑性，这种情况是一定要避免的。

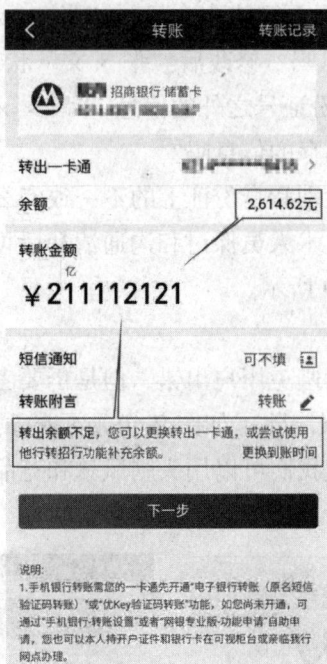

图 9-41　提示反馈是否完整

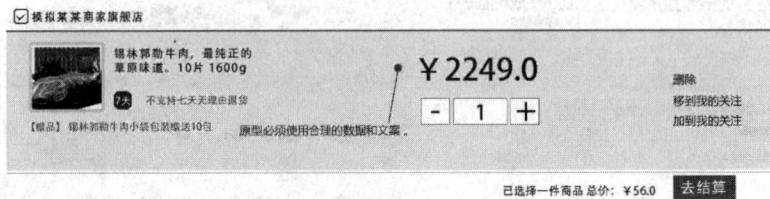

图 9-42　使用逻辑正确的数据

3. 不遗漏特殊情况

现实中特殊情况总是会不经意出现，所以不要等到出现了再去想着解决，应该在原型状态就全面考虑到，如图 9-43、图 9-44 所示。

图 9-43　各种特殊情况考虑周全（一）

图 9-44　各种特殊情况考虑周全（二）

　　最后切记如果原型有修改一定不要口头通知，而要更新交互说明并且用文字通知大家。

第 10 章

移动端产品设计和 H5 页介绍

10.1　移动端特点

移动端和 PC 端的不同不仅仅在尺寸方面。移动设备的属性与规格特性带来了不同的设计启示和要求，其更小、更便捷，用户可以随身携带、随时使用，打破了空间和时间的限制，使用户与设备建立了独特而富有效果的联系。

（1）属性与规格。移动端都有触摸屏，用户可以用触碰的方式操作。移动终端设备受屏幕尺寸大小、视觉呈现以及联网带宽和速度等条件限制，在做移动端产品设计的时候，要考虑以下三点。

① 优化加载时间；

② 减少数据的请求；

③ 减小图片容量，不要因图片文件过大而增加用户点开的时间，干扰用户浏览体验。

（2）用户如何认知和操作。目前大多数移动端设备的触摸都支持多点触控，因此用户可以通过手势进行操作，如"三指缩放"等。同时移动端设备内置各种传感器，具体如下。

① 重力传感器，如横竖屏自动切换、陀螺仪等；

② 压力传感器，如测试气压等；

③ 麦克风；

④ 加速传感器，如"摇一摇"等；

⑤ 位置传感器，如指南针、地图等；

⑥ 光线传感器，如调节屏幕亮度等；

⑦ 摄像头。

除此之外，小屏幕单窗口特点让我们设计移动产品的时候有以下规则需遵循。

① 最小的点击热区：44 px × 44 px，小于这个尺寸，用户点击会频繁误触；

② 页面层级最好不超过四级，层级太多用户会迷失在架构中；

③ 及时给出操作反馈提示；

④ 考虑跨平台和兼容性；

⑤ 页面之间平滑的转场动效；

⑥ 借助传感器挖掘更多交互趣味性。

产品经理在做移动端产品原型设计时，要能善于利用各种传感器优化产品使用体验，改变做 Web 端时获取信息、交互信息的单一模式。

（3）移动产品实现方式不同于传统网站，移动设计的实现存在以下两种主流方式。

① 移动用户希望在浏览器上浏览移动式网站；

② 原生应用是独立存在的，每一个应用的界面都被定义在平台层上方。混合模式应用提供了更为灵活的方式，可从网络中获取内容（即通过浏览器进行阅读），但也提供了类似于原生应用的界面；

③ 每一种实现方式都有正反两面，选择哪种样式取决于项目的设计背景。下面的表单中，星星越多，表示效果越好。

考量要素	移动式网站	响应式网站	原生应用	混合式开发	评价
用户优先级可调整性	★★	★★	★★	★★★	混合式开发日趋流行，将 H5 页面和微信结合在一起
内容传达	★★	★★★	★★★	★★★	响应式网站和混合模式应用在搜索引擎中更容易被找到
功能性	★★	★★	★★★	★★★	原生应用提供了设备功能接入，允许更多的使用体验
兼容性	★★	★★★	★	★	响应式展示方便，在任何设备上都可以进行浏览，但是设计有局限性，版式生硬；而原生应用要根据不同设备进行设计
开发消耗	★★	★★★	★	★★	响应式网站前端代码需要额外的编译时间。原生应用需要单独的安卓和 iOS 开发人员，时间和经济成本更高
维护消耗	★★	★★★	★	★★	独立原生应用需要单独维护。响应式只需前端开发维护前端代码即可

10.2　产品类型

10.2.1　原生应用

本地应用独立拥有，客户端需要发版用户自动升级。

（1）优点。

① 最佳用户体验，华丽的交互，操作流畅；

② 节省带宽成本；

③ 能够轻松调用图片相机、各类传感器、麦克风、电话；

④ 可以使用推送。

（2）缺点。

① 开发成本比较高，维护更新滞后，访问路径封闭；

② 不是用户常用的应用，很难长时间存活在手机里，易被删除掉。

10.2.2 响应式

手机浏览器访问 H5 网站，支持新标签和脚本，可以做出类似原生应用的效果和动画。

（1）优点。

① 实时更新；

② 不需要针对各种平台开发不同版本，开发成本低；

③ 输入网址即可访问，不需要下载安装。

（2）缺点。

① 部分浏览器无法调用相机硬件资源和传感器；

② 无法使用推送功能；

③ 性能比较差，浏览器适配器容易出问题；

④ 缓存小，以 iPhone 为标准，所有图片和脚本都要小于 25K。随着硬件技术的发展，规范要及时更新；

⑤ 目前只兼容 Webkit 为内核的手机浏览器，WP、Symbian 等平台的浏览器无法正常访问。

10.2.3 混合式应用

包含原生 App 和 H5 两种方式，使用方式和原生应用相似，同时又继承了 H5 网站实时更新、开发成本低等优点。做得比较好的应用有"微信红包"，入口在原生那里，使用抢红包的过程在 H5 页面里完成。包括淘宝的应用也是混合式的，里面会嵌入各种各样的 H5 页面。

安卓的应用和 iOS 的应用参数区别不大。但是安卓手机和苹果手机因其按键差别，导致操作习惯也不一样。iOS 所有的操作都可以通过手势完成，安卓则有时需要借助实体键。但是随着对体验的极致追求，新一代的 Mate20 的安卓系统使单手操作交互也很流畅了。

10.3 产品的信息架构

产品规划层级关系都是从抽象到具体，"战略→范围→结构→框架→表现"。

无论是做 Web 产品还是 App 都是一样的过程，都需要先考虑好宏观的战略层面的设计，逐步向功能和内容过渡，选择不同的交互规划、不同的信息结构布置页面，最后到视觉设计落地（见图 10-1）。

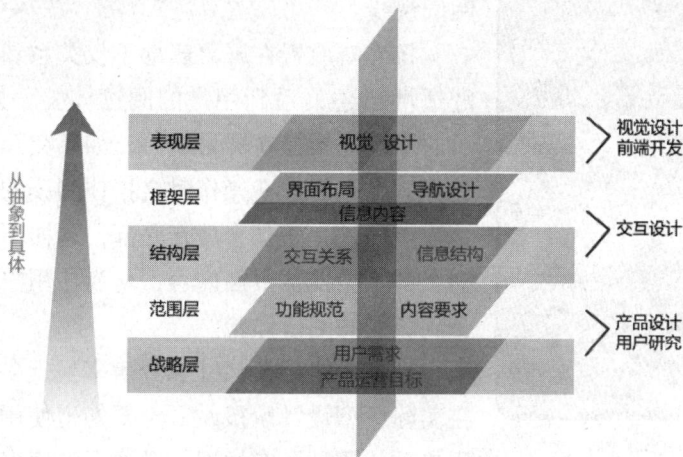

图 10-1　产品规划层级关系

　　移动端产品发展到现在，也有了自己的一套信息架构样式。响应式网站的结构可能更多遵从 Web 样式，而原生应用则通常采用自己形成的一套信息架构样式。这里要注意，并不存在构造移动网站或应用的"正确"或者"标准"方法。

10.3.1　信息架构样式之底部 tab 式导航、标签式导航

　　底部 tab 式导航如图 10-2 所示。观察一下自己手机中常用的 App，就会发现 QQ、微信、淘宝、微博、美团、京东等应用都采用了底部 tab 式导航。这是符合拇指热区操作的一种导航模式。

　　什么是拇指热区？站在公交车上一手拉扶手，另一只手操作，就是广大用户最常用的单手持握操作方式。对移动端产品设计来说，为触摸控制所进行的交互设计主要针对的就是单手持握操作时拇指可以覆盖的区域。

　　当今手机屏幕越来越大，拇指可控范围还不到整个屏幕的三分之一，缺乏灵活度。控制区主要集中在屏幕底部与拇指相对应的地方。当手持握手机的时候，我们还是要为主流右手持握用户设计。

图 10-2　底部导航

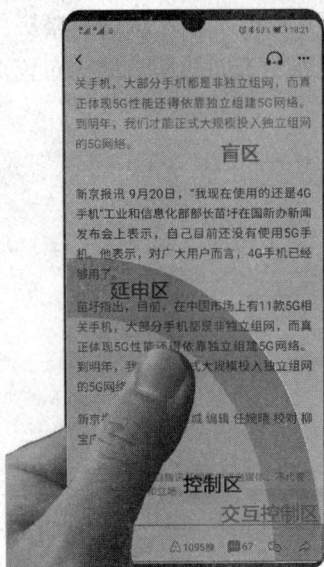

图 10-3　手指触控区

拇指热区如图 10-3 所示。将导航放置在屏幕底部即拇指热区，这样的方式为单手持握时的拇指操作带来了更大的舒适性，操作时手指也不易遮挡阅读视线。

将导航放置在屏幕底部不仅关系到拇指操作的舒适性，还关系到用户的阅读体验。如图 10-3 所示的用户拇指放在屏幕上面，如果交互按钮放置在上方，那么用户在操作时会挡住阅读的视线。因此交互类控件一般都会放在底部，这样不管手怎么移动，都不会挡住页面内容，从而让用户操作时能享受到流畅的阅读体验。

现在手机屏幕尺寸和分辨率呈现多样化。因此在实际原型设计阶段，一定要知道使用自己产品的用户群体硬件分布情况。既要保证大多数用户的使用体验，又要兼顾少部分移动硬件用户的使用体验。这里面的取舍，产品经理要根据实际情况做出选择。

10.3.2　信息架构样式之顶部 tab 式导航

安卓实体键在屏幕底部，在设计中顶部 tab 可以避免产生堆叠。但是安卓现在的操作越来越关注用户体验，追求单手操作。互联网产品所有交互设计都需要从用户角度出发，以用户使用行为习惯作为参考基础。播放类 App 因为产品特殊的播放要求，多数将导航放置在了顶部。比如图 10-4 中所示的网易云音乐为了更好展示歌手、歌曲名等基本信息，以及支持快捷操作播放 / 暂停，播放器需要固定在底部，因此顶部 tab 导航不失为一个好选择。

还有各种资讯类 App，由于内容多、栏目分类多，经常运用顶部和底部双 tab 导航（见图 10-5）。

把主栏目放在顶部。因为资讯类用户行为习惯是：在每个栏目都是沉浸式阅读，最常用的操作是在一个栏目中不断地向下滑，阅读同一栏目下不同内容。将常用的栏目放在顶部，用户切换主栏目的时候直接可以从屏幕一边滑向另一边，实现切换栏目的操作，而上下滑动操作就可以实现内容的浏览。

将和用户相关的个人属性的栏目放置在拇指控制区，两两结合达到让用户单手操作 App 的极致体验。

图 10-4　网易云音乐安卓版　　　图 10-5　新闻资讯类 App 交互操作演示

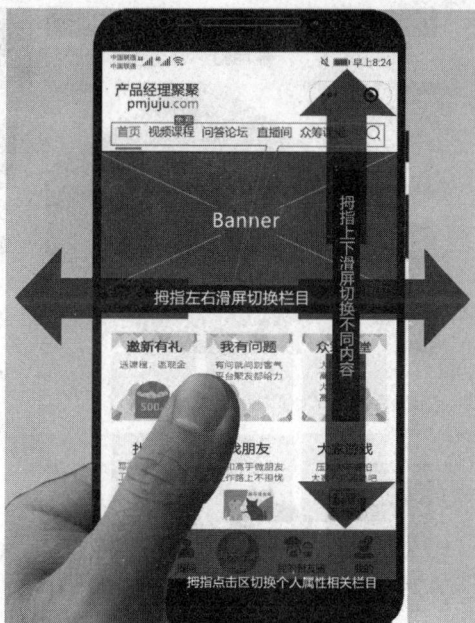

在实际项目中，以下两种情况可以选择顶部 tab 式导航。

第一，具有工具属性的，比如音乐播放类、视频播放类、视频录制类。这些功能属于产品核心功能且用户会频繁操作，因此最佳设置位置是底部用户拇指控制区。其他的内容类栏目固定在顶部，辅助手势操作，上下左右滑动即可切换栏目和内容。

标签导航底部栏目数量最好控制在 5 个以内，多出来的可以设置浮动导航，让用户自己设定。需要注意：结构太过复杂而且不稳定的 App 不适合标签式导航。

10.3.3　信息架构样式之列表式导航

列表式导航如图 10-6 所示，是移动平台必不可少的一种信息承载模式。这种导航结构简单清晰、易于理解，能够帮助用户快速定位到对应内容。在 App 中的应用也分为两种：

第一种是作为主导航使用。

如果该 App 的内容信息较为单一且并不会在入口间频繁反复跳转，那么列表式导航作为主导航将是一种不错的选择。例如 Elle 作为一个电子杂志 App，以文字、图片表达为主，层级浅且内容平级，用列表式导航作为主导航来构架内容，简单而直接。

图 10-6　　Elle 和微信 App

第二种是作为辅助导航来展示二级甚至更深层级的内容，如图 10-6 中的右侧部分。

几乎所有 App 中都能看到它的应用，作为信息梳理条目列表数量，尽量保持在一屏以内，超过一屏最好再分一级。而且按照人一次最多只能记住 6 项事物的心理法则，最重要的内容归纳在前 6 个列表更容易被人们记住。如果不同种类的内容放在同一页面，那就要注意为这些内容分类，比如微信的设置页面用留白的方式来区分内容的不同。

10.3.4　信息架构样式之层级式

层级式需要跟桌面端网站保持一致的频道结构。层级样式是带有一个索引页和一系列子页面的标准网站结构（见图 10-7）。注意多层级的导航结构应用于小屏幕上可能会给用户造成搜索不便。

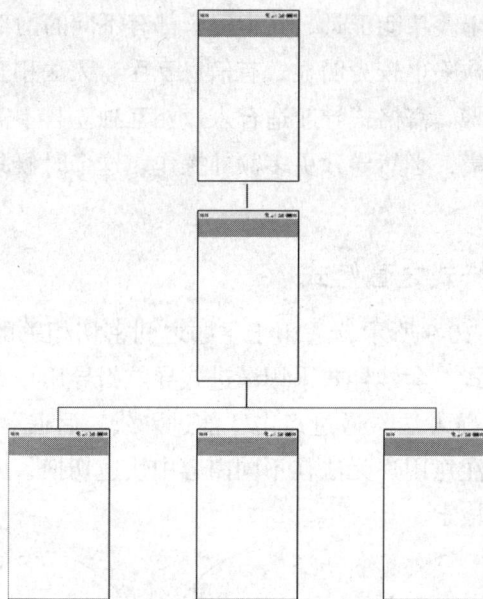

图 10-7　层级式导航模型

10.3.5　信息架构样式之辐射式

辐射样式如图 10-8 所示，向用户提供了便于跳转的中央式索引。用户无法
在分页面之间切换，必须回到中央进行新一级跳转。一直以来这种样式主要用于
工作流程受限的桌面端（通常是技术限制）。大家可以翻一下手机里的 App，看
看哪个 App 的主导航用了宫格式导航。

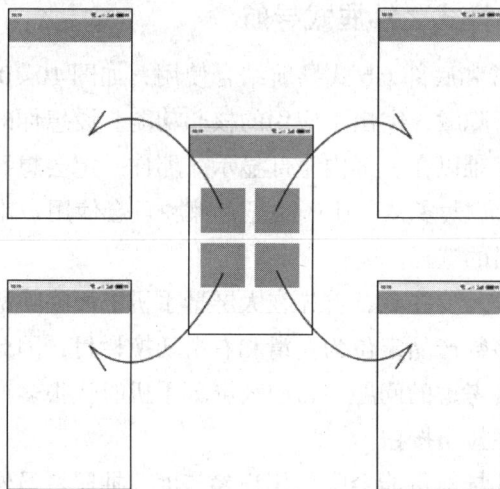

图 10-8　辐射式导航模型

宫格式导航适用于多功能工具，其中每个都有不同的内部导航和目标。

但宫格式导航的缺陷也较为明显，有信息互斥、无法相互通达，给用户带来了更多额外的操作步骤。宫格式导航适合入口相互独立且不需要交叉使用的信息归类。一旦入口有交集，必然导致更多额外操作，这个时候只能根据产品特性做出权衡。

10.3.6 信息架构样式之套娃式

套娃式导航如图 10-9 所示，适用于主题之间密切相关的应用，也适用于内置其他父样式的子样式。套娃样式采用渐进式导航引导用户查看更详细的内容，是一种快速简单的导航方法。通过点击"前进"或"后退"，用户可以强烈感知自己所处位置。但要注意用户无法在不同内容中快速切换，因此采用前应考虑这种样式是否便于用户检索。

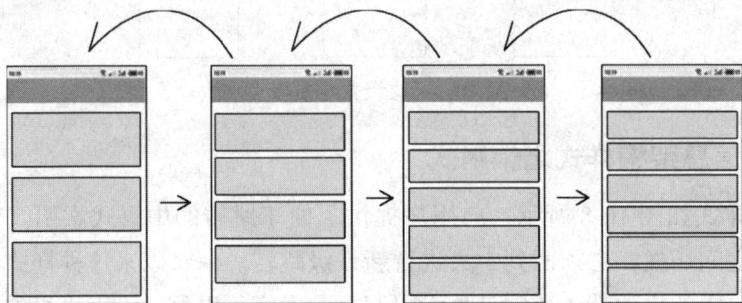

图 10-9 套娃式导航模型

10.3.7 信息架构样式之抽屉式导航

抽屉式导航经常和底部 tab 式导航结合使用，如图 10-10 所示。抽屉式导航将部分信息内容进行隐藏，突出了应用的核心功能。设想你的产品信息层级有非常多的页面和内容，难以在一屏内全部显示，那你一定会想到设计一个底部或顶部的 tab 导航，但导航太多又会让产品显得臃肿且会使用户难以点击。这个时候抽屉式导航是个不错的选择。

但抽屉式导航设计要注意，首先在大屏幕手机上面临唤醒位置选择。因为上面我们讲目前绝大多数产品定位为左滑和右滑切换栏目，因此怎么唤醒拉出抽屉导航是产品设计者要考虑的问题。目前大屏幕手机时代很多产品在屏幕顶部左上角的位置设置抽屉栏拉出按钮。

还要注意抽屉式导航可能会降低用户参与度。抽屉栏虽然能为页面带来干净的设计，但是也让用户忽视隐藏的信息，既然用户第一眼看不到这些入口，那用户也就时常会忘记它们在哪儿。这也导致了隐藏在抽屉栏内的信息内容用户点击率和参与感低。

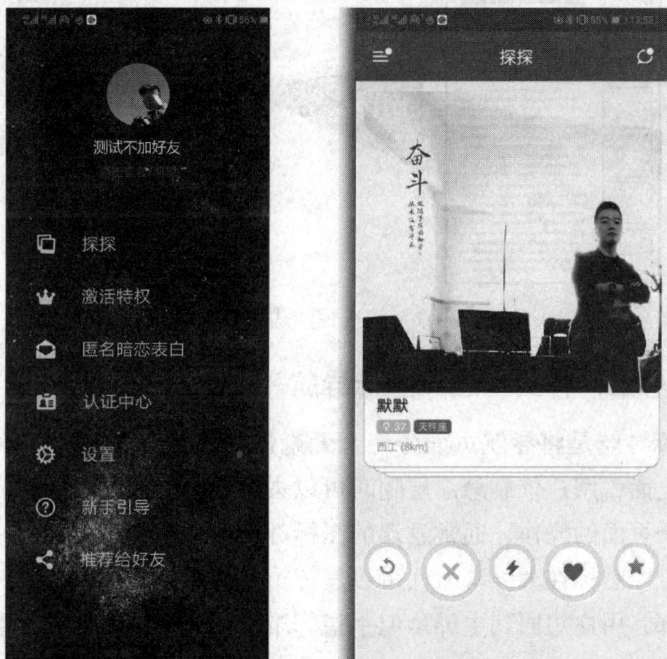

图 10-10 抽屉式导航模型

用户个人信息设置这类低频操作，适合用侧抽屉式导航。如果你的 App 主要的功能和内容都在一个页面里面，那"用户设置"这类低频操作项和辅助功能可以放在抽屉栏里，达到主页面美观干净的效果。

如果你的 App 有不同的视图且它们是平级架构，需要用户同等对待，那么抽屉栏将会浪费掉大多数的用户对于侧边栏中入口的潜在参与和交互，因此需要用户有一定参与的信息层级的内容最好不要放置在抽屉栏。

10.3.8 信息架构样式之筛选视图

筛选视图式导航如图 10-11 所示，该样式允许用户通过选择筛选项来切换不同视图，从而在一系列数据中进行导航。筛选同分类搜索方法一样，是一种很棒的适合用户查询内容的方法。适用内容数量庞大的应用，诸如文章、图像和视频。它可为杂志样式的应用或网站提供较好的基础，也可以作为另一个导航样式内的子样式。

注意移动设备上由于筛选和分类搜索很复杂，所以很难在较小的屏幕上展示。

图 10-11　筛选视图式导航模型

10.3.9　信息架构样式之悬浮图标导航

悬浮图标导航是将导航页面分层，无论你到达 App 的哪个页面，悬浮图标永远悬浮在上面，用户依靠悬浮层随时可以去想要去的地方，同时为了让悬浮图标不遮挡某个页面的操作，通常悬浮的图标都在屏幕边缘，可以由用户自由移动放置位置。悬浮图标在大屏幕时代可以发挥重要作用，当用户单手持握手机，拇指在手机中部，用户想回到主屏幕但手指却难以到达屏幕顶部时，悬浮图标就能为用户提供快捷操作。

悬浮式图标是一个非常便捷的操作入口，也适应大屏幕时代。但需要注意的是，悬浮式图标会遮挡某些页面的操作，这一点在设计的时候应该考虑进去。某些信息层级繁多且复杂的 App，让用户自主决定是否需要调出悬浮式图标，或者让用户自定义菜单，会更加符合用户的心理预期。

最后总结一下各种导航的特点。

标签式导航：最常用、最不易出错，请第一时间考虑它。

抽屉式导航：如果你的信息架构层级繁多，可以考虑将辅助类内容放在抽屉式导航中。

列表式导航：作为辅助导航来展示二级甚至更深层级的内容，每个 App 必不可少，但请注意数量与分类。

平铺式导航：如果内容是随意浏览无须来回跳转的，可以考虑它。

宫格式导航：不建议在 App 中作为主导航使用，如果非使用不可，请增加跳转的关联性。

悬浮式导航：更适应大屏幕的导航模式，不妨试一试，但注意不要让它遮挡住某些页面关键操作。

10.4 移动产品的用户体验

由于移动终端产品很丰富，屏幕尺寸差距大，我们做一款具备普适性的应用需要针对不同的规格进行调整。这就特别考验产品经理知识面的广度，要明确需要针对哪些重点的屏幕和尺寸设计产品。

手势操作也是设计交互时重要的考虑维度。重要区域在哪里？操作区域怎么放？怎么利用移动终端的交互？

点击区域我们要考虑尺寸和位置。各个厂商也会根据屏幕推荐不同的标准和视觉规范，产品经理也要经常关注这些信息，因为会直接对应产品经理写需求，或者安排布局产品架构版式规划。比如绘制原型时你画了 7 个底栏菜单项目，但是屏幕可能根本放不下这么多。所以产品经理要了解这些关键指标，只有这样做出来的需求和产品方案才会更加务实。

10.4.1 苹果端

关于 iOS 标准和安卓设计规范，大家可以自行在网络上寻找相关资源，在进行产品原型设计之前，先自我学习、熟悉一下这些标准。

iOS 最新 iPhone X 界面标准如下。

界面尺寸：

设　　备	分　辨　率	状态栏高度	导航栏高度	标签栏高度
iPhone 6 plus	1 242 × 2 208 px	60 px	132 px	147 px
iPhone 6	750 × 1 334 px	40 px	88 px	98 px
iPhone 5/5s/5c	640 × 1 136 px	40 px	88 px	98 px

图标尺寸：

设　　备	App Store	程序应用	主　屏　幕	Spotlight 搜索	标　签　栏	工具栏和导航栏
iPhone 6 plus	1 024 × 1 024 px	180 × 180 px	144 × 144 px	87 × 87 px	75 × 75 px	66 × 66 px
iPhone 6	1 024 × 1 024 px	120 × 120 px	144 × 144 px	58 × 58 px	75 × 75 px	44 × 44 px
iPhone 5/5s/5c	1 024 × 1 024 px	120 × 120 px	144 × 144 px	58 × 58 px	75 × 75 px	44 × 44 px

字体与字号：iPhone 上的字体英文为 Helvetica Neue；至于中文，Mac 下用的是黑体—简，Win 下则为华文黑体。所有字体要用双数字号。

根据用户体验小调查，对 App 字体大小的调查结论如下：

操 作 端		可接受下线	可见最小值	视觉舒适值
iOS	长文本	26 px	30 px	32 ～ 34 px
	短文本	28 px	30 px	32 px
	注释	24 px	24 px	28 px

iOS 颜色值取 RGB 各颜色的值。比如某个色值，给予 iOS 开发的色值为 R:12、G:34、B:56，给出的值就是 12、34、56，有时也要根据开发的习惯或采取十六进制标示。

图 10-12　按钮四种状态

关注以下细节：① 所有能点击的图片不得小于 44 px（Retina 需要 88 px）；② 单独存在的元件必须是双数尺寸；③ 两倍图以 @2x 作为命名后缀；④ 充分考虑每个控制按钮在四种状态下的样式。如图 10-12 所示。

（资料来源：http://www.gamfe.com/news/201709/she ji-10451.html）

10.4.2　安卓端

Android 的尺寸众多，建议使用分辨率为 720×1 280 的尺寸设计。这个尺寸的产品在 720×1 280 设置中显示完美，在 1 080×1 920 中看起来也比较清晰，切图后的图片文件大小也适中，应用的内存消耗也不会过高。

状态栏高度 50 px，导航栏高度 96 px，标签栏高度 96 px。现在 Android 手机都去掉了实体键，把功能键移到了屏幕中，当然高度也是和标签栏一样的 96 px；内容区域高度为 1 038 px（1 280-50-96-96=1 038）。

图标尺寸：

屏 幕 大 小	启 动 图 标	操作栏图标	上下文图标	系统通知图标（白色）	最 细 笔 画
320×480 px	48×48 px	32×32 px	16×16 px	24×24 px	不小于 2 px
480×480 px	72×72 px	48×48 px	24×24 px	36×36 px	不小于 3 px
480×854 px					
540×960 px					
720×1 280 px	48×48 px	32×32 px	16×16 px	24×24 px	不小于 2 px
1 080×1 920 px	144×144 px	96×96 px	48×48 px	72×72 px	不小于 6 px

Android 上的字体为 Droid sans fallback,是谷歌自己的字体,与微软雅黑很像。
Android 的字体大小调查结论是:

操 作 端		可接受下限 (80%用户可接受)	可见最小值 (50%以上用户认为偏小)	可见舒适值 (用户认为最舒适)
安卓高分辨率 (480×800)	长文本	21 px	24 px	27 px
	短文本	21 px	24 px	27 px
	注释	18 px	18 px	22 px
安卓低分辨率 (320×480)	长文本	14 px	16 px	18 ~ 20 px
	短文本	14 px	14 px	18 px
	注释	12 px	12 px	14 ~ 16 px

Android 颜色值取值为十六进制的值,比如绿色开发的代码值为 #5bc43e。
触屏设备中多样的手势操作,都是由这 10 种基本手势组合演变而来的。

单　击		双　击	
拖　曳		轻　滑	
缩　小		放　大	
按　压		双指点击	
按住拖曳		旋　转	

(资料来源:http://www.woshipm.com/ucd/105860.html)

基本转场切换:

手　势	转　场	描　述	使用场景
点　按	快速切换 	视图转换没有任何动画	当两种不同的工具或内容之间进行变化时

续表

手　势	转　场	描　述	使 用 场 景
点　按	直接展开	一个项目展开，使所在区块向下扩展	当需要展开的内容在同一区块中时
点　按	翻转	视图如转身一般向前翻转	当需要打开的新视图和前面的视图有紧密联系时
滑　动	水平滑动	新视图向左或者向右滑动把老视图推出屏幕外	当向前查看新的相关内容时，也可返回到前一个屏幕
滑　动	水平覆盖	新视图向左或向右滑动覆盖老视图	当浏览者支持额外内容时

（资料来源：http://www.uisdc.com/interaction-method-and-skill）

以上仅列举少部分，还有非常多的转场效果可以选择，最佳选择的标准是引入该转场可以促进交互的一致性。

（1）不同的交互模式。登录和注册对于 App 必不可少，所以我们应该尽可能把过程设计得简单方便（见图 10-13）。

① 自动登录。用户信息首次登录就自动保存，用户以后再次打开 App 会自动登录，并更新主页最新消息。

这也是许多社交 App 最常见的模式，适用于必须登录才能进入主页查看信息的情况。注意：只适用于对信息安全要求不高的 App。

② 保存账号和密码。和电脑网页一样，移动 App 也可以采用这种设计，保存用户的账号和密码等登录信息，以便用户快速登录。适用于需要登录的手机版网页。注意：尽量减少登录的步骤。

③ 简单数字密码。涉及交易金钱的应用，登录的时候输入面板是单独的安全键盘。还可以用一些手势密码，比如滑动连接线、图片拖入之类的。不需要输入冗长的详细登录信息，直接输入一次密码，简化登录步骤。适用于需要记住登录信息，但又必须保证安全的 App。

（2）表格、表单填写要及时保存用户信息。据统计，用户手机安装的应用中竟有 26% 的 App 只被打开过一次。辛苦制作了一款 App 并且花钱做渠道，好不容易被用户下载安装。但是想一下用户刚一打开就被烦琐的注册表单阻挠，不能快速达到最初下载使用 App 要达到的目的，这时候 99% 的用户会很快跳出并卸载 App。另外碍于手机屏幕尺寸，在移动设备上填写表单并不方便，特别是对于根本没针对移动设备进行过优化的电脑版网页。因此智能保存用户的登录信息可以节省时间、减少成本，让你的应用和网站更易于使用。

对于注册表单的交互设计这里给出四点建议：

第一，最好不要在 App 首屏出现注册界面。

第二，必须让用户先体验，然后再注册。

第三，注册必须简单便捷。适用于需要用户添加个人信息的网站或应用，比如在购物过程中填写个人资料。注意：给予适当的安全性。

第四，正确地弹出键盘类型。在不同的情况下显示与之对应的键盘类型能简化操作，例如：输入电话号码时，默认弹出的是数字键盘；输入密码时显示全键盘。

（3）进度提示。在电脑网页中显示进度提示条非常好，它能告诉用户当前的进度完成了多少、还剩多少。在移动设备中这样设计同样有效，如图 10-14 所示，但由于屏幕大小和比例不同，需要考虑进度条的位置和显示方式。注意：不要让它占据太多空间，不然可能会阻碍用户快速访问其他内容。有创意的进度条也能缓解用户的焦虑感。

图 10-13　按需弹出数字键盘
（图片来源：微信 App 截屏）

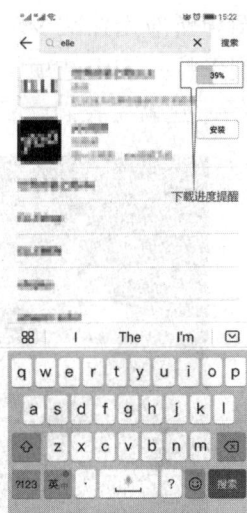

图 10-14　下载进度条提示
（图片来源：华为应用市场截屏）

10.5　交互设计原则

10.5.1　用户界面的设计基于目标用户的心理模型，而非工程
实现模型

　　界面设计的原则是以图传递产品核心功能，包括产品属性和价值体现。同时图形要能帮助用户在极短的时间内学习使用产品功能操作逻辑。因此在产品界面设计中要把用户使用场景考虑清楚，用户使用场景抓得越准，界面就会越优秀。

　　图 10-15 所示是网易云音乐的播放界面，让用户可以快速进入听歌状态。

10.5.2　尽量少让用户去输入内容，必须输入时尽量给出提醒
和预置内容

　　移动端的虚拟键盘一直是科技界无法解决的一个难题，虚拟键盘的主要缺点是屏幕小，导致输入面积小，并且没有实体键盘的按钮反馈，导致错误率高，也无法形成高效的盲打。仅这两点就让虚拟键盘在输入体验上大打折扣。所以我们在设计交互中遇到必须用户输入的场景时，首先要想到怎么能尽量让用户少输入或者智能地给出参考。

　　某音乐 App 的搜索先是把近期最热门的歌曲依次排列在列表中，当有字输入时会出现相关的候选词，同时 App 还能智能地根据搜索内容来判断用户是搜索歌手还是歌名。

　　很多地图导航应用在减少输入方面也做得比较出色，在用户输入到一半的时候，会出现下拉列表候选项，用户可以停止输入，直接单击列表中的条目，如图 10-16 所示。这就是我们产品经理追求的——让用户手中的 App 更加智能化。

图 10-15　基于用户使用场景的设计界面

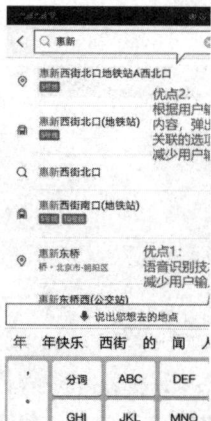

图 10-16　减少用户输入
（图片来源：高德地图截屏）

10.5.3 全局导航要一直存在，最好还能预览其他模块的动态

全局导航在 Web 交互设计中比较容易做到，在手机移动端要看产品设计的需求，根据需求确定是否需要全局导航。社交应用通常是消息、通知、请求，音乐视频应用通常是下载、搜索，播放类、工具类产品经常是核心工具条（tool bar），比如浏览器、语音助理、音乐识别应用等。

全局导航的价值在于可以让用户在使用过程中不会迷失方向，减少主页面和次级页面之间的跳转次数。如图 10-17 所示，因为是一款学习工具类 App，所以最好用全局导航让用户时时刻刻知道自己的位置，清楚自己将去哪里或者返回哪里。

图 10-17　全局导航
（图片来源：www.pmketang.com）

10.5.4 提供非弹出框（模态）的反馈，从而达到不打断任务流的目的

弹框会打断任务流，所以在有限的屏幕上怎样让这些弹框弱化，或者说优雅、绅士地提醒用户，这个需要设计师来定义。

模态是指界面中弹出具有可交互行为的提醒弹框，这些弹框会导致其他一切都不可操作。

非模态即不会把提醒做成弹框，可能会处理成清单通知或提醒框等方式来提醒用户。比如，某在线音乐录制软件的弹框体验感较差，用户在录制歌曲过程中要被打断三次才能发表一首自己唱的歌曲，降低了用户的参与度（见图 10-18）。

图 10-18 的案例还反映了一个错误，就是设计者没有从公司商业角度和商业价值角度考虑。因为这种具有工具应用属性的产品，是由用户录制的歌曲量决定产品的生死的。歌曲越多表明用户越多，越能吸引新用户下载注册。因此用户一旦进入录制，只有来电这样的强阻断场景，才设计出口让用户先接电话。但是这个时候的设计要智能化，比如给个提示"歌曲录制已经暂停，您可以先接电话，然后继续录制"。除了这种情况外都不给用户主动停止跳出的机会。

图 10-18　体验感很差的提醒弹框打断任务流

10.5.5　不要让用户等待任务完成，要让用户发现更多有意思的地方

图 10-19　产品经理课堂移动端界面

移动互联网的核心就是给用户带来移动体验的方便快捷和高效，这是 App 需要考虑的。用户在使用 App 时大多是在碎片化时间，所以在交互设计上要尽量让用户在短时间内熟悉我们的产品，知道这个产品有哪些功能，能完成用户什么需求。特别是设计某些等待界面时，不能把一个很枯燥的等待界面呈现在用户的面前。

App 设计有一个特点：凡操作必反馈（见图 10-19）。所以用户提交后虽然我们不能给用户呈现一个无聊的上传进度条，但是我们可以弹出一个两秒钟的通知告诉用户后台正在上传，并且再给用户一个切换到别的界面的链接或者直接跳转到用户操作前的界面。

10.5.6　自动保存用户的输入效果

移动端由于输入面板的复杂性，而且触摸输入没有物理按键的反馈自然，因此在手机上输入一段文字或者信息,对用户而言本身就比较难操作。对产品而言,用户能在使用你的产品时愿意输入是一件很值得庆幸的事情,所以设计人员需要让 App 能自动保存用户的输入成果。

微博官方的手机客户端在用户输入信息后,点击左上角的叉时会弹出来询问,确认是否要放弃或者保存为草稿。现在大多数此类 App 都可以在断网的情景下让用户发布照片和文字,当联网成功后系统会自动上传,只是发表时间是联网后发布的时间点。

微信在断网或者网络情况不稳定时,用户输入依然可以发布(见图 10-20),只是后面会有一个叹号提醒用户稍后发布或者重试,提升了用户参与的积极性,同时活跃了社区。

图 10-20　断网自动保存草稿箱

10.5.7　为了程序响应的速度,设计有时候需要发挥掩护的作用

技术并不是万能的,技术依然是移动互联网应用程序最需要优化和完善的部分。作为技术的盟友,我们产品设计人员也需要帮助他们,让用户觉得程序原本就应该是这么运行的。程序响应的速度很多时候与网络环境也有很大的关系,这时候设计人员需要考虑这些客观存在的情况,帮助程序来掩护这些瑕疵,让用户感觉到在使用时是流畅的。

比如上面讲到的先保存在草稿箱,网络接通后再上传。在遇到大段文字输入的时候,现在的处理方法是每隔一段时间进行自动上传保存,避免用户输入大段文字后，因为某些不可抗力的原因重新输入。还有某些 K 歌 App 可以边唱边合成，把伴奏和用户的歌声合成为一首音乐时，需要后台处理大量的数据，如果分步做就要让用户等待比较长的合成时间。为了让用户不用枯燥地等待合成，我们需要在用户唱歌的同时后台就已经开始把唱过的歌声和伴奏合成。

10.5.8　培养以用户使用情景的思维方式做原型设计

"面对面红包"设计者在充分考虑用户使用场景后，把最上面的字设计成反向的，这样就便于对面的用户看到正向的字。

图 10-21　从用户使用场景触发设计 App

我们看微信"面对面红包"的案例。设计者充分考虑了这个交互逻辑用户的使用场景，从而把最上面的字反向放置。这样对面的朋友看到的是正向的字。因此以用户使用场景思维方式设计 App 不是一句空话，要做到这一点需要长期的实战经验和项目积累，需要产品经理在设计产品交互逻辑过程中，充分考虑在一个任务流程中所涉及的所有的人和事。这个人不仅是直接用户，还包括可能牵涉参与本次交互的非直接用户，就像图 10-21 所示的微信面对面红包这样。

我们继续看图 10-22 所示的某地图 App，该 App 在用户体验设计上充分考虑了用户使用场景，打开就定位用户的位置并显示出来，点击搜索框就弹出相应的键盘，根据搜索内容联想候选项，并且基于时间先后顺序进行排列。这一切的设计都是基于用户使用场景去考虑的。

图 10-22　基于用户使用场景设计交互逻辑
（图片来源：高德地图截屏）

10.6　H5 页面概述

H5 页面相对于 App 具有开发周期短、传播范围广的特点，只要有浏览器的地方都可以迅速传播，更新迭代成本小。其基于 CSS3、音频、视频以及 canvas 动画等新技术，页面形式可以丰富多样。

H5 页面在项目中经常应用到活动推广中，微信中嵌入广告就是基于 H5 技术制作的页面（见图 10-23）。还有 H5 小游戏、贺卡、测试题等。H5 页面在品牌宣传应用中不同于活动运营页面，而是更像一个品牌的微官网，倾向于品牌形象塑造，向用户传达品牌精神态度。在设计上需要运用符合品牌气质的视觉语言让用户对品牌留下深刻的印象。在产品介绍型项目中，聚焦产品功能介绍，运用 H5 互动技术优势展示产品特性，吸引用户消费。在总结报告项目中，各大企业的年终总结现在也热衷于运用 H5 技术实现了，优秀的互动体验令原本乏味的总结报告有趣生动起来。

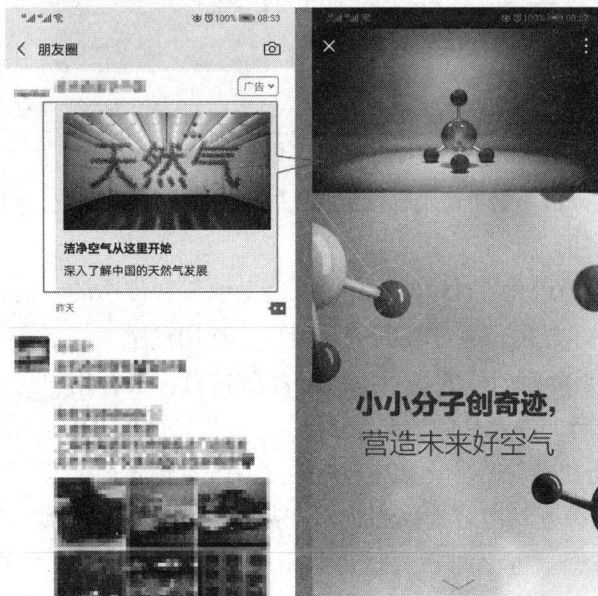

图 10-23　H5 页面

10.6.1　页面的形式和设计技巧

（1）简单的图文专题页形式。这类页面考验的是高质量的内容本身和讲故事的能力，交互上较为简单。如图 10-24 所示，某用户在朋友圈内分享了一个英语学习的推送，他用简单的图和标题文字传达了一个学习英语的核心价值和场景。

（2）礼物、贺卡、邀请函。通过提升用户好感来潜移默化地达到宣传品牌的目的，考验的是 UI 的设计能力。在面对面红包流程完成后交易双方都能看到彩蛋的动画，如图 10-25 所示。从产品角度考虑，这个红包最大的应用场景可能是朋友之间生日场景、结婚场景或其他平时互相促进感情场景的一种交互。因此交易完成实时放一颗彩蛋更能烘托快乐的气氛。

图 10-24　H5 简单的图文传递核心　　　　图 10-25　面对面红包

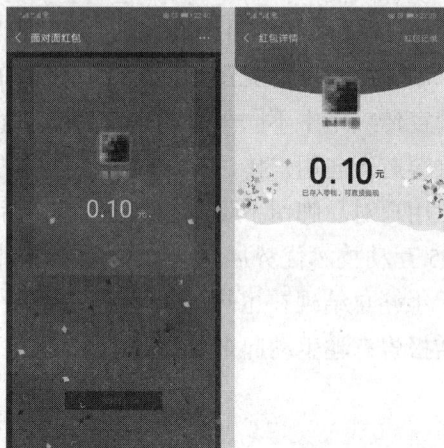

（3）问答、评分和测试。比如旅游区的评分测试。

（4）H5 小游戏。可以利用社会热点话题作为小游戏主题，以增加曝光度。

（5）设计技巧。

① 故事化、场景化。H5 本身是一个信息承载和传达的工具，讲故事是让信息快速传播的最好方式。通过故事引导用户，让用户融入场景参与其中找到熟悉的感觉。通过 H5 页面创建的场景承载起品牌信息，契合用户特定经历并唤起他们的认同感，从而加深对品牌的印象。

② 强化互动和参与感。比如空气净化器 H5 宣传页面，我们加入"长按清除 $PM_{2.5}$ 吸收怪味"等互动内容提高用户对产品的购买欲望，增加广告的互动乐趣，提高了用户参与感。再比如一个服装 App 应用，我们可以开发让用户在线穿衣搭配的功能，提升用户的参与感。

③ 提高社交性。要让品牌能够传播得更远还需要 H5 在社会化思维上做功课。可以借助用户的社交关系链进行传播，通常用户会通过谈资、帮助、比较、炫耀、窥视……与好友维持或促进社交关系。因此在 H5 设计中应该融入这些能让用户分享的动机。

④ 话题性（借势营销）。

⑤ 动效流畅性。

10.6.2　H5 页面用户行为报告

（1）加载超过 5 秒就会有 74% 的用户离开页面。

（2）中午 12 点左右和晚上 10 点左右是页面访问高峰期，注意推广要在高峰期前的一个半小时开始。

（3）移动页面热度持续两天左右。通过用户口碑扩散的移动页面，其访问热度往往持续两天左右。两天后增加页面新的元素，可以延长热度时间。

（4）大多数用户习惯滑动切换，放置的按钮点击率低。

（5）用户随着页面层级的加深而不断流失，流失率在前几页最高。

（6）输入行为或者复杂交互行为会导致用户流失。用户不会花大量时间停留在某页面，更不会在某页面里做复杂的操作比如输入汉字等。所以我们要尽可能用选择的方式代替输入的方式，以减少用户流失。

（7）由 H5 页面引导去下载 App 的转化率平均值为 11.3%，最高值为 36.6%。由 H5 页面引导去打开 App 的转化率平均值为 17.52%，最高值为 63.83%。

（8）H5 页面的分享率平均值为 3.93%，最高值为 22.39%。

（9）固定位置的资源投放可以延长移动页面生命周期。

（10）功能型页面的平均停留时间比展示型页面的平均停留时间长。

（11）首屏尾屏的平均停留时间比中间页面的平均停留时间长。

（12）按钮放在首屏的点击率最高，第二屏骤减，尾屏回升。

（13）同样功能的按钮名字设置为"马上前往领取"点击率 67.9%，"立即下载 + 下载游戏"点击率为 32.1%。所以按钮的名字也会影响点击率。

（14）动画明显的元素更容易引起用户注意并点击。

（15）用户经常会忽略页面提示，直接开始页面交互。

（16）用户习惯沿用上一屏学习到的操作行为，如果当前操作不同，需要提示用户。

（资料来源：腾讯大数据及腾讯互娱市场部创意设计中心出品的移动页面用户行为报告第一、二期）

第 11 章

产品需求文档（PRD）撰写方法

11.1 产品需求文档概述

产品经理撰写的最重要的文档就是产品需求文档，简称 PRD。

这个文档的核心是让你的团队成员能清楚地明白产品功能节点和流程逻辑。依照产品需求文档，他们知道如何一步步地进行项目分派和开发。产品需求文档并没有标准的格式，每一家互联网公司都不尽相同。本书提供两套模板，第一套是独自撰写的范例；另一套是在网上和大家一起合作写文档的范例。大家可以在工作中根据自己公司实际情况参考使用。

PRD 因为没有所谓标准格式，所以也没有所谓的好坏评判标准，但是业内对好的文档也有统一的看法。用一句话概括就是项目团队成员可以通过文档清楚知道自己要做什么工作，怎么做。能达到这个要求就可以算作好文档。

要达到这一标准并不难，把握好两点：第一，按照书中提供的范例目录去写；第二，在写的过程中，任何自己不清楚的地方都要和相关人员进行沟通，大家彻底清楚、没有歧义后再写。切记不要不征求相关人员意见、仅仅按照自己的理解去写。这样写出来的东西很多地方别人是看不明白的。

11.2 产品需求文档案例

11.2.1 案例一：××商城产品需求文档

文 件 状 态	当 前 版 本	V1.0.3
[√] 初稿	作 者	×××
[ ] 正在修改	创 建 日 期	××××-××-××
[ ] 已发布		

修订历史如下。

版 本 号	修 订 内 容	修 订 人	修 订 日 期
V1.0.0	初始化版本	×××	××××-××-××
V1.0.1	去除运营中心	×××	××××-××-××
V1.0.2	去除商家管理员管理功能	×××	××××-××-××
V1.0.3	去除商家活动管理功能	×××	××××-××-××

目录（略）

一、产品概述

1. 产品简介

××商城：手机版本的电子商城，方便手机用户购物。

2．产品产业分析

目前，该产业还属于起步阶段，暂未有龙头垄断性现象。

3．用户群体定位

用户群体定位为微信用户、Android、iOS 用户。

4．产品目标市场

产品目标市场是区域性目标市场，是基于 SOLOMO（结合社会化（Social）、本地化（Local）、移动化（Mobile）的新型市场营销模式）模式的方式。

5．产品同类型项目（产品）分析

基本与同行业产品处于同一起跑线上。

6．产品 SWOT 分析

	潜在内部优势（S）	潜在内部劣势（W）
内部条件		
	潜在外部威胁（T）	潜在外部机会（O）
外部环境		

二、产品模型

1．产品开发语言类型

Java+HTML5【PHP+HTML5】

2．产品结构（网站类）

B/S 浏览器和服务器结构

3．产品应用流程

4．产品功能模型

5．产品非功能性模型

三、文档范围

此文档只描述功能性、非功能性需求，项目上线、下线的需求以及性能测试要求。

四、产品使用者

移动终端用户、商家。

五、产品功能性需求

1．站点地图（略）

2．功能模块划分

（1）商户中心。主要处理商家信息维护、商品管理、订单管理、活动管理。

（2）商家门户。主要功能包括登录、注册、找回密码、商品列表、商品详情、商品购买。

3．功能模块设计

（1）商户中心。

① 商家登录。

A．简要说明

处理商家登录操作。

B．功能概述

处理商家登录操作。

C．用户界面

    a．登录界面

    b．找回密码页面

    （a）输入邮箱地址

    （b）提示操作结果

    c．重置密码页面

    （a）正常重置密码页面（界面元素仅供大致参考）

（b）重置接口已被使用的情况

D. 用例描述

　　a. 商家进入商户中心前需要进行登录验证，在登录页面输入账号密码并点击登录。当账号密码正确的时候，进入商家管理平台页面；如果不正确，系统则提示错误信息并告知商家。

　　b. 当商家不记得个人的账号密码时，可以点击"忘记密码"进入找回密码页面，输入其注册邮箱并点击"找回密码"按钮。如果其所输入的邮箱存在且系统发送邮件成功，则告知用户邮件已发送。如果不存在或者邮箱账号不合法应该提示用户对应的错误信息。

　　c. 当商家收到重置密码的邮件时，点击重置密码接口，进入重置密码页面，并在页面中输入新的密码且点击"重置密码"按钮。告知用户重置结果。

E. 功能清单

二级功能名称	三级功能名称	功 能 说 明
登录	登录页面	实现登录的业务逻辑判断、登录错误信息提示
	找回密码页面	通过注册邮箱找回登录密码
	重置密码页面	重置新的账号登录密码

F. 业务规则

　　a. 登录数据合理性验证。

　　b. 当登录账号或密码不正确时，给予对应的错误信息提示。

　　c. 忘记密码页面需要对用户的邮箱合法性进行验证。

　　d. 在发送找回密码的邮件时，邮件标题为"某商城"，发送人邮箱××××@××.COM。邮件内容按照标准的写信格式，包含元素见下图。

e. 重置密码的接口只能使用一次。

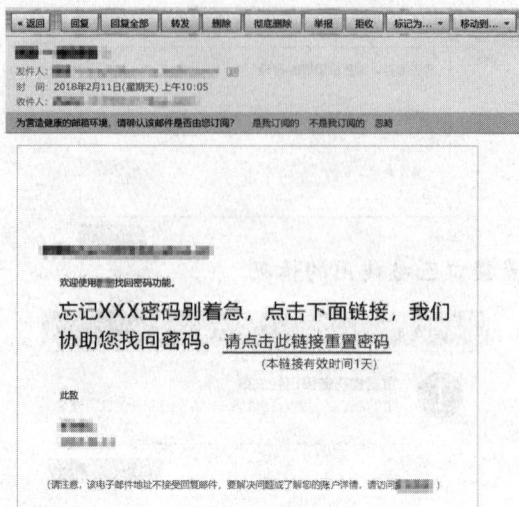

f. 进入重置密码页面时，需要对接口的使用情况进行判断，判断其是否已被使用过。如果没有使用过，则可以正常进行密码重置操作；如果已被使用过，需要告知用户重设密码链接已失效。

g. 正常重置密码页面，当用户重置密码成功后，在告知用户的情况下停留 3 秒后跳转到登录页面。

G. 流程图（见右图）

H. 执行者：商家

　　a. 前置条件

进入重置密码页面，必须是通过接口的方式进入。

　　b. 后置条件

进入商家管理平台页面。

　　c. 备注

无。

② 信息编辑。

A. 简要说明

商家名称、商家介绍信息、商家 Logo、商家联系方式等信息的编辑功能。

B. 功能概述

在一个初始化的项目上线之后，商家信息默认都是空白的，所以需要提供此

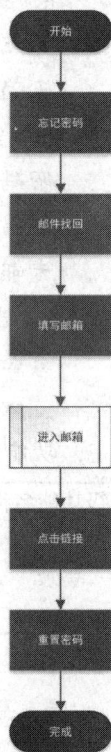

功能用于初始化和日后的商家信息维护，涉及修改的具体信息包括商家名称、商家 Logo、商家联系方式（电话号码、微信号）、商家背景介绍。

C. 用户界面

商家自我简介如下图所示。

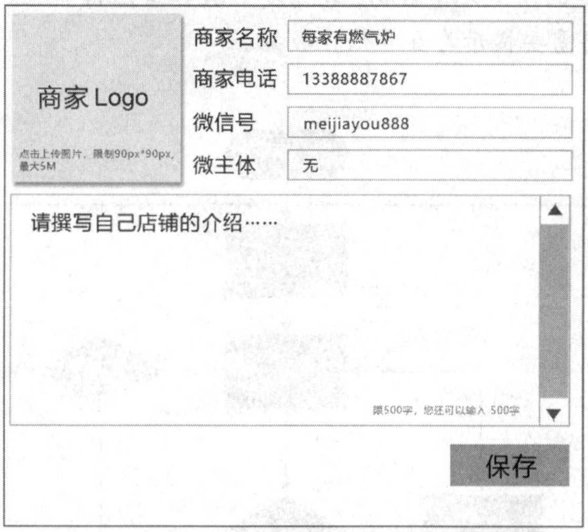

a. 更改商家 Logo

商家进入信息编辑页面，点击 Logo 可以选择本地的图片，更换当前的 Logo。

b. 修改其他信息

商家进入信息编辑页面时，可以编辑商家名称、联系电话、微信号、微主题、输入框的内容。点击保存按钮即可存储当前页面的数据。

D. 功能清单

二级功能名称	三级功能名称	功能说明
信息编辑	更改商家 Logo	选择本地图片进行图片更改，涉及图片尺寸限定
	商家其他信息编辑	商家名称、联系电话、微信号、商家简介、微主题信息的修改

E. 业务规则

a. 项目初始化时，即商家信息均为空的情况下，商家 Logo 处应该显示默认的 Logo 图片。

b. 选择本地图片时，为了界面的统一和美观，需要进行尺寸的限定。Logo 图片的尺寸为 90px×90px。

c. 商家进入信息编辑页面时，商家名称、联系电话、微信号、微主题、商家描述的输入框均处于可编辑状态。

d. 如果界面的元素除商家 Logo 外其他元素被修改过，用户在离开此页面时却没有保存，那么此时需要提示用户"是否需要离开"。而商家 Logo 选择本地图片之后则默认进行了保存，与外部保存按钮没有直接的业务关联。

e. 界面上的所有元素数据，均需要做数据合法性验证。如果数据不规范，在保存前需要提示存在非法性数据。

F. 流程图

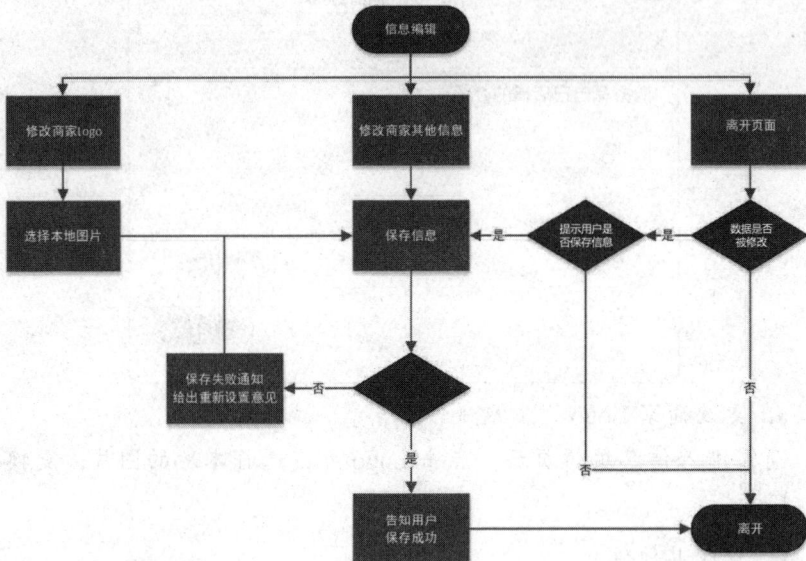

G. 执行者：商家

　　a. 前置条件

　　用户已登录。

　　b. 后置条件

　　无。

　　c. 备注

　　无。

③ 商品管理。

A. 功能概述

此功能主要处理商家发布商品、修改商品、删除商品。

B. 用户界面

　　a. 商品列表

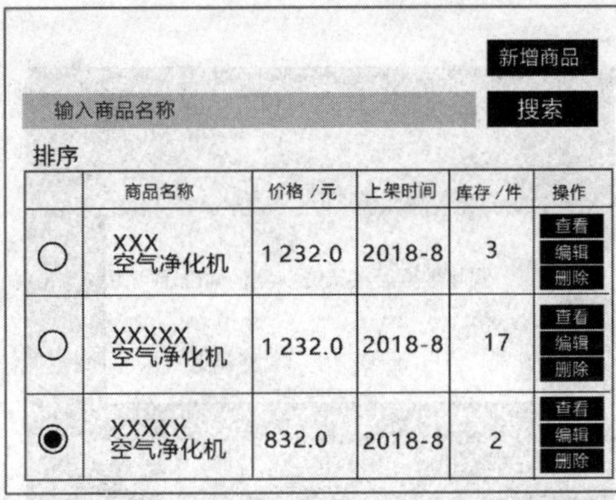

	商品名称	价格/元	上架时间	库存/件	操作
○	XXX 空气净化机	1 232.0	2018-8	3	查看 编辑 删除
○	XXXXX 空气净化机	1 232.0	2018-8	17	查看 编辑 删除
●	XXXXX 空气净化机	832.0	2018-8	2	查看 编辑 删除

新增商品

输入商品名称 搜索

排序

b．新增 / 查看商品

c．商品编辑

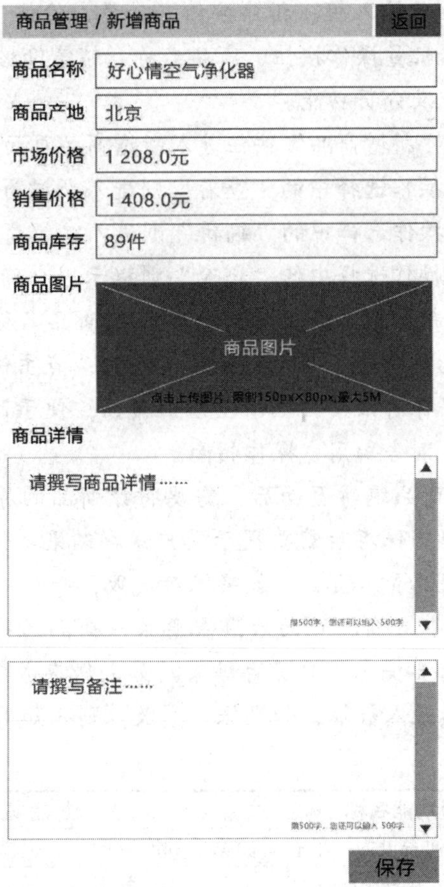

商品管理 / 新增商品 返回

商品名称 好心情空气净化器

商品产地 北京

市场价格 1 208.0元

销售价格 1 408.0元

商品库存 89件

商品图片

商品图片

点击上传图片，限制350px×80px，最大5M

商品详情

请撰写商品详情……

限500字，您还可以输入 500字

请撰写备注……

限500字，您还可以输入 500字

保存

d. 删除商品

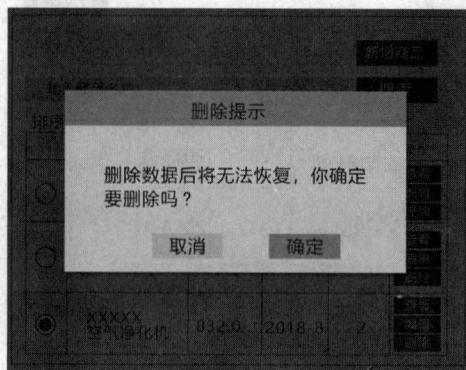

C. 用例描述

a. 商家进入商品管理时，看到的是商品列表，主要包括新增商品按钮、查询商品按钮及输入框、排序按钮（销量、价格、时间、库存量）、商品列表（包括批量操作按钮、商品名称、销售价格、上架时间、库存量、操作选项）以及分页功能。

（a）点击"新增商品"按钮进入新增商品页面。

（b）点击操作选择中的"查看"则进入新增商品页面。

（c）点击操作选择中的"编辑"则进入编辑商品页面。

（d）点击操作选择中的"删除"则提示用户确认删除功能。

b. 商家进入新增商品页面后，需要录入商品名称、商品产地等信息。商品图片初始化状态下显示默认商品图片，点击保存后需要提示用户保存结果。如果保存成功，则清空当前页面，便于商家继续录入数据；如果保存失败，则告知用户操作指南。

c. 商家进入商品编辑页面后，需要将该商品的原有信息显示在对应的输入框内。点击保存后需要提示用户保存结果。如果保存成功，提示用户后返回到商品管理页面；如果保存失败，则告知用户操作指南。

d. 商家进入查看商品页面后，需要录入商品名称、商品产地等信息。点击保存后需要提示用户保存结果。如果保存成功，则清空当前页面，便于商家继续录入数据；如果保存失败，则告知用户操作指南。

D. 功能清单

二级功能名称	三级功能名称	功能说明
商品管理	商品列表页面	查看商家下的所有商品，提供搜索、排序、分页功能
	发布/编辑商品页面	根据商品属性创建发布商品，商品的图片尺寸有限定

E．业务规则

　　a．商品列表库存量低于 10 时，字体颜色显示为红色。

　　b．商品图片规则限定：商品图片尺寸比例为 4∶3（长∶宽）。原图尺寸为 400px×300px，移动端显示尺寸为 160px×120px。在更换或上传图片时需要进行规格调整。移动端的图片和原图是各自独立的，即上传一张原图后需要保存另外一张小图。

F．流程图（略）

G．执行者

　　a．前置条件

　　b．后置条件

　　c．备注

④ 订单管理。

（2）商家门户。

① 用户登录、注册、找回密码。

A．简要说明

B．功能概述

用户界面（放置原型图）

C．登录界面（放置原型图）

D．用例描述

E．功能清单

二级功能名称	三级功能名称	功能说明
	×××三级功能	
×××二级功能登录	×××三级功能	
	×××三级功能	

F．业务规则

G．流程图（放置业务流程图或任务流程图）

H．执行者

　　a．前置条件

　　b．后置条件

　　c．备注

② 商家门户首页。

A．简要说明

B．功能概述

用户界面（放置原型图）

C. 登录界面（放置原型图）

D. 用例描述

E. 功能清单

F. 流程图

G. 执行者

    a. 前置条件

    b. 后置条件

    c. 备注

③ 商品列表。

④ 商品详情。

⑤ 商品购买。

⑥ 用户订单。

六、项目（产品）非功能性需求

1. 软硬件环境需求

2. 平台技术开发架构

3. 数据库需求

4. UI 设计需求

5. 产品质量需求

6. 安全性需求（隐私保护）

7. 产品升级维护需求

8. 接口需求

七、测试需求

八、产品上线需求

九、运营需求

1. 功能要求

2. 兼容性

3. 支持与培训

4. 销售思路需求

十、参考文档

1. 公司内部技术接口说明文档

2．其他需要参考的文档

十一、附录

11.2.2　案例二：营销系统需求文档 V2.1

功能需求说明书如下。

文件状态 [ ] 草稿 [ ] 正式发布 [ ] 正在修改	文件标识	
	当前版本	V2.0
	作　　者	×××、××、×××
	完成日期	43319

版本历史如下。

版本/状态	作　　者	参　与　者	起　止　日　期	备　　注
V1.0	×××		2018.6.4—2018.6.12	B 端：帮帮团、砍价活动创建、核销 C 端：帮帮团、砍价活动参与、订单
V1.0.1	×××		2018.7.12—2018.7.14	C 端：首页、店铺主页、会员码
V2.0	×××		2018.8.8—	C 端：首页调整，对接积分、余额、充值、头条文章内容

一、文档介绍

1．项目目标

本项目目标是将零售行业营销方案由线下活动转化为线上，通过让消费者在线上操作的方式打破时间和空间的界限，进行更多更深入的需求挖掘，然后将用户引流到线下进行消费购物。文档中详细描述了业务需求转化为产品需求后的每一个功能节点，为产品开发和测试提供标准依据。

2．文档范围

本文档主要包含产品面向的用户群体、需求背景、读者对象、产品功能需求。其中读者对象包括技术开发人员、UI 设计师、测试人员、运营人员、技术服务人员。

二、用户描述

B 端超市、便利店等零售商户，C 端消费者以及运营人员。

三、需求背景

将现有线下业务同步到线上，节省推广成本，促销活动实时同步线上，消费者可第一时间关注商户最新活动。同时完成线上充值、积分查询等相关业务，为用户提供更方便的和商场超市交互的平台。

四、功能需求

1．业务流程图

2．页面交互流程

（1）小程序。为商户单独部署一套商户版小程序，商户小程序需开通支付功能。小程序首页如下图所示。

（2）注册登录。

① 需求描述。消费者登录小程序入口，有以下几种形式：可以搜索小程序，也可以搜索商户码、门店码，还可以现场由分销员发放的促销码进入，最后也可以在领券海报二维码、今日特惠海报二维码上自行扫码进入。

② 搜索小程序/扫商户码/分销员促销码。搜索小程序获取消费者位置，选择距离消费者最近的一家门店进入，会员归属门店按目前系统设定的规则导入即可。未获取到消费者位置则进入门店列表页面，消费者可以手动选择门店进入门店主页。

③ 门店码作用介绍。扫门店码进入主页，无论是否获取到位置均可以进入当前门店主页，同时新注册会员归属门店为当前门店。

④ 领券海报二维码。扫领券海报二维码，无论是否获取到消费者位置均进入当前领券海报所属门店下的领券页面，同时新注册会员归属当前门店。

⑤ 今日特惠海报二维码。扫今日特惠海报二维码，无论是否获取到消费者位置均进入当前海报所归属门店下的今日特惠页面，同时新注册会员归属当前门店。

⑥ 消费者打开小程序就需要登录，若未登录则无法使用小程序，登录后即为当前商户下的会员，同时为该商户下的分销员。

⑦登录成功后显示当前商户下距离消费者最近的一家门店，门店主页显示信息为当前门店下的信息。未获取到消费者位置进入门店列表，按门店创建时间排序，消费者自行选择门店进入，支持模糊搜索门店。未获取到位置切换门店时无须显示距离。

（3）功能节点和各种规则解释。

①门店名称：该商家下当前主页门店名称。

②头像：获取到授权，显示消费者微信头像；未获取到授权，显示会员默认头像。

③会员码：关联会员码。

④会员中心：附近门店、扫码开门、领券、今日特惠。

⑤附近门店：显示当前商户下的所有门店名称、地址、距离消费者位置，点击门店名称切换门店，首页信息相应更新为切换后的门店下的信息，支持模糊搜索查找门店。

⑥扫码开门：根据B端商户自己设置的是否支持无人店校验判断是否显示该入口。

⑦领券：领取优惠券入口，当前优惠券仅显示当前门店下适用的优惠券。注意：优惠券中文案调整以设计稿为准。

⑧增加弹幕滚动显示：获取到头像昵称显示"头像＋昵称，省××元"，按最后一次领取的优惠券展示。未获取到头像昵称的不显示。

⑨分享按钮的显示规则：有优惠券时显示分享按钮，无优惠券时不显示分享按钮。

⑩分享按钮：点击显示分享至微信/朋友圈。选择微信后直接调取微信聊天窗口；选择朋友圈后生成海报，引导保存到本地。

⑪海报：海报中显示门店名称，其中门店名称可变，按当前分享的优惠券显示的门店显示名称。二维码带当前用户信息，消费者扫当前二维码注册为会员、领券均做标记与该分销员进行关联。该二维码为动态二维码，扫码后根据商户设置的活动或优惠券显示当前是否有券可以领取，无须重新生成券。消费者扫码后进入当前分享的门店领券页面。

⑫消费者通过促销员分享的海报二维码领取优惠券，则该优惠券登记消费者与促销员的关联关系，用于计算佣金、提成及会员数，同时新用户扫该码注册

会员时，会员归属当前领券的门店。

⑬ 今日特惠：显示当前门店当天进行中的特价活动，包含特价、联营扣率促销单、进价促销单商品。

⑭ 商品信息展示：商品图片、商品名称、商品原价（划线价）、特价；商品名称最多显示两行。

⑮ 消费者进入今日特惠页面可生成海报进行分享，消费者扫码后进入当前门店下的今日特惠页面，未登录校验登录，登录成功后进入分享的门店今日特惠页面。

⑯ 消费者扫海报二维码进入当前门店下的今日特惠页面，同时新用户扫该码注册会员时，会员归属当前门店。海报中二维码带分销员＋门店信息，方便支持后续的分销业务。

（4）生活头条模块。小程序首页生活头条模块如下图所示。

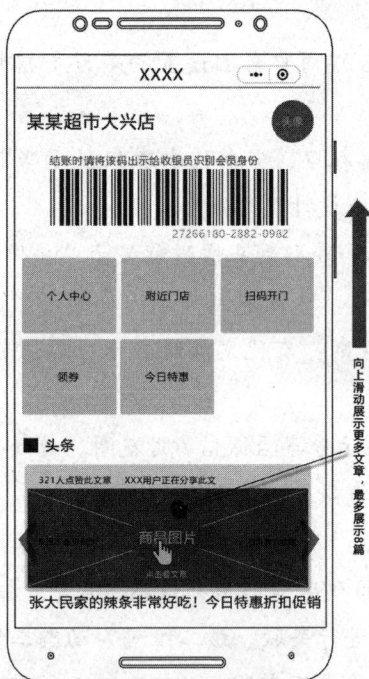

① 需求描述。探索将传统商超 C 端用户转化为线上，同时用内容引导拆分、细分用户，并将用户属性和产品属性关联起来进行需求刺激。然后再将用户导流回线下形成闭环逻辑。

② 排版。

A. 首页图片。

B. 标题字数在 20 个以内，最多一行。后台限制字符数。

C. 弹幕。内容为"手机尾号 ×××× 的用户分享了这篇文章，获得 1 个积分"。

D. 显示共有多少人分享图标＋内容"×××× 人分享"。

E. 显示点赞总数图标＋内容"××××"。

③ 交互动作。

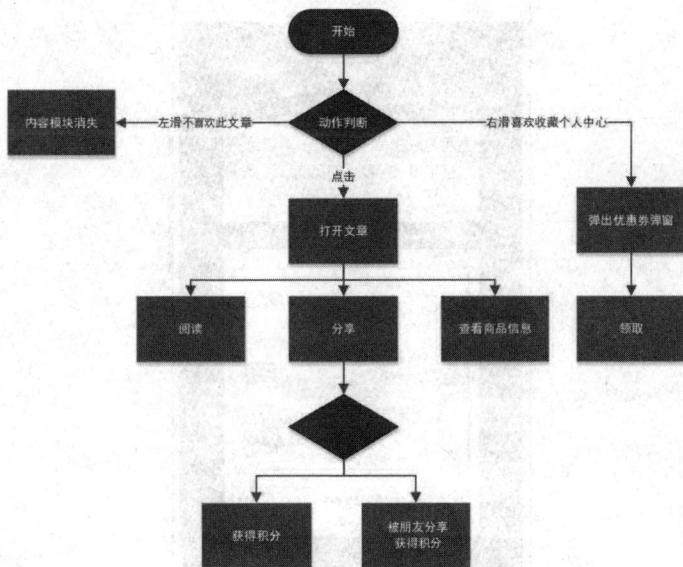

整个交互由左滑、右滑、点击三个动作完成，如上图所示。

A. 左滑动作。用户对这篇文章无感，可以通过左滑动作将文章滑出屏幕，下面的文章模块自动向上，占据空出来的位置。同时后台记录该用户行为。

B. 右滑动作。用户对这篇文章有需求，却不是现在最迫切需要深入了解的，但是错过会可惜，因此通过右滑表示喜欢并保存在个人中心。以后用户有强需求可以进一步从个人中心找出阅读（标注：第一期因为文章数量少，启动阶段可以先用这样简单的操作。后期随着文章数量多起来，需要进一步优化。方案：通过右滑收录在个人中心的文章按照从后到前的时间顺序把没有看过的文章、看过没有标记永久收录的文章删除掉，看过的文章设置用户保留的按钮，进行永久收录）。右滑文章模块也会滑出屏幕，下面的文章模块自动向上，占据空出来的位置。

C. 点击动作。用户被文章的内容吸引，点击可进入观看。这时候推荐的将是和文章关联的商品。

D．右滑后弹出推荐"优惠券"弹窗。

（5）优惠券调取规则。

①过期、失效的不显示。

②调取发布这篇文章的门店的优惠券。调取优先级：由文章和商品属性关联度决定，关联度越高级别越高；如果没有针对某一类商品的优惠券，那就调取这家门店的优惠券。

（6）优惠券版式标题文案。优惠券弹窗如下图所示。

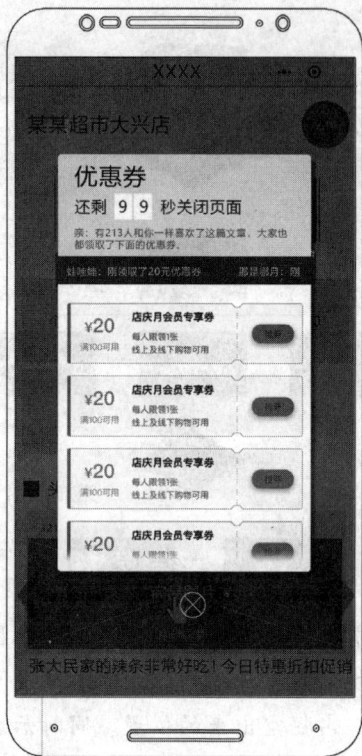

倒计时"还剩99秒关闭页面"可以营造"紧迫感"，阻断用户思维，和其下面的文字结合在一起能有效促使用户先领券。

可以点击领取优惠券。点击"抢券"按钮后，会弹出"抢券成功，您可以在个人中心查看"。3秒后消失。

右滑后如果没有优惠券，弹出没有优惠券通知。用户可以选择点击"没有优惠券不用弹出此页"手动关闭通知，如下图（左）所示。

（7）头条内容详情页原型展示。头条内容如下图（右）所示。

① 阅读文章获积分。

② 前端展现方式：用户打开文章后，弹出赢得积分小图。

③ 排版。

A. 弹幕内容"手机尾号××××的用户分享了这篇文章，赚取了 1 个积分。"

B. 标题字数在 20 个以内，最多两行。后台限制字符数。

C. 文章配图。

D. 右侧下部显示"领券"按钮。

E. 显示点赞总数图标＋内容"××人点赞此文"。

F. 显示共有多少人分享图标＋内容"××人分享此文章"。点击分享时会在屏幕显示一个动态提示。

④ 相关商品推荐。一页版面展示 4 个（最多展示 10 个关联商品），超过 4 个商品，版面右侧显示"更多……"，通过滑动显示更多。

⑤ 少于 4 个展示商品根据实际数量显示；多于 4 个商品，设计的时候把多余的显示在右侧。

⑥ 交互动作

A. 返回首页：点击屏幕左上角箭头标示返回首页。

B. 浏览内容：通过上下滑动来浏览文章。

C. 点赞动作：点击心形图案完成一次点赞。

D. 分享动作：点击分享图标进入微信分享页面，完成分享动作。获得一次积分（积分分值待定）。

⑦ 数据埋点需求。

A. 第一个埋点位置：首页。记录每一个用户左、右滑的动作，后期对用户行为进行分析时使用。

B. 第二个埋点位置：首页。用户右滑后弹出"优惠券"，在用户点击领取的动作上埋点，后期做用户行为分析时使用。

3. 会员中心。

会员中心如下图所示。

（1）需求描述：会员中心显示头像及手机号。

（2）超市会员卡：显示商户名称+会员卡，表示是该商户下的会员卡。会员卡样式通过会员等级设置。若用户未设置则默认选择第一张图片为默认图片；若用户选择了会员卡片，则根据相应等级对应显示该种卡片。

（3）会员号展示：与首页展示会员号一致。

（4）头像：如果获取到授权，则显示消费者微信头像；如果未获取到授权，则显示会员默认头像。

（5）积分：显示消费者当前会员卡下的积分金额，对接积分即可。

（6）余额：显示当前会员账户余额。

（7）会员充值。

① 充值显示充值活动信息，根据后台设置的充值活动显示充值金额及赠送金额或积分。

② 后台设置的充值活动使用渠道为微商城时，则小程序渠道适用。

③ 其他金额。根据后台设置的参数，充值金额不可低于 ×× 元。

④ 默认给出 5 个充值金额，30/50/100/200/300 元。若客户设置充值活动，则正常显示充值活动。

（8）优惠券：显示商户下优惠券，可使用优惠券热区放大，点击一张优惠券任何区域均可显示优惠券券码页面。优惠券若只有一个门店适用，则只显示当前店；若多个或全部适用，则显示多门店。

（9）喜欢：该内容为查看头条内容点赞后的数据。若点赞用户取消点赞，则该数据相应减少。

（10）促销码：消费者注册即为分销员。原已是会员不是分销员的消费者通过小程序登录后即成为分销员，扫分销员二维码进入小程序，按正常登录流程即可；促销码中条码显示与会员码一致即可，促销码标记分销员身份。

（11）会员中心增加客服入口，用户可联系商户。客服手机号显示为分点分仓中的手机号码。

4. 分销员

（1）"消费者登录小程序即为当前商户下的分销员，可分享任意门店的优惠券、头条相关信息。

① 原非分销员的会员登录小程序后，查询是否为当前商户下的分销员，若非分销员则加入分销员。

② 成为分销员后需在后台促销员管理中查看，分销员归属按默认门店记录即可；通过此处分销的优惠券正常计算佣金、提成、新增会员数相关数据。暂时不做数据展示。

（2）佣金、提成按正常佣金计算。

（3）新增会员数：通过分销员二维码登录小程序注册的新会员自动记录数量到优惠券分销佣金中。

（4）消费者通过分销员分销的领券海报二维码、特惠海报二维码、促销员二维码注册的会员均统计到该分销员。

（5）促销码：条码＋二维码，扫二维码进入小程序；POS 扫条码识别当前分销员身份；适用于提成计算逻辑。

（6）分销员分享的二维码，消费者扫码注册为会员通过通知消息通知到消费者；如果分享者 formid 不足，那么无法发出推送消息，无法获取到过多的 formid。

五、VM 后台——头条内容管理

1. VM 后台新增营销模块

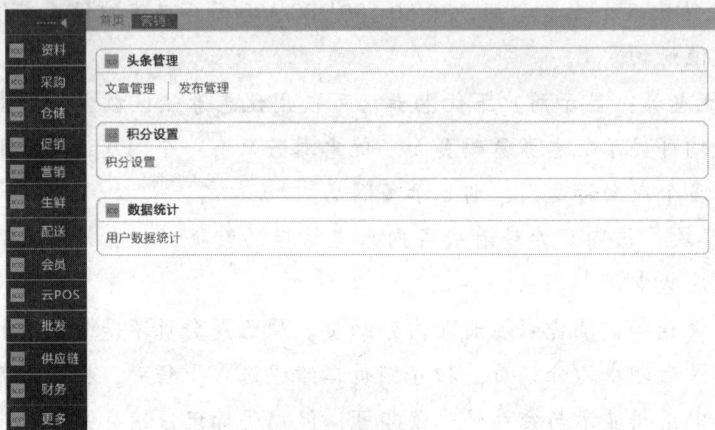

需求描述：在 VM 后台中新增"营销"模块，包括头条管理（文章管理、发布管理）、积分设置、数据统计（用户数据统计）。

2. 头条管理

（1）新增文章。

① 内容管理。

后台内容管理如下图所示。

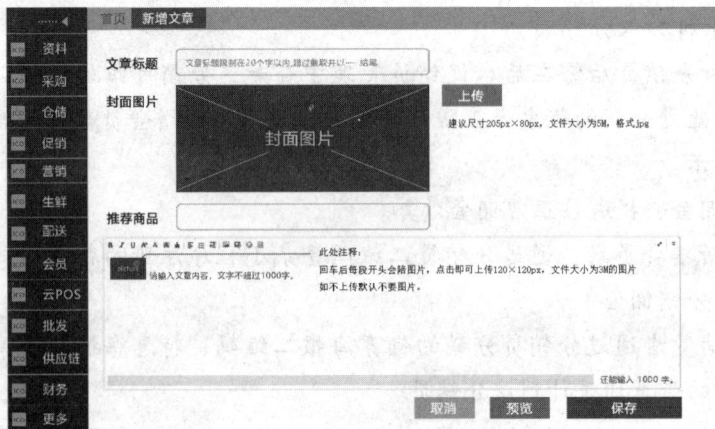

② 发布预览

③ 取消提示

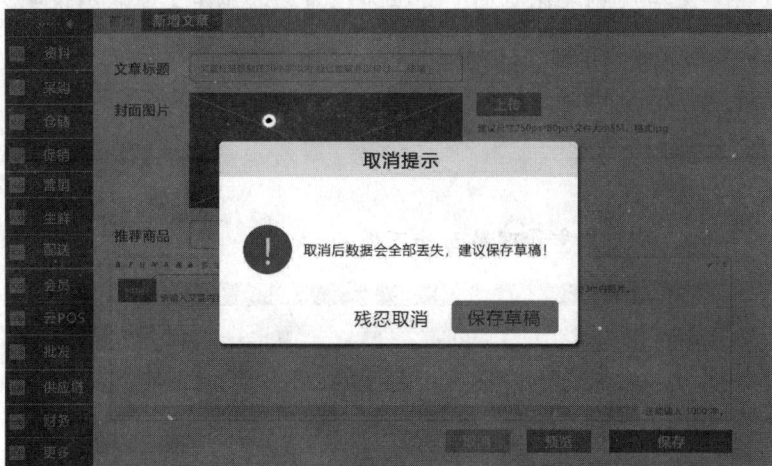

（2）需求描述。

① 在文章管理列表点击"新增文章"进入该页面。

② 文章标题限制输入不超过 20 字，必填。若未填写，点击保存时提示"请输入文章标题"。

（3）封面图片。

① 只可上传一张图片，必填。若未上传，点击保存时提示"请上传文章封面图片"。

② 图片建议尺寸 260px × 690px，大小不超过 1M，上传图片超过 1M 时提示

"图片大小超过 1M，请处理后重新上传"。

③图片上传后，鼠标悬浮图片上方时，显示"重新上传"按钮，点击按钮可重新选择图片上传。

④推荐商品：文本输入，非必填，该内容在 C 端不显示。商户发布文章时，选择文章后显示做参考。字数限制 50 字内，超过 50 字不可输入。

（4）文章内容。

文字数量、文章图片数不做限制，单张图片限制不超过 1M。上传图片时判断图片大小，图片超过 1M 提示"图片大小超过 1M，请处理后重新上传"。

（5）操作按钮。

①点击"取消"，弹窗提示框提示"取消编辑后，数据不会保存，是否确定取消？"点击"取消"，关闭提示框页面不跳转，点击"确认"，关闭提示框并关闭当前页面，已编辑的数据不保存。

②点击"保存"，则关闭页面，文章为已审核状态（文章状态说明见文章管理列表中文章状态说明）。

③点击"预览"，弹出预览页面（750px×1 334px），可预览已编辑的文章内容，点击"关闭"，退出预览。

3. 文章列表管理

VM 后台生活头条文章管理界面如下图所示。

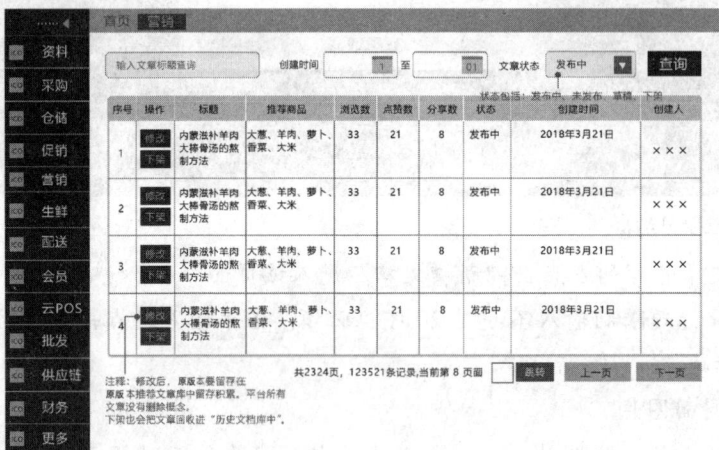

（1）需求描述：管理文章列表。

（2）查询条件：按文章标题查询（模糊查询）、按创建时间查询、按文章状态（是否已审核）查询。

（3）新增文章：点击该按钮，进入文章编辑页面。

（4）列表表头：序号、操作（修改、下架）、标题、推荐商品、浏览数、点赞数、分享数、状态、创建时间、创建人。

关键字段说明如下。

①浏览数：文章的 PV 总数，用户每次浏览文章均计数。

②点赞数：即文章点赞总数量。

③分享数：即文章被分享的总次数，同一用户多次分享同一篇文章均计数。

④创建时间：即文章第一次编辑保存的时间。

⑤创建人：即登录账号信息中的"姓名"字段。

（5）文章状态说明。

	文章管理	运营平台	发布管理		
动作	保存	审核	保存	发布	停止发布
文章状态	已审核	已审核	已审核	已审核	已审核
可执行的操作	可编辑、不可删	可编辑、不可删	可编辑、不可删	可编辑、不可删	可编辑、不可删
操作编辑时提示	无	无	无	无	无
操作删除时提示	文章不可删、能修改	文章不可删、能修改	文章不可删、能修改	文章不可删、能修改	文章不可删、能修改

注：目前运营平台中未规划相关审核功能，所以本期文章在编辑保存后即默认为已审核状态。

4．文章新增和发布管理

文章新增和发布管理如下面三幅图所示。

选择文章

选择	操作	标题	推荐商品	浏览数	点赞数	分享数	状态	创建时间	创建人
☐	修改 下架	内蒙滋补羊肉大棒骨汤的熬制方法	大葱、羊肉、萝卜、香菜、大米	33	21	8	发布中	2018年3月21日	×××
☐	修改 下架	内蒙滋补羊肉大棒骨汤的熬制方法	大葱、羊肉、萝卜、香菜、大米	33	21	8	发布中	2018年3月21日	×××
☐	修改 下架	内蒙滋补羊肉大棒骨汤的熬制方法	大葱、羊肉、萝卜、香菜、大米	33	21	8	发布中	2018年3月21日	×××
●	修改 下架	内蒙滋补羊肉大棒骨汤的熬制方法	大葱、羊肉、萝卜、香菜、大米	33	21	8	发布中	2018年3月21日	×××

共2324页，123521条记录,当前第 8 页面　[　]　跳转　上一页　下一页

取消　确定

选择商品　　　　　　　　　　　　　　☒

类别　　　▼　　输入商品名/SKU码　　　查询

类别编码或名称

🗀 全部类别

+🗀 [10]生鲜
+🗀 [10]杂货
+🗀 [10]日用百货
+🗀 [10]服装
+🗀 [10]电器

	商品名称	SKU编码	国际条码	规格	单位	品牌
1	散装水蜜莲	01000209	01000182		公斤	青岛
2	长叶白菜	01000207	01000206		公斤	青岛
3	散装特大墨鱼	01000206	01000147		公斤	青岛
4	散装荞麦米	01000175	01000115	袋装11	公斤	青岛
5	散装荞麦米	01000175		袋装11	斤	青岛
6	苹果2	01000150	878	1	个	青岛

共2324页，123521条记录,当前第 8 页面　[　]　跳转　上一页　下一页

选择　关闭

（1）文章新增管理。

需求描述：在发布管理页面点击"新增发布"进入该页面。

① 发布标题：限制输入不超过20字，必填。若未填写，点击保存时提示"请输入发布标题"。

② 选择文章：点击"选择"按钮，弹出文章选择页面，只展示已审核状态的文章；选择文章后，文字显示该篇文章推荐的商品信息。

③ 选择文章页面：字段包括选择、序号、文章标题、浏览数、点赞数、分享数、最后修改时间、创建时间、创建人。文章单选。点击"确定"选中已选文章，关闭页面；点击"取消"，关闭页面。

④ 发布范围：页面复用系统当前选择门店页面，店铺数据只显示当前账号下可选择的门店数据。若已选文章已经在店铺中发布，则该店铺不可选。

⑤ 参考门店：复用系统现有页面逻辑。

⑥ 选择关联商品：复用当前促销活动中选择商品的页面展示。限制商品最多选择 10 个，多选超过 10 个时，再点击复选框提示"一篇文章最多关联 10 个商品"。点击"全选"复选框时，若商品大于 10 个则商品均不选中并提示"一篇文章最多关联 10 个商品"。

（2）文章发布管理。

需求描述：

① 查询搜索框：可按发布标题、文章标题进行模糊查询。

② 搜索框下部状态选择，选择后根据不同状态展示文章，默认选择"已发布"。

③ 重新发布：勾选经过重新编辑的文章，点击"重新发布"可进行批量发布，单选点击"重新发布"按钮，完成单发布操作。

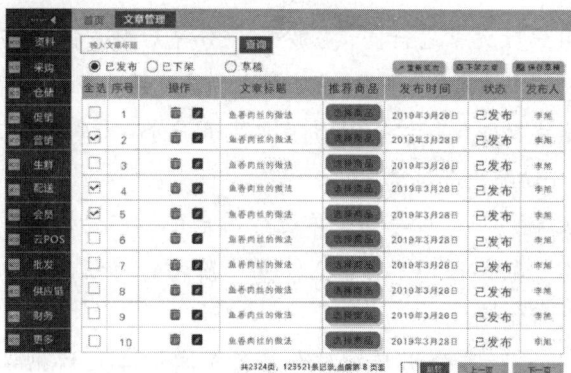

④ 下架文章：勾选需要下架的文章，然后点击"下架文章"进行批量文章下架，单选点击"下架文章"按钮进行单下架操作。

⑤ 操作：删除、编辑文章。

⑥ 文章标题：显示文章标题。

⑦ 推荐商品：点击"选择商品"按钮，弹出列表选择，勾选关联商品。

⑧ 发布时间、状态、发布人：按照登录账户、操作时间、状态，系统自动完善。

发布管理状态及操作如下表所示。

动　作	保　存	发　布	停止发布
发布记录状态	已保存	已发布	停止发布
可执行的操作	可编辑、不可删除	可修改、不可删除	可修改、不可删除
操作编辑时提示	无	发布状态不可修改	无
操作删除时提示	不可删除、只能下架	不可删除、只能下架	不可删除、只能下架

（3）文章积分设置。

文章积分设置界面如下图所示。

首页	积分管理		
资料			
采购	用户行为		积分值/文章
仓储	阅读文章		5
促销	分享文章		10
营销	拉新用户		15
生鲜		未采纳	10
配送	贡献文章	采纳	25
会员		发布	30
云POS			
批发			
供应链			
财务			
更多			

需求描述：用户对文章进行阅读、分享、分享后好友阅读即可获取积分。

① 字段定义："阅读文章"即用户点击进入文章详情页即获取积分；"分享文章"即用户分享文章发送成功即获取积分；"拉新用户"即用户分享文章给朋友或分享到群里后，好友点击进入文章详情即获得积分。

② 积分值/文章：即针对每篇文章进行用户行为积分设置，数字限制只可输入大于等于0的正整数，否则不可输入。第一阶段针对积分获取限制（按文章维度统计，不按照发布维度统计）。

③ 阅读文章积分：每个用户针对每篇文章阅读每天只获取一次积分，如 A 文章在 B、C 店发布，用户在 B、C 店均阅读该文章，只计算一次积分。

④ 分享文章积分：每个用户针对每篇文章分享，每天最多获取 5 次积分，如 A 文章在 B、C 店发布，用户从 B、C 店均分享该文章，则每天最多计算 5 次积分。

⑤ 分享后好友阅读文章：同一好友阅读文章，用户只获取一次积分，好友二次阅读用户不再获取积分。A、B 用户分享同一文章给同一好友，该好友阅读该文章则 A、B 均获得积分。

展示的这份 PRD 实际案例，撰写方式是项目团队中负责不同模块的产品经理，他们通过网络撰写各自负责的部分，最后汇总成一个大文档。所以这种类型的文档并没有界限分明的结尾，它会随着项目的深入不断更新，也会因为中途某个新产品经理负责的新模块加入而更新扩展。

大家可以在工作中按照自己公司的要求去写 PRD。无论是自己写还是在网络上和大家一起合作写，主体都不会有太大的改变。在撰写的过程中要把握一个原则：必须清楚地讲明项目的功能模块以及各节点的流程逻辑，自己不清楚的地方一定要多和技术开发团队沟通。

第 12 章

产品经理和数据分析

12.1 数据分析概述

互联网产品数据分析和利用是一项重要的工作，利用数据去分析、发现访问者的规律，从而做出改进，提升网站的价值。以用户为中心不是口号而是一种意识，有了这种意识就需要观察用户行为，用户的行为就是网站沉淀的大量数据。

前面章节讲到的细分用户建模也是一种数据分析的形式，即通过定性的研究和小范围的数据佐证去揭示一个细分用户群体的社群属性、价值观点以及行为和目的。我们可以把建模看作是更高级的数据分析。这个章节我们仅对通过埋点等形式获取到的数据做分析，不涉及细分用户建模中更高级的、将不同维度数据汇总起来进行归纳总结和升华的内容。

几乎所有网站经营者搭建自己的平台都是以目标为导向。网站的存在是为了盈利，盈利需要目标用户，获得目标用户需要设计出满足用户需求的网站，然后让他们更多、更久、更频繁地浏览你的网站。做数据分析的目的是了解用户需求和行为习惯，了解用户爱好，了解哪项是贡献最大的访问内容。砍掉用户不喜欢的，留下用户喜欢的，想方设法让用户活跃起来。

网站数据分析内容：① 行业数据分析；② 竞争对手分析；③ 网站内容分析；④ 用户行为分析；⑤ 用户需求分析。常用的数据分析工具包括国内的友盟、TalkingData、百度移动统计；国外的 Flurry，Google Analytics。网站数据分析软件的主要功能是获取网站用户访问各个维度的重要数据，然后对数据进行统计、分析，以便了解网站的"访问效果"和"用户行为"，并发现网站架构的问题，为进一步优化迭代产品提供数据依据和方向指导。

数据挖掘顺序：数据收集→数据清洗→数据统计→数据分析→撰写分析报告。

12.2 大公司的数据分析之路

数据分析员或产品经理等通过操作可视化界面，可视化库中软件响应，然后从特征库获取相关数据，通过转换和映射向用户提供可视化结果。

特征库数据抽取的结构是商务数据对象的属性值及其关系的集合。

数据抽取是数据挖掘中的核心模块，它运用各种模式和挖掘算法来实现对网上各种对象相关数据和特征进行抽取。如果是电商类的主要抽取"商品名""型号""产地""价格""属性"之间的联系，还抽取用户的"基本信息""消费记录""购物习惯""用户兴趣"等。

大型互联网公司数据分析模型如图 12-1 所示。

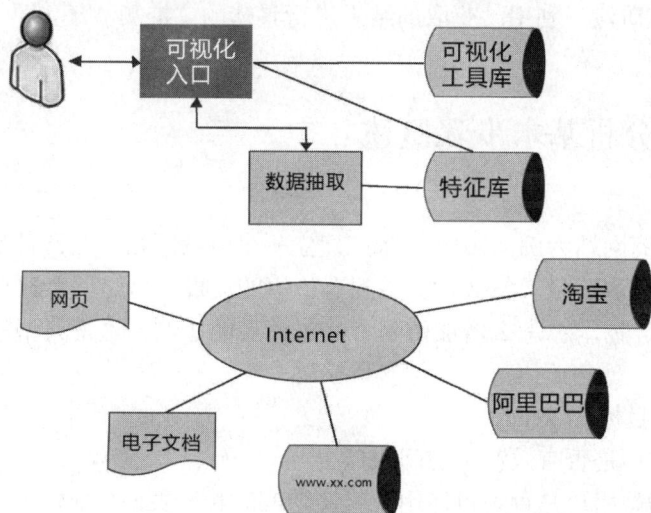

图 12-1 大公司数据分析模型

数据挖掘的四个阶段如图 12-2 所示。

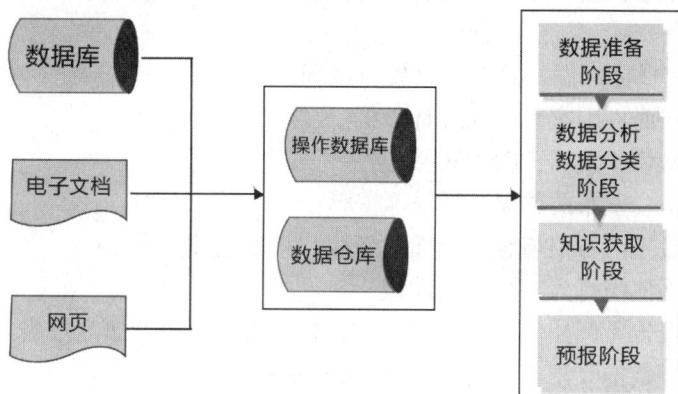

图 12-2 数据挖掘模型

（1）数据准备。主要任务是从数据库中选取要抽取的数据集，进行"清理""转换""集成"并建成数据仓库。

（2）数据分析和分类。对第一步结果数据集进行进一步加工，首先将数据对象分类处理，通过聚类与序列分析把一个数据集分成若干个数据子集，然后分析数据子集之间的联系，进行链接分析。根据各种关系图从中获取趋势信息，找出其间的规律。

（3）知识获取阶段。在第二阶段基础上提炼，根据不同的数据集选择不同的应用算法，如"神经网络""决策树""分类""回归树""最近邻居""可视化"等。

（4）预报阶段。利用已获取的结果进行具体的"推测""建模""指导"等。

12.3 数据分析基本步骤概述

以张三电商网站为例：2019 年张三建立一个电商网站，经营日常用品。新的网站需要大量获取流量。怎么才能买到有价值的流量，这是一个典型的电商网站的"网络营销"需求；怎么增加访问者购买商品的比例，这是典型的"转化率"需求。

（1）明确目标。

①市场推广是否有效？（访问入口）

②访问网站用户是否为目标用户？（访问时长和页面数）

③哪种渠道获取的用户更有价值？（访问入口）

④用户对网站的整体印象，除了商品外还有哪些因素影响用户？（调查问卷）

⑤新的市场机会在哪里？还有哪些没有上架的产品能带来更多的商机？（用户一对一访谈）

（2）确定目标数据及数据的收集与处理。

①宏观层面：国家统计局统计数据。

②互联网行业发展：CNNIC 数据。

③相关协会发布的数据。

④消费者生活习惯与媒介习惯：新生代市场监测。

⑤互联网使用行为特征：艾瑞报告。

⑥网络报告（产品使用行为和竞争分析报告）：行业研究报告。

⑦第三方数据收集：百度、友盟、Google 等。

（3）数据解读与决策。

PV	5 000 000
Vistor	300 000
每个客户平均访问时间	10 分钟
每个客户平均访问页面	16.6
描述	对这个行业，人均访问 17 个页面是比较多的。由于网站上放置了很多视频课程，说明用户对内容很感兴趣，所以才会花时间去观看学习

续表

计划	根据数据分析结果，下一步是引导用户注册成为会员，购买我们的增值服务

根据网站类型的不同，分析所采用的指标项目也各有不同，通常分为内容指标和商业指标两类。

内容指标是衡量访问者活动的指标，比如停留页面时长，观看内容时长。比如教育类网站免费观看时长的设置，多久是最好转化注册用户或者收费用户的节点。

商业指标指衡量访问者活动转化为商业利润的指标，比如转化率等。

12.3.1　数据分析术语介绍

（1）热点：将页面中包含的各个链接根据功能分类划出若干版块，比如"新闻版块""商品展示版块"等，每一个版块成为一个热点，然后分析该页面上各个热点被单击的情况。

（2）网页点击图：研究访客鼠标单击坐标形成的热力图。

（3）主页：体现网站类型和关键内容的页面，一般指首页。

（4）入口页：又称着陆页，是从外部（访客点击站外广告、搜索结果页链接或者其他网站上的链接）访问到网站的第一个入口，即每个访问的第一个受访页面。

（5）访问入口：往往和某种商业推广活动有关，是为某种商业活动制作的页面。

（6）进入页：访问网站时浏览的第一个页面可以是任何页面。以访客为单位，用户点击进入一个网站，然后进行一系列点击。由于网络数据以"数据包"的方式传送，而不是持续连接。当用户在超过系统规定的时间没有再次点击要求的数据，下一次点击将被认为另一次访问。

（7）反链数：指从别的网站导入我们网站的连接数。导入链接对网站优化很重要，导入链接质量直接决定了网站在搜索引擎中的权重。增加方法可以有：友情链接（单向）、软文（转载）。在百度查询网站关键字，查看第一名的反向链接，交换链接增加自己网站百度的反向链接的数量，即增加百度搜索引擎对自己网站信息的收录数量。只要收录得越多，网站百度反向链接也就越多。做到这一点需要每日规律性地定时上传原创信息到网站上，每天规律性地进行外链建设。

①百度分类如百科、知道、贴吧、空间等是非常好的高质量外链。

②博客类，如注册百度、新浪等权威博客，在博客添加文章外链也是非常好的一种外链建设方式。

③友链交换平台，这类外链很容易做，并且很稳定。

④目录/分类信息类，在发信息的同时添加外链，会得到意想不到的效果。

⑤ 软文发布类，这一类能增加大量外链，但对于文笔要求比较高。

⑥ 论坛类，在论坛评价、发帖也有不错的效果。

增加百度反向链接还可以充分利用百度知道，正文内带网址发问就是一条百度反向链接，可在百度空间、百度贴吧宣传自己的网址，注意宣传适当，这些地方的百度反向链接还会有效地促进百度搜索引擎对网站的收录量，大大增加网站的百度反向链接数量，有效提升网站百度权重。

（8）收录量：网站获取搜索引擎流量的基础（第三方）。

（9）曝光数：广告弹出次数。

（10）广告单击数：用户单击弹出广告次数。

（11）返回数：通过电子邮件进行市场推广，用户通过电子邮件中链接地址访问网站的次数。

（12）返回率：广告弹出后被用户点击的比率，即折返率 = 单击数 ÷ 曝光数 ×100%。

（13）客户转化率。

① 客户通过广告访问本站，并转化为注册用户：客户转化率 = 注册数 ÷ 单击数 ×100%。

② 客户通过邮件访问本站，并转化为注册用户：客户转化率 = 注册数 ÷ 返回数 ×100%。

③ 客户转化行为的次数占推广信息总单击次数的比例：转化率 = 转化次数 ÷ 单击量 ×100%。

④ 目标转化率低的原因分析：

☑ 代码埋点位置不正确。

☑ 目标页无法打开。

☑ 目标用户定位不够准确，即各种推广活动带来的用户不是目标用户。

☑ 页面设计存在问题，访客进入设置的路径后能否进入下一步，完全取决于访客获取的信息和使用体验。如果这些页面让访客觉得信息没有吸引力或者页面操作复杂，访客便会中途离开。

（14）重度访问用户：按照每次访问的停留时间划分，把停留时间在 20 分钟以上的归为重度访问用户。也可以按照每次访问的浏览数来划分，把一次浏览超过 10 个页面的归为重度访问用户。

① 重度用户比例（次数）=（浏览数 ≥ 10 页面的访问量）÷ 总访问数。

② 重度用户比例（时长）=（≥ 20 分钟访问数）÷ 总访问数。

③ 重度用户访问量比例（≥ 20 分钟浏览数）÷ 总浏览数。

（15）轻度访问用户：每次访问时长不超过 1 分钟的用户归为轻度访问用户。轻度访问用户包括三个指标，每个指标越小，表明用户品质越高。

① 轻度用户比例 =（0 ～ 1 分钟的访问数）÷ 总访问数

② 轻度用户访问量比例 =（0 ～ 1 分钟的浏览数）÷ 总浏览数

（16）有效浏览数：除过滤页面外的所有页面，即有效浏览数 = 浏览数 - 过滤浏览数。

（17）行为或路径：在一次访问过程中，用户访问过的所有页面轨迹。

（18）特定行为（需要埋点获取数据）：由用户自定义行为（如自行定义付款方式等）所包含的若干行为步骤。可以分析出满足设定行为的发生次数以及各个步骤之间的转化率。

特定行为转化率 = 在特定行为中两个步骤之间的转化率。

（19）沉默时间：注册后用户一次访问网站到分析截止日的天数。

（20）沉默用户：在设定的沉默时间未访问网站的用户。

（21）时段：按照一天 24 小时的自然时间段进行划分。

（22）地区：访客来源地区，根据 IP 判断。

（23）趋势：24 小时内的发展趋势、以日为单位的周趋势以及月或指定区间的趋势。

（24）特定页面：从众多页面中独立出来需要特定分析的页面，比如环球雅思的老师预售课宣讲页面。

（25）频道/栏目：将网站各个内容根据功能归类，划分出若干逻辑上的频道或者栏目。

（26）热门：最受欢迎的页面或者频道，冷门反之。

（27）广告：在别的网站做的宣传页或窗口。

（28）搜索引擎：如谷歌。

（29）关键字：通过搜索引擎搜索的内容。

（30）认证用户：用户通过注册成为认证用户。

（31）日志文件：服务器所记录的用户访问日志。用户反馈系统中导出的 Excel 表模型如图 12-3 所示。

反馈ID	问题类型	问题描述	反馈时间	状态	用户满意度	客服姓名	回答	来源
1316	视频下载		2017年4月6日	已处理	3	×××	因为咱们的视频课程采取高清未压缩版，所以文件大，建议您使用有无线WiFi的地方进行观看，谢谢	手机iPhone6 plus
……	……	……	……	……	……	……		
……	……	……	……	……	……	……		

图 12-3　用户反馈系统中导出 Excel 表模型

（32）8 秒定律：用户接入网站超过 8 秒就会有超过 30% 的用户放弃。

12.4 电商网站数据分析

12.4.1 流量来源分析

（1）搜索引擎关键词分析：根据关键词的来源查看分析网站的产品分布和产品组合。如果关键词查询多的产品却不是网站的主推产品，可以进行适当调整。

（2）网站流量趋势分析：查看流量是否均衡，是否大幅度波动。一般来说流量突然增加，如非特殊事件，所购买的广告位作弊的嫌疑就很大。还有就是被对手恶意点击的可能性也很大。

（3）流量核对：查看莫名流量来源，如果莫名流量来源很广，比如某一个区域突然增大，那么有可能购买了 CPC（点击付费广告）或者其他资源被注水（即将广告链接分包给了点击联盟）。

（4）推广网站与直接访问比例：直接访问量越大说明网站品牌度越高。网站流量指标有 PV、UV、RV（重复访问量）、每个访问者的浏览数（PV/UV）、某些具体文件或页面的统计指标（页面显示次数或下载次数等）。

12.4.2 流量效率分析

流量效率分析用来分析到达网站的流量是不是真实流量。

（1）到达率：从点击广告到落地页的比例，一般到达率 80% 以上是比较理想的流量。到达率和网站速度有关。

（2）PV/IP 比：有效流量或网站内容比较好的话，一个独立 IP 大概能有 3 个以上 PV（页面访问量），如果低于 3 并不代表流量不真实，也可能是网站本身的问题，但是 PV/IP 过高，就存在人为重复刷新的问题。

（3）订单转化率：是核心流量，也是电商的命脉。

12.4.3 站内数据流分析

站内数据流分析用来分析购物流程是否顺畅，产品分布是否合理。

（1）页面流量：查看产品详情页的流量，特别是首页陈列的产品详情页。参照最终销售比例优胜劣汰，用以调整销售结构。

（2）场景转化分析：从首页→列表页→详情页→购物车→订单提交页→订单成功页对数据流进行分析。通过漏斗模型去看每一步的转化率，漏斗模型过窄说明这个步骤的转化率出了问题。

（3）频道流量排名：用来考虑产品组织架构问题。

12.4.4　用户特征分析

用户特征分析用来分析到达网站的流量是不是真实流量。

（1）用户停留时长：目前监控方式是用户到达时间→用户离开时间，但是数据并不准确，仅供参考。时长越长越好，但如果超过一个小时，就说明用户忘记关闭网页了。

（2）新老用户比例：老用户比例高证明用户忠诚度不错，但是还要考虑绝对量。不能靠新用户越来越少来衬托老用户的比例。

（3）用户地域分析：用户地域和订单地域基本一致。

（4）用户行为指标，分析用户如何来到网站，在网站停留多久，访问哪些页面。主要指标包括以下内容。

① 停留时间。

② 跳出率。如果某个页面跳出率过高，就要考虑这个页面的内容或者架构是否出现了问题。

③ 新访客。

④ 回访次数。

⑤ 回访相隔天数。

⑥ 用户使用的搜索关键词、关联关键词。

⑦ 不同时段用户访问量。

⑧ 用户地域分析。

⑨ 注册用户和非注册用户浏览习惯。

⑩ 用户来源网站，入口形式（广告、网站入口链接）哪种更有效。

⑪ 用户访问网站流程，分析网站架构是否合理。

⑫ 页面热力图。

⑬ 用户浏览网站方式：a. 上网设备；b. 浏览器类型版本；c. 硬件分辨率；d. 操作系统和版本。

12.4.5　客户研究

客户研究使用启发方式评估客户体验，包括以下内容。

（1）客户属性（数据库分析）。

（2）客户期望分析（从数据到服务）。

（3）分析流程如图 12-4 所示。

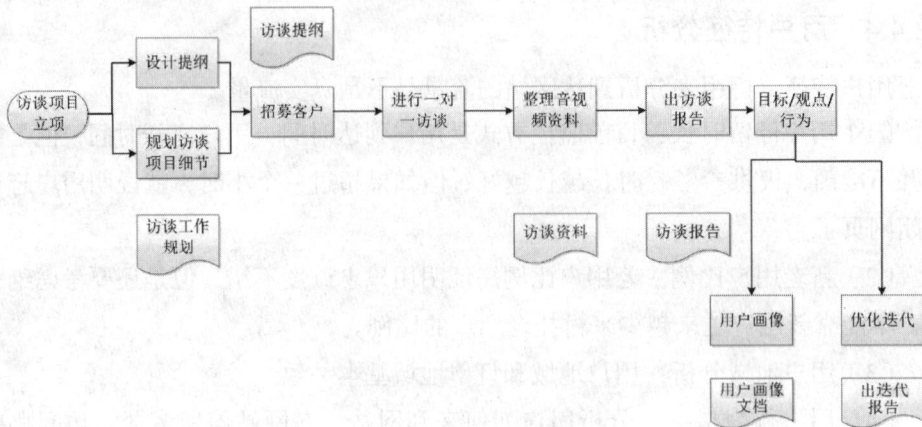

图 12-4　用户访谈流程模型

12.5　网站数据指标体系

12.5.1　内容指标体系

（1）PV 数：指一个访问者在 24 小时内看了多少个页面。当一个访问者访问网站的时候，记录他所有访问页面和对应的 IP。如果到了 23:00，网站单 IP 有 60 万条访问记录，每个访问者平均访问了 3 个页面，那么 PV 的记录就有 180 万条。

（2）独立访客：访问某一个站点或单击某条新闻的不同 IP 地址的人数。

（3）每个访客的页面浏览数：这是一个平均数，是在一定时间内浏览数与所有访问者相除的结果，即一个用户浏览的网页数量。这一指标表明了访问者对网站内容或者产品信息感兴趣的程度，即"黏性"。

（4）转化率：

① 转化率 = 相应动作的访问量/总访问量

② 指标意义：衡量网站内容对访问者的吸引程度、宣传效果以及架构的合理性。

（5）回访者比例：回访者比例 = 回访数/独立访问者

① 指标意义：衡量网站内容对访问者的吸引程度和网站的实用性。

② 指标用法：基于访问时长的设定和产生报告的时间段。这个指标可能会

有很大的不同。如果回访率下降说明网站内容需要调整或者加强更新。一旦选定时长和时间段，就要使用相同的参数做后续的报告，否则就失去比较的意义了。

（6）积极访问者比例：积极用户比例＝访问超过 11 个页面的用户数/总访问数。

① 指标意义：多少访问者对网站内容高度感兴趣。

② 指标用法：如果网站针对正确的目标受众，并且网站使用方便，就可以看到这个指标是不断上升的。如果网站是内容型的，就要针对不同类别的内容来区分不同的积极访问者。这里需要和用户调研结合在一起去区分细分用户群体。

（7）忠实访问者比例：访问时间在 19 分钟以上用户数/总用户数。

① 指标意义：多少访问者对网站内容高度感兴趣。

② 指标用法：访问时长这个指标应该结合转化率一起使用。

（8）忠实访问者指数：忠实访问者指数＝大于 N 分钟的访问页数/大于 N 分钟的访问者数。

① 指标意义：每个长时间访问者的平均访问页数，是一个重要的指标，它结合了页数和时间。

② 指标用法：这个指数通过页面和时间对网站进行了一个更细的区分。如果该指数较低，意味着有较长的访问时间但是较低的访问页面。通常都希望看到这个指数有较高的值。可以通过增加网站的功能或文章，吸引更多的忠实访问者留在网站并浏览内容，使这个指数上升。

（9）忠实访问者量：忠实访问者量＝大于 N 分钟的访问页数/总访问页数。

① 指标意义：长时间访问者所访问的页面占所有访问页面数的量。

② 指标用法：网站通常靠宣传和推广吸引用户，这个指标代表了总体的页面访问质量。如果你有 10 000 的访问页数，却仅有 1% 的忠实访问者率，这意味着企业可能吸引了错误没有价值的访问者，他们可能仅仅看一眼你的网页就离开了。这种情况企业需要考虑推广渠道，以及文案的精准性问题。

（10）访问者参与指数：访问者参与指数＝总访问数/独立访问者数。

① 指标意义：代表部分访问者的多次访问。

② 指标用法：与回访者比例不同，这个指标代表回访者的热度。如果有一个正确的目标受众不断地回访网站，这个指数将大大高于 1；如果没有回访者，指数趋近于 1，意味着每一个访问者都是一个新的会话。这个指数的高低取决于网站的目标。大部分内容型和商业性网站，都希望访问者每周、每月有多个会话。客户服务或投诉类则希望这个指数尽可能接近 0。

（11）回弹率：回弹率（所有页面）＝单页面访问数/总页面数。

① 指标意义：代表访问者看到的仅有的 1 页的比例。

② 指标用法：这个指标对于最高的进入页面有重要的意义，因为流量就是从这些页面产生的。对网站的导航或布局进行调整要注意这个参数。

（12）回弹率（首页）：回弹率（首页）＝仅访问首页的访问数/所有从首页开始的访问数。

① 指标意义：这个指标代表所有从首页开始的访问者中仅看了首页的访问者比率。

② 指标用法：这个指标是所有内容型指标中最重要的一个，通常我们认为首页是最高的进入页面。当然，如果你的网站有其他更高的进入页面，那么也应该把它加入追踪的目标中，如推广广告等。对任意一个网站，我们可以想象，如果访问者对首页或最常见的进入页面都是一掠而过，说明网站策划时在某一方面有问题。如果针对的目标市场是正确的，说明访问者不能找到他想要的东西，或者是网页的设计上有问题（包括页面布局、网速、链接的文字等）；如果网站设计是可行易用的，网站的内容可以很容易地找到，那么问题可能出在访问者的质量上，即市场问题。

（13）浏览用户比率：浏览用户比率＝少于 1 分钟的访问者数/总访问数。

① 指标意义：衡量网页的吸引程度。

② 指标用法：大部分网站都希望访问者停留超过 1 分钟，如果这个指标的值太高，那么就应该考虑一下网页的内容是否过于简单，网站的导航菜单是否需要改进。

（14）浏览用户指数：浏览用户指数＝少于 1 分钟的访问页面数/少于 1 分钟的访问者数。

① 指标意义：1 分钟内的访问者平均访问页数。

② 指标用法：这个指数越接近于 1，越说明访问者对网站没兴趣，他们仅仅是瞄一眼就离开了。这也许是导航的问题。如果你对导航系统进行了显著的改进，应该可以看到这个指数在上升；如果指数还是下降，应该是网站的目标市场及使用功能有问题，应该着手解决。将浏览用户比率和浏览用户指数结合起来使用，可以看出用户是在浏览有用的信息还是因厌烦而离开。

（15）浏览用户量：浏览用户量＝少于 1 分钟的浏览页数/所有浏览页数。

① 指标意义：在 1 分钟内完成的访问页面数的比率。

② 指标用法：根据网站目标的不同，这个指标的高低有不同的要求，大部分网站希望这个指标降低。如果是广告驱动的网站，那么这个指标太高对于长期的目标是不利的，因为这意味着尽管你通过广告吸引了许多访问者，产生很高的访问页数，但是访问者的质量却不高，所能带来的收益也会受到影响。

（16）访问次数：记录所有访客一天访问多少次，相同的访客多久访问一次。

① 打开—关闭：一次访问，连续 30 秒没有新开、刷新或关闭浏览器，则本次访问结束。

② UV（独立访客，一天内一位访客多次访问只记录一次）和 uV（访问次数，记录所有访客一天内访问了多少次网站，相同访客一天可能多次访问，多次记录）。

（17）停留时间：用同一个访问过程中最后一个页面的访问时间减去第一个页面的访问时间，得到此次访问者在网站上的停留时间。

（18）会话、过程、时域：某人来到网站，花一定时间浏览某些内容，然后离开。默认值为 30 分钟。

（19）跳出率和拒绝率：

① 跳出率是指在只访问了入口页面（例如网站首页）就离开的访问量与所产生总访问量的百分比。

② 跳出率计算公式：跳出率 = 访问一个页面后离开网站的次数/总访问次数。

③ 拒绝率（首页）= 只访问首页的访问数/总访问数。

④ 拒绝率（首页）= 只访问首页的访问数/总访问数。

跳出率高说明大量用户只进入网站后看了一个页面就离开了。造成这种现象原因有以下几个。

A．统计代码有问题，只有添加了统计代码的页面才能统计到访问数据。如果仅在首页埋入了统计代码，那么只能统计进入首页的量，因此会造成很高的跳出率。

B．网站内容单一，缺乏吸引力。

C．网站页面仅有一个，比如个人博客页。

D．访客个人因素，比如收藏后离开。

E．推广信息与网站实际内容不相符。

F．内容缺乏。

12.5.2　用户行为指标数据指标体系

用户行为指标数据指标体系见下表。

访问频次	UV	新顾客
		老顾客
注册用户		
PV		
访问深度	平均访问深度	
	新顾客访问深度	
	老顾客访问深度	
	一定周期	TOP10 访问深度页面
		访问深度最低的 10 个页面
		访问深度增加的 10 个页面
		访问深度减少的 10 个页面
停留时间	平均停留时间	
	新顾客停留时间	
	老顾客停留时间	
跳出率	平均跳出率	
	新顾客跳出率	
	老顾客跳出率	
	一定周期	TOP10 跳出率
		跳出率最低的 10 个页面
		跳出率增加的 10 个页面
		跳出率减少的 10 个页面
页面点击	总体点击	
	热力图	
下单次数		
放入购物车次数		
在线支付次数		
转化率	访问到下单转化率	
	下单到购物车转化率	
	购物车到支付转化率	
	下单到支付转化率	
	订单转化率（有效订单/UV）	

12.5.3　客户价值指标数据指标体系

客户价值指标数据指标体系见下表。

客户指标	独立访问 UV	新客户指标	新顾客数量占总顾客数量百分比	老客户指标	老顾客数量占总顾客数量百分比
	访客获得成本		新顾客获得成本		消费频次
			新顾客客单价		最近一次消费时间
	访问下单转化		新顾客消费金额		消费金额
					活跃老客户数

12.5.4　营销活动指标体系

营销活动指标体系见下表。

市场营销活动	新增访问数	新增 UV
		新增访问数
	总访问数	总 UV
		总访问数
	订单数量	有效订单数量
	转化率	新增订单/新增 UV
		有效订单/总 UV
	投资回报率	
广告投放指标	新增访问数	新增 UV
		新增访问数
	总访问数	总 UV
		总访问数
	订单数量	有效订单数量
	转化率	新增订单/新增 UV
		有效订单/总 UV
	投资回报率	
频道合作指标	新增访问数	新增 UV
		新增访问数
	总访问数	总 UV
		总访问数
	订单数量	有效订单数量
	转化率	新增订单/新增 UV
		有效订单/总 UV
	投资回报率	

（1）电商类数据指标可以总结为销售额、购买客户数、客单价、购买转化率、UV、详情页 UV、重点商品缺货率、妥投及时率。

①销售额：网站的收入（UV × 转化率 × 客单价）。

②购买客户数：新老客户。

③客单价：销售额除以购买客户数。

④购买转化率：购买客户数除以访客数（UV）。

（2）影响数据变化的因素。

① 流量变化要考虑因素包括 PC、App、小程序以及微信公众号等不同端的引流变化。

② 客单价变化因素以及人均购买件数变化因素要考虑热销商品价格变动以及运营活动的刺激，它们都是影响客单价和人均购买件数变化的主要因素。

（3）影响转化率因素。影响转化率的因素可以如图 12-5 所示的漏斗模型中看到。

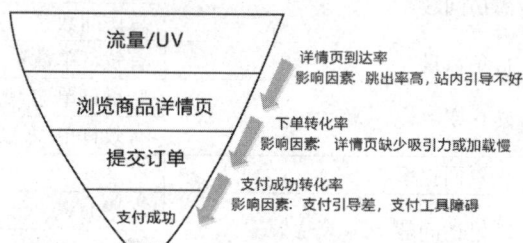

图 12-5　漏斗模型

（4）详情页来源分析（见图 12-6）。

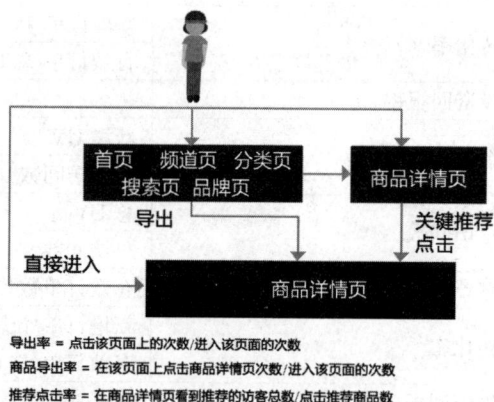

图 12-6　详情页来源分析模型

12.5.5　总体运营指标体系

（1）流量指标：UV、PV，访问深度 PV/UV。

（2）业绩指标：订单金额、订单数量、转化率、客单价。

（3）移动应用类数据指标从获取用户到获得收入基本会经历以下几个过程：用户获取、用户活跃与参与、用户留存、用户转化、获取收入。

① 用户获取阶段：下载量（影响因素有商店评分和排名）、安装激活量、激活率、新增用户数（新增设备数）、用户获取成本。

② 用户活跃与参与阶段：日活跃用户数、周活跃用户数、月活跃用户数、活跃系数（日活除以月活）、平均使用时长、功能使用率。

③ 用户留存阶段：次日留存率、7 日留存率、30 日留存率。

④ 用户转化阶段：付费用户比例、首次付费时间、用户平均每月营收（月收入除以月活跃用户数）、付费用户平均每月营收（月收入除以月付费用户数）。

⑤ 获取收入阶段：收入金额、付费人数，使用数据指标评价版本迭代效果的方法。

⑥ 留存率对比：核心功能使用率。

⑦ 使用率和继续使用率（代表功能受欢迎程度）：对核心功能的促进效果（核心贡献的概念举例：使用过功能 A 的人数比例减去未使用过功能 A 的人数比例）。

12.5.6　UGC 类数据指标

UGC 产品参与度指标有访客数、登录访客数及占比、沉默用户数及占比、平均停留时长、优质内容评分。

（1）访客数：Web 端访客数 + 移动端访客数。

（2）登录访客数及占比：登录的访客数占总访客的比例。

（3）沉默用户数及占比：超过 7 天未产生内容的账号数占总账号数的比例。

（4）平均停留时长：总停留时长除以访客数。

（5）优质内容评分：热度 = 分享次数 + 推荐次数 + 点赞次数。

12.6　如何提出数据统计需求

提出数据统计需求的过程是一个"界定产品目标，根据目标提出假设预判产品效果"的过程，要求对功能目标、功能预期效果有完整清晰的掌握。一个完整的数据需求包含功能设计方案、功能目的和目标、功能上线后需要跟踪的数据指标及指标精确定义。

1. 网站注册流程需求案例——网站注册流程功能的数据统计要求

（1）注册流程完整设计文档。

（2）做这个功能的意义：让所有新用户快速完成注册流程，并正确提供所需个人信息。

（3）所需指标及定义如下。

① 围绕（2）中的目标设计所需的数据指标，思考哪些数据指标可以描述目标完成情况。

② 每一个注册环节的用户跳出率。

③ 每个注册填写字段的出错率。

④ 各类注册错误的出现频次分布。

2. 网站特定行为需求案例——网站付款流程功能的数据统计要求

用户自定义行为，如付款时的自定义付款方式等可以让用户自行设计的功能，包含若干行为步骤，可以分析出满足设定行为的发生次数以及各个步骤之间的转化率。

（1）自定义流程完整设计文档。

（2）做这个功能的意义：由用户付款时自行定义付款方式，自行定义选择功能，增加用户交互体验。

（3）所需指标及定义如下。

① 围绕（2）中的目标设计所需的数据指标，思考哪些数据指标可以描述目标完成情况。

② 自定义环节的用户跳出率。

③ 自定义用户的交易成功率。

④ 设定自定义付款方式后又改回系统默认方式的比例。

12.6.1 数据分析当中的"误区"

1. 常见误区

（1）忽略沉默用户。

（2）用户迫切需要的需求≠产品核心需求。

（3）过分依赖数据会限制产品经理的灵感。

（4）错判因果关系和相关关系。

（5）警惕表达数据的技巧（控制折线图纵坐标范围，以免混淆结论）。

（6）不要妄谈大数据（大数据特征：要用全部数据，注重数据之间的相关关系，采用全新的计算方法）。

2．获取渠道及渠道质量影响数据分析

有先后顺序和参与深度的漏斗模型如图 12-7 所示。

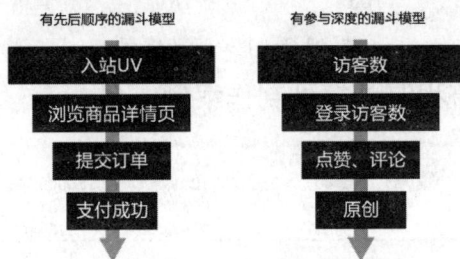

图 12-7　先后顺序和参与深度漏斗模型

（1）基本思路：带来多少新访客、浏览深度如何、留存率和转化率。

（2）Web 端：新访客占比（代表渠道拓展用户的能力）、跳出率、浏览页面数以及转化率。

（3）移动端：新设备占比、次日留存以及转化率。

（4）访客参与深度：跳出率、浏览页面数、转化率。

（5）转化率和转化漏斗是否流畅。

12.7　用 Excel 表制作转化率和漏斗模型

首先我们模拟一组数据：

浏览商品列表页→浏览商品详情页→加入购物车→付款成功→完成订单。

在 Excel 表中 $ 表示分母固定。$B2 表示将 B2 的数值固定住，然后去除 C2、D2、E2、F2，就可以算出总体转化率，如图 12-8 所示。

	A	B	C	D	E	F
		浏览商品列表	商品详情页	加入购物车	支付	订单完成
1						
2	UV	231100	180009	98002	58797	38797
3	上一步转化率		78%	54%	60%	66%
4	总体转化率	=B2/$B2	78%	42%	25%	17%

图 12-8　总体转化率

上一步转化率计算方法则是 C2/B2，D2/C2，E2/D2，F2/E2，C2/B2，如图 12-9 所示。

	A	B	C	D	E	F
		浏览商品列表	商品详情页	加入购物车	支付	订单完成
UV		231100	180009	98002	58797	38797
上一步转化率			=C2/B2	54%	60%	66%
总体转化率		100%	78%	42%	25%	17%

图 12-9　上一步转化率

12.7.1　电商购物流程漏斗模型制作案例

	首页	浏览商品列表	商品详情页	加入购物车	支付	订单完成
UV	240000	231100	180009	98002	58797	38797
上一步转化率		96%	78%	54%	60%	66%
总体转化率	100%	96%	75%	41%	24%	16%

图 12-10　全选

如图 12-10 所示全选后，在任意空白单元格里，鼠标右击→选择性粘贴（见图 12-11）→选择"转置"。

	UV	上一步转化率	总体转化率
浏览商品列表	231100		100%
商品详情页	180009	78%	78%
加入购物车	98002	54%	42%
支付	58797	60%	25%
订单完成	38797	66%	17%

图 12-11　粘贴

粘贴后，如图 12-12 所示插入一个空白列。

8			UV	上一步转化率	总体转化率
9	浏览商品列表	插入一列	231100		100%
10	商品详情页		180009	78%	78%
11	加入购物车		98002	54%	42%
12	支付		58797	60%	25%
13	订单完成		38797	66%	17%

图 12-12　插入一列

做一个"占位"的数据项，以居中对齐数据。

占位符＝（"固定"第一步的数值−当前的数据值）/2，具体操作如图 12-13 所示。

	占位符	UV	上一步转化率	总体转化率
首页		240000		100%
浏览商品列表	=(C$8−C9)/2	231100	96%	96%
商品详情页	29995.5	180009	78%	75%
加入购物车	70999	98002	54%	41%
支付	90601.5	58797	60%	24%
订单完成	100601.5	38797	66%	16%

图 12-13　计算中间值

"全选"后再"插入"→"条形图"→"堆积条形图"，如图 12-14 所示。接着出现金字塔图形，如图 12-15 所示。

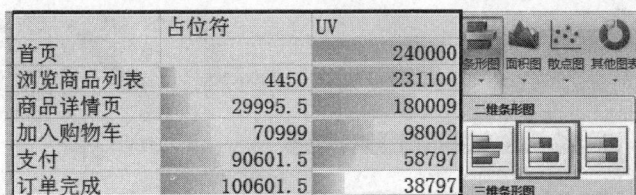

图 12-14　堆积条形图

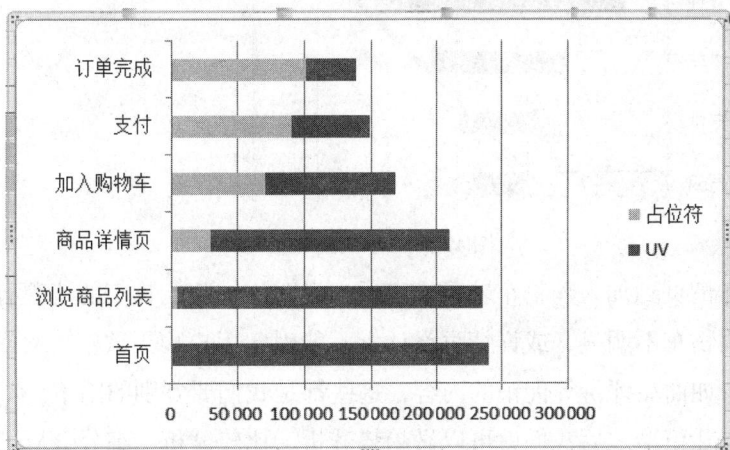

图 12-15　金字塔图形

在图形上鼠标右击→"设置坐标轴格式"→"逆序"（见图 12-16）。

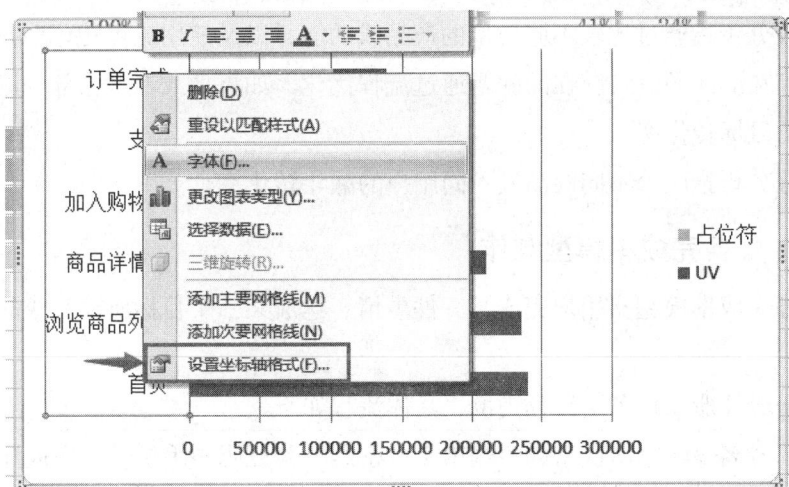

图 12-16　逆序

鼠标选中白色地方右击→"设置数据系列格式"→"无填充"，生成漏斗模型，如图 12-17 所示。

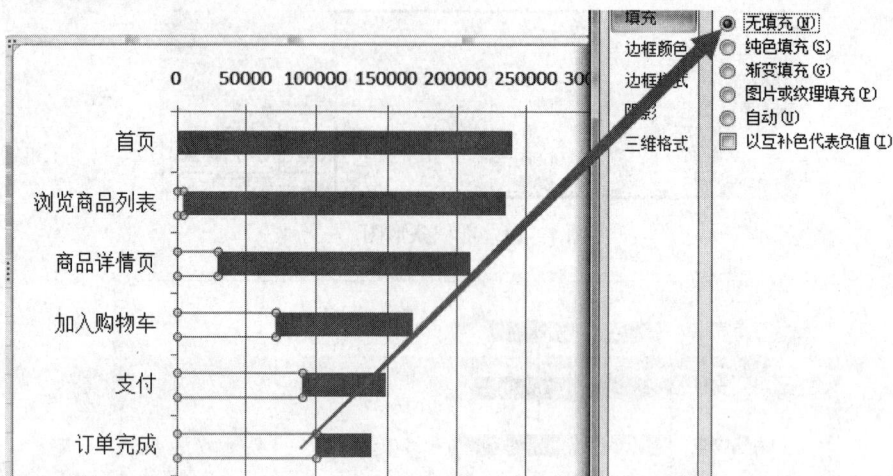

图 12-17 生成漏斗模型

商品详情页到加入购物车转化率变低，说明添加到购物车的流程有问题。功能上添加购物车不明显，或详情页设计上不能引起用户购买欲望，又或者详情页面可能缺少如商品评价等促销的内容，这些都是我们要判别的因素。

有了漏斗模型之后我们就可以做趋势分析、比较分析、细分分析了。

趋势分析指可以叠加时间维度和变化的数据分析，适用于对某一个流程或者步骤进行优化改进的效果监控。

比较分析指通过比较不同类型的产品或功能，以及使用流程转化率，我们可以发现存在的问题。将存在的问题通过流程优化，如添加或者删除部分流程，提高最终的目标转化率。

细分分析指区分不同商品或不同用户的漏斗转化率。

12.7.2 任务完成率模型制作

任务完成率模型指用户完成某一件事情、达成某一个目标所要完成的动作或流程。

以账号注册（任务）流程为例，具体流程如下。

填账号名→输第 1 次密码→输第 2 次密码→验证码→手机号→完成注册。

从如图 12-18 所示的漏斗模型中，我们可以看到总体的完成率变化在输入手机号这里，上一步完成率迅速衰减。说明从上一步到这一步的流程有很大问题。如果是一个平滑的模型，趋势没那么明显，说明流程没有什么问题。

这是通过数据能够分析出来的一个问题点。但具体的原因是什么，需要结合用户调研方法进行分析。

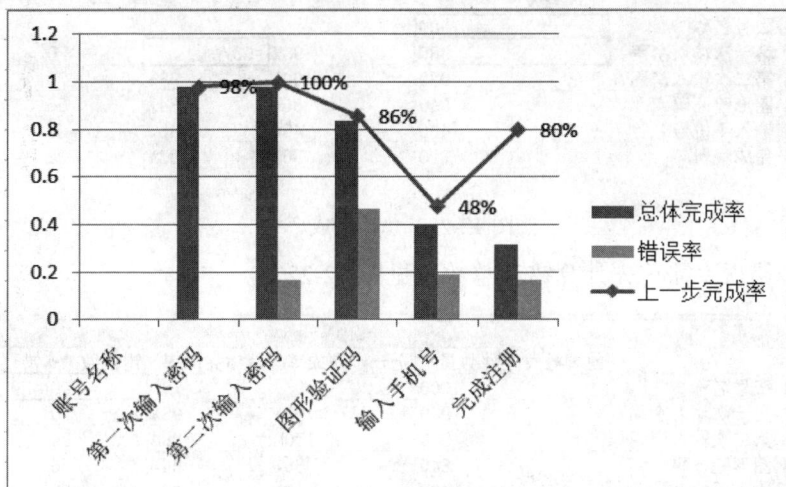

图 12-18 生成漏斗模型

12.7.3 任务完成率 Excel 具体操作方法

第一步导入数据，如图 12-19 所示。

	前端触发控件数量	上一步完成率	总体完成率	错误数	错误率
1 账号名称	1000			0	0%
2 第一次输入密码	980	98%	98%	0	0%
3 第二次输入密码	980	100%	98%	20	17%
4 图形验证码	840	86%	84%	56	47%
5 输入手机号	400	48%	40%	23	19%
6 完成注册	320	80%	32%	20	17%
				119	

图 12-19 在 Excel 导入数据

计算上一步完成率，上一步完成率＝下一步/上一步，如图 12-20 所示。

	前端触发控件数量	上一步完成率
1 账号名称	1000	
2 第一次输入密码	980	=C3/C2
3 第二次输入密码	980	100%
4 图形验证码	840	86%
5 输入手机号	400	48%
6 完成注册	320	80%

图 12-20 上一步完成率

计算总体完成率，总体完成率＝每一步/总体值，如图 12-21 所示。

	A	B	C	D	E	F	G
			前端触发控件数量	上一步完成率	总体完成率	错误数	错误率
1		账号名称	1000			0	0%
2		第一次输入密码	980	98%	=C3/C$2	0	0%
3		第二次输入密码	980	100%	98%	20	17%
4		图形验证码	840	86%	84%	56	47%
5		输入手机号	400	48%	40%	23	19%
6		完成注册	320	80%	32%	20	17%
						119	

图 12-21　总体完成率

计算错误率需首先计算错误总数（见图 12-22）。

	A	B	C	D	E	F	G
			前端触发控件数量	上一步完成率	总体完成率	错误数	错误率
1		账号名称	1000			0	=F2/F$8
2		第一次输入密码	980	98%	98%	0	0%
3		第二次输入密码	980	100%	98%	20	17%
4		图形验证码	840	86%	84%	56	47%
5		输入手机号	400	48%	40%	23	19%
6		完成注册	320	80%	32%	20	17%
				先计算错误综合		119	

图 12-22　错误总和

错误率＝每一次错误数/总体错误数。

全选，然后点中一个空格，鼠标右击选择"值和数字格式"，运算选择"无"，如图 12-23 所示。

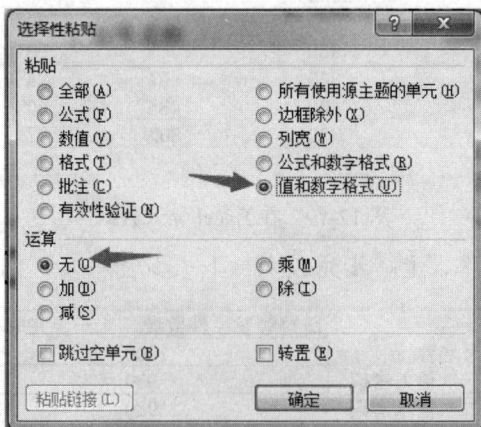

图 12-23　选择"值和数字格式"

粘贴后做出数据条，如图 12-24 所示。

		前端触发控件数量	上一步完成率	总体完成率	错误数	错误率
1	账号名称	1000			0	0%
2	第一次输入密码	980	98%	98%	0	0%
3	第二次输入密码	980	100%	98%	20	17%
4	图形验证码	840	86%	84%	56	47%
5	输入手机号	400	48%	40%	23	19%
6	完成注册	320	80%	32%	20	17%
					119	

图 12-24 做出数据条

然后选中错误数这一列，将其删掉，如图 12-25 所示。

		前端触发控件数量	上一步完成率	总体完成率	错误率
1	账号名称	1000			0%
2	第一次输入密码	980	98%	98%	0%
3	第二次输入密码	980	100%	98%	17%
4	图形验证码	840	86%	84%	47%
5	输入手机号	400	48%	40%	19%
6	完成注册	320	80%	32%	17%

图 12-25 删除错误数

选择所要展示的数据列表"插入"→"柱状图"→"簇状柱形图"，如图 12-26 所示。

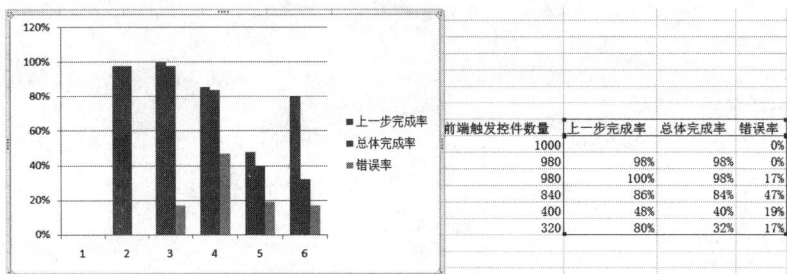

图 12-26 簇状柱形图

最后选择自己想要的展示方式，如图 12-27 所示。

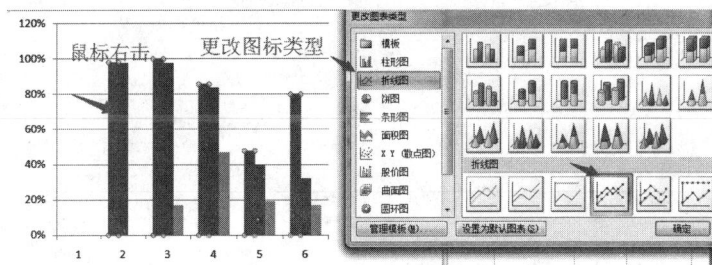

图 12-27 选择展示方式

最终完成任务完成率数据图，如图 12-28 所示。

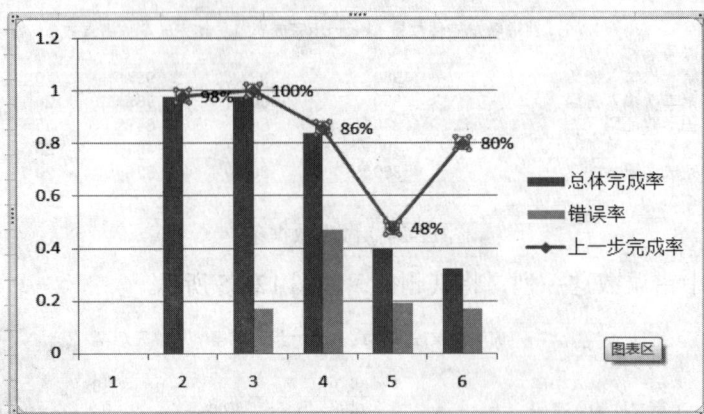

图 12-28　任务完成率数据图